"十四五"高等职业教育规划教材

证券投资实务

ZHENGQUAN TOUZI SHIWU

主　编　李　剑　胡琪苑
副主编　李敬银　吴凤娥　陈保章

中国财经出版传媒集团
中国财政经济出版社

图书在版编目（CIP）数据

证券投资实务 / 李剑，胡琪苑主编．--北京：中国财政经济出版社，2023.8（2025.1重印）
“十四五”高等职业教育规划教材
ISBN 978-7-5223-2364-0

Ⅰ.①证…　Ⅱ.①李…②胡…　Ⅲ.①证券投资-高等职业教育-教材　Ⅳ.①F830.91

中国国家版本馆 CIP 数据核字（2023）第 136708 号

责任编辑：李　媛　　　　　责任校对：徐艳丽
封面设计：陈宇琰　　　　　责任印制：史大鹏

证券投资实务
ZHENGQUAN TOUZI SHIWU

中国财政经济出版社 出版
URL：http：//www.cfeph.cn
E-mail：cfeph@cfeph.cn

社址：北京市海淀区阜成路甲 28 号　邮政编码：100142
营销中心电话：010-88191522
天猫网店：中国财政经济出版社旗舰店
网址：https：//zgczjjcbs.tmall.com
北京密兴印刷有限公司印刷　各地新华书店经销
成品尺寸：185mm×260mm　16 开　13.5 印张　312 000 字
2023 年 9 月第 1 版　2025 年 1 月北京第 2 次印刷
定价：35.00 元
ISBN 978-7-5223-2364-0
（图书出现印装问题，本社负责调换，电话：010-88190548）
本社质量投诉电话：010-88190744

前言

金融是现代经济的核心，是国民经济的命脉，是资源配置的枢纽，对区域经济社会发展具有至关重要的作用，职业院校在培养地方金融事业发展需要的适用人才肩负着重要使命。本教材是根据金融行业发展的新形势和教育部有关高职高专教育改革精神，以培养金融技术技能拔尖人才为目标而编写的，体现了金融行业发展的前瞻性和时代要求。

本教材在编写的过程中力求体现“以工作过程为导向，以能力为本位”的思想，注重与真实的工作过程相结合，精心整合内容结构，合理安排相关的知识点、技能点，注重案例教学，突出对学生实际操作能力的培养。本教材在编写过程中突出做中学、学中做的思想，坚持体现金融行业发展的前沿和新动态，力求实现职业性和知识性的完美结合。

本教材在编写的过程中体现了三个特点：

1. 体现了产教融合、校企合作的教学理念

在教材编写过程中注重原理的讲解，强调了产业案例的融入。学生在阅读和学习时，除了对知识点本身的理解之外，也要注意对于课堂上案例与课后作业的理解与实践，因此引用了很多行业内部的相关案例。

2. 体现了课证融合的教学理念

本教材在编写过程中，参考了很多经典的教材，重点参考了证券从业资格考试的相关教材，吸收和借鉴了相关的知识体现和相关内容，使本教材内容与证券从业资格考试内容出现了无缝对接，增强了实用性，体现了课证融合的特点，减轻了学生学习的压力。

3. 体现了课程思政的教学理念

本教材在编写过程中，不仅注重提高学生的理论修养，更加注重提高学生的爱国情怀。本教材在编写过程中，把党的二十大相关精神融入教材，特别是关于壮大民营企业、完善分配制度、建设中国特色现代化企业制度、打造优势产业集群等相关理念在课本中做了相关的融入，培养了学生的爱国情怀。

本教材由山东商业职业技术学院李剑、山东水利职业技术学院胡琪苑担任主编，山东科技大学李敬银、山东商业职业技术学院吴凤娥和泰阳（济南）私募证券投资基金管理有限公司陈保章担任副主编。具体分工如下：李剑对教材总体框架进行设计并总纂，编写项目一、三；陈保章编写项目二；李敬银编写项目四；胡琪苑编写项目五、六；吴凤娥编写项目七。

本书是山东商业职业技术学院的“高质量校企合作职业教育”的研究成果，我们在编写的过程中得到了学校领导和同仁的大力帮助和支持，也参考了大量的教材和案例，引用了相关资料，在此一并表示衷心的感谢！

由于作者水平有限，书中难免存在疏漏和不足之处，敬请广大读者批评指正。

编者

2023 年 7 月

目 录

1 项目一 初识证券投资

项目一　PPT

学习目标

知识目标

1. 了解证券和证券市场的概念，构成要素等相关知识。
2. 了解各个金融工具的相关知识，包括股票、基金以及金融衍生工具。
3. 了解股票等具体金融市场的运作过程。

技能目标

1. 学会区分现实生活中的各类金融工具和金融市场。
2. 能够运用所学知识并利用现在金融市场上的各类投资工具进行简单的投资理财。
3. 能够掌握股票、基金等常用金融工具的市场操作流程。

案例导入

北京证券交易所成立

北京证券交易所（简称“北交所”），于2021年9月3日注册成立，是经国务院批准设立的中国第一家公司制证券交易所，受中国证监会监督管理。其经营范围为依法为证券集中交易提供场所和设施、组织和监督证券交易以及证券市场管理服务等业务。

2021年9月2日晚，习近平主席在2021年中国国际服务贸易交易会全球服务贸易峰会致辞中宣布，继续支持中小企业创新发展，深化新三板改革，设立北京证券交易所，打造服务创新型中小企业主阵地。9月3日，证监会就北京证券交易所有关基础制度安排向社会公开征求意见。9月3日，北京证券交易所有限责任公司成立，徐明任董事长。2022年6月，周贵华任北京证券交易所董事长。

2021年9月10日，北京证券交易所官方网站上线试运行。11月15日，北京证券交易所在北京市西城区金融街金阳大厦正式开市；11月19日，发售的8只北交所主题基金全部售罄，完成了“开市首秀”。北交所指引规范提出，发行人不得属于从事学前教育、学科类培训等业务的企业。

资料来源：百度百科。

请思考：北京证券交易所的成立对我国多层次资本市场的建立有什么好处？

任务一 认识证券投资

投资，是一个让人感兴趣的话题，在现实生活中有很多投资的机会，投资作为一种经济行为有许多含义。当一个人在证券市场上购买股票和债券时，他是在投资；当一个人在外汇和黄金市场上购买用于当期消费目的之外的外汇和黄金时，他是在投资；在产品和要素市场上，当企业决定利用未分配的利润扩大生产能力时，企业的产权所有者们是在投资；在房地产市场上，当一对新婚夫妇以一次性付款或者按揭贷款等不同的方式购买住房时，他们是在投资；在古董和邮票市场上，当一个人购买他相中的古玩和邮票时，他是在投资；甚至于，当期望成为经理人的学子们为自己安排MBA学习计划时，或者父母为孩子安排诸如音乐修养、礼仪训练和素质教育时，他们也都是在投资。虽然投资的品种不一样，但是通过投资行为都可以给我们带来丰厚的收益，同时投资也蕴藏着很大的风险，投资不同于消费、捐赠等行为，下面让我们一起来解开投资的神秘面纱。

一、投资的定义

纵观人类经济行为中的诸多投资现象，我们可以从中观察到一种在本质上相同的经济行为，那就是人们在时间跨度上根据自身的偏好来安排过去、现在和将来的消费结构，并使得在这种消费结构安排下的当期和预期效用最大化。所以，投资在本质上是一种对当期消费的延迟行为。

从典型的经济人角度来看，国家、家庭、个人都在进行着不同种类但是本质相同的投资。例如，从国家的经常账户和资本账户的结构和两者之间的关系来看，外汇储备实质上是一国放弃当期消费，而以某些外币资产形式持有的一种投资品。家庭的储蓄，本质上是家庭通过跨期消费结构的合理安排，从而保证耐用消费品、家庭医疗计划以及子女教育等多期支出的一种投资活动。个人的学习计划，从经济资源角度来说，是放弃当期消费而对人力资本的投资，从而期望将来获得更多的效用满足；从时间预算决策角度来说，学习是放弃当期的闲暇，以期望将来获得更高品质的闲暇和选择的自由。

从投资产品来看，我们可以看到这些投资产品延迟消费的本质。例如，养老基金就是一种典型的延迟消费行为。当人们留存一部分收入直到他们退休时再支取时，这是典型的延迟消费行为。类似的，当投资者购买债券、股票或其他金融资产时，他们同样是在延迟当期消费。

从一般性的人类行为中，我们也可以看到许多延迟消费进行投资的现象。例如，加里·贝克尔①曾经指出，人类的繁衍本身都可以看作是家庭中夫妇双方通过放弃当期的经济资源和闲暇的消费，从而获得养儿育女的成就感和满足感。所以，养儿育女可以看作是一种

① GaryBecher，美国著名的经济学家和社会学家，1992年诺贝尔经济学奖得主。

"耐用消费品"的投资行为。中国的民谚"养儿防老"，从延期消费的行为看，也是一种典型的投资行为。

综上所述，投资是指货币转化为资本的过程。即个人或机构投资者通过持有金融资产或实物资产，获得该资产产生的与所承担的风险成比例的收益过程，投资在本质上是一种对当期消费的延迟行为。从定义可以看出：投资是现在投入一定价值量的经济活动，其目的是获取一定的收益。投资具有时间性和风险性。

二、投资的分类

1. 按投资的对象划分，投资可分为实物投资和证券投资

实物投资是指投资者将资金用于建造购置固定资产和流动资产，直接用于生产经营，并以此获得未来收益的投资行为。实物投资与证券投资的根本区别在于前者是社会积累的直接实现者，即通过实物投资最终完成和实现社会的积累，而后者只是一种间接的过程，投资者以最终获得金融资产为目的，至于这些资金怎样转化成实物形态则与证券投资者没有关系。

证券投资也叫作金融投资，是指投资者以获得未来收益为目的，预先垫付一定的资金并获得金融资产。投资者用自己的货币购买股票、公司债券或国债券等有价证券，然后凭有价证券获取收益，由有价证券的发行者去进行实物投资。由于投资者主要在金融市场上购买有阶证券，又是以金融的方式进行的，所以称为金融投资。个人在银行储蓄的行为严格讲也是一种金融投资，其获得的存款凭证也是一种有价证券。

实物投资与金融投资对宏观经济的各个领域，例如国民收入、储蓄、分配等的影响是不同的。

2. 按投资的地域划分，投资可分为国际投资和国内投资

国际投资亦称"对外投资"或"海外投资"，是指一个国家向国外进行经营资本的输出。这种输出可以是私人资本也可以是国家资本但不包括政府及其所属机构对外的赠与、赔偿，以及纯属借贷资本输出范围的各种贷款活动。国际投资可分为直接投资和间接投资两种基本形式。随着世界经济的发展，国际投资出现了一些新的特征：跨国公司迅速发展，直接投资在国际投资中占有越来越大的比重；投资方向不局限于经济落后地区，各发达国家的私人资本也要互相渗透，甚至还出现了发展中国家向发达国家投资的现象，从本质上说，国际投资是为过剩资本找出路，利用国外某些有利条件获取高额利润。但同时，国际投资也会给发展中国家带来先进技术，并促进提高管理水平。

国内投资，是指国家、企业单位、个人在本国境内所进行的投资国内投资的总量，代表了一个国家经济发展水平的高低、积累能力的大小和经济实力的强弱。

3. 按是否具有参与投资企业的经营管理权划分，投资可分为直接投资和间接投资

直接投资是指投资者直接将资本用于购买生产资料、劳动力或其他企业一定比例的股份，通过一定的经营组织形式进行生产、管理、销售活动以实现预期收益。直接投资可分为国内直接投资与国外直接投资。直接投资的方式主要有：①加入资本，不参与经营，必要时可派出技术人员和顾问，给予指导；②开办独资企业，即由一个国家的一个公司独立投资建立企业，独自经营，企业归投资者一家所有；③设立合资企业，由合作各方共同投资，并指派拥有代表权的人员参与经营；④买入现有企业股票，通过股权取得全部或大部分经营支配权。

间接投资通常是指投资者以购买他国或本国债券、股票的方式所进行的投资。间接投资者按规定收取利息或红利，但无权干预投资的具体运用，也不享有任何特权。

4. 按投资资金周转方式的不同，投资分为固定资产投资和流动资产投资

固定资产投资包括基本建设投资和更新改造投资两部分。基本建设投资是指以扩大生产能力或工程效益为主要目的的新建、扩建、改建工程及相关投资，主要包括工厂、矿山、铁路、桥梁、农田水利、商店、住宅、学校、医院等工程的建造和机器设备、车辆、船舶、飞机等的购置。基本建设投资的经济实质是进行固定资产的外延扩大再生产。更新改造投资是指以设备更新、企业技术改造为主要形式的固定资产投资。更新改造投资的经济实质是进行扩大再生产。

流动资产投资是相对于固定资产投资而言的，是对企业生产经营中所需劳动对象、工资和其他费用方面的货币的预先支付。对于流动资金是否属于投资范畴，在我国理论界和实际工作部门中尚存在分歧。一种意见是流动资金是一种短期垫支行为，流动资金投入以后，经过生产和流通，产品销售出去，流动资金就收回了，所以，它并不符合投资是价值垫支的定义，不能作为投资。另一种意见认为，流动资金的投入是投资行为，其主要理由是，流动资金不是一种短期垫支，尽管流动资金周转要比固定资金周转快，但由流动资金在循环周转中的继起性和并存性的决定，企业生产中所需的流动资金中有一个最低稳定额，这一部分流动资金只要生产经营持续进行，实际上是无法收回的，它是属于长期资金的性质。

三、认识证券投资

（一）证券投资与证券投机的定义

证券投资是指个人、企业、银行及其他社会团体，用积累起来的资金购买股票、债券等有价证券，借以获取收益的行为。证券投资可以分为直接投资和间接投资。

证券投机是指人们通过各种专业分析手段，对影响证券价格波动的各种信息进行分析来研究其市场波动规律，可从中获取价格差收益的行为。证券投机按性质可分为合法投机与非法投机；按程度可分为适度投机与过度投机。在证券市场中，难以避免地会出现投机行为，有投资就必然会有投机。

（二）证券投资与证券投机的关系

1. 证券投资与证券投机的共同要素

（1）时间。因为投资与投机到“未来”，可见，投资与投机时应当考虑时间长短问题。有时，我们也说都是牺牲目前确定的某事某物换取未来不确定的某事某物。

（2）报酬，即证券买卖之差价加上利息或股息。投资者与投机者都是以获取未来货币的增值或希望获得某种好处即报酬为目的的。由于报酬之多与寡常受投资额大小的影响。因此，评价投资与投机之优劣时，常以报酬占原投资额的百分数表示，即报酬率。

（3）风险，即损失、损伤、毁损的可能性。投资与投机后换取的，为具有不确定性的某事某物，自然投资与投机都含有风险的成分。

2. 证券投资与证券投机的区别

正因为投资与投机有上述的共同要素，这也反映出两者之间的区别。这里主要说明证券投资与证券投机的区别。

（1）投资时间。证券投资者持有证券的时间较长，少则几个月，多至一年或数年以上，以期获得较高的报酬；而证券投机者则热衷于交易的快速周转，持有证券时间较短，频繁买卖，从中谋利。

（2）投资动机。证券投资者买卖证券的目的首先是为了获取稳定的利息和股息收入，其次才是资本收益；而证券投机者则更重视买卖差价，以期获取较高的利润，使资本增值。

（3）风险程度。证券投资所包含的风险有一定限度，因而投资者对投资的安全性较为关注，主要购买预期收入的比较确定，而本金相当安全的证券，因而承担的风险较小；证券投机者为了获取高收益而承担高风险，他们既可能获得巨大收益，也可能遭受巨大损失。

（4）决策依据。证券投资者进行证券投资时，较为重视基础价值分析，主要依据于对上市公司的经营状况、财务状况等综合指标的分析考察，来测评证券的投资价值；而投机者主要依据对市场行情短期变化的预测，更重视技术、图像、心理分析。

投资与投机从一定意义上讲是相互联系、相辅相成的，而又可以相互转化。在实践中往往投资中具有投机，投机中具有投资。投资是稳健的投机，投机是冒险的投资。一方面，投资行为是成熟证券市场的主导行为，投资群众在增加市场规模，特别是在市况比较低迷、股价偏低，具有长期投资价值的时候，往往是维持行情的主要力量；投机者则处于被动、从属的地位。另一方面，当股价暴涨暴跌，波浪起伏的时候，则往往投机过度，一部分投资者有可能禁不住高额利润的诱惑而不知不觉地加入投机者的行列，此时投机则成了证券市场的主旋律。所以，无论是投资还是投机，它应始终遵循价值规律，价格围绕价值上下波动，价格一旦远离价值，它就会被市场这只无形的手拉回来。

总而言之，证券市场上，投资与投机并存，哪里有投资，哪里就有投机。投资是投机的基础，只有投机而无投资的市场是绝对不存在的，而投机行为活跃了市场，提高了投资者们的信心，刺激投资者进行再投资。

案例

亚洲金融危机的导火线——泰铢

亚洲金融危机爆发前，美元坚挺，1997 年的泰国经济却开始下滑，赖以生存的出口贸易也开始下降，这使得泰铢实际汇率大大下降。但由于泰国实行的是与美元挂钩的固定汇率制度，泰国政府不得不强制抬高泰铢的名义汇率，从而与泰铢实际价值的下降形成巨大投机漏洞。于是，以索罗斯为代表的国际游资便趁势打压泰铢，在外汇市场大量抛售泰铢，使泰铢汇率下降，而泰国政府为保持泰铢兑美元的固定汇率不得不耗费大量外汇储备购买外汇市场上大量的泰铢。

1997 年 2 月，泰国出现了第一次泰铢贬值风波。泰国中央银行运用 20 亿美元的外汇储备干预外汇市场，平息了这次风波。1997 年 3 月 2 日索罗斯攻击泰国外汇市场，泰铢贬值 60%，股票市场狂泻 70%。1997 年 5 月 12 日，泰铢贬值压力进一步增加，外汇市场出现了恐慌性抛售。

泰国中央银行在多次干预后，外汇储备大幅度下降。到 1997 年 6 月底，泰国外汇储备失去了继续干预外汇市场的能力。1997 年 7 月 2 日，泰国政府被迫宣布放弃盯住汇率制度，实行有管理的浮动汇率制度，当天泰铢汇率最低曾达到 1 美元兑 32.6 泰铢，贬值幅度高达

30%以上。

泰国政府的外汇储备本就大多来自外债，因此泰国政府的强行维持汇率的行为一方面大量消耗了外汇储备，另一方面耗损了泰国政府本已疲软的经济，最终未能挽救泰铢的汇率，由此演变成亚洲金融危机。

资料来源：亚洲金融危机的导火线——泰铢_经济台_中国网络电视台（cntv. cn）

任务二 熟悉金融工具

一、证券的定义

证券是指各类记载并代表一定权利的法律凭证。它用以证明持有人有权依其所持凭证记载的内容而取得应有的权益。从一般意义来说，证券是指用以证明或设定权利所做成的书面凭证，它表明证券持有人或第三者有权取得该证券拥有的特定权益，或证明其曾经发生过的行为。证券可以采取纸面形式或证券监管机构规定的其他形式。

（一）证券的分类

按照是否能给使用者带来收入，证券可以分为有价证券和无价证券两大类。无价证券，是指不能给使用者带来收入的证券，包括证据证券和凭证证券。证据证券是指专门证明某种事实的文件，如借据、收据、票证等，一般不具有市场流通性。凭证证券是指认定持证人是某种私权的合法权利者和持证人所履行义务的有效书面证明文件，如存款单等。有价证券是虚拟资本的一种形式。所谓虚拟资本，是指以有价证券形式存在，并能给持有者带来一定收益的资本。虚拟资本是独立于实际资本之外的一种资本存在形式，本身不能在生产过程中发挥作用。通常，虚拟资本的价格总额并不等于所代表的真实资本的账面价格，甚至与真实资本的重置价格也不一定相等，其变化并不完全反映实际资本额的变化。

证券的分类见图1-1。

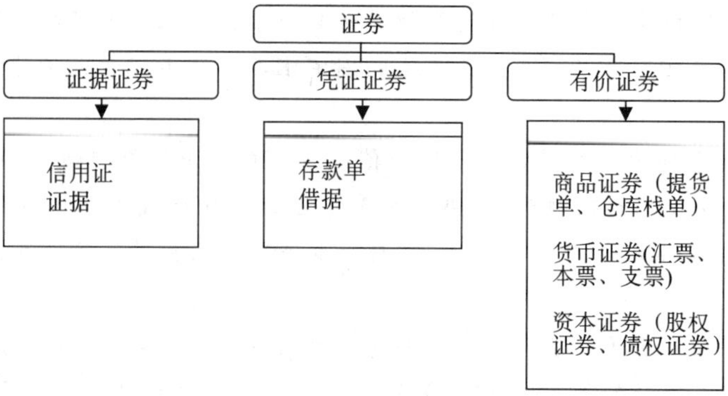

图1-1 证券的分类

（二）有价证券的分类

有价证券的分类包括狭义的有价证券（即指资本证券）和广义的有价证券（包括商品证券、货币证券和资本证券）。

商品证券是证明持有人拥有商品所有权或使用权的凭证，取得这种证券就等于取得这种商品的所有权，持有人对这种证券所代表的商品所有权受法律保护。属于商品证券的有提货单、运货单、仓库栈单等。

货币证券是指本身能使持有人或第三者取得货币索取权的有价证券。货币证券主要包括两大类：一类是商业证券，主要是商业汇票和商业本票；另一类是银行证券，主要是银行汇票、银行本票和支票。

资本证券是指由金融投资或与金融投资有直接联系的活动而产生的证券。持有人有一定的收入请求权。资本证券是有价证券的主要形式。

有价证券按不同标准分类：

1. 按证券发行主体的不同，有价证券可分为政府证券、政府机构证券和公司（企业）证券

政府证券通常是指由中央政府或地方政府发行的债券。中央政府债券也称国债，通常由一国财政部发行。地方政府债券由地方政府发行，通常以地方税或其他收入偿还，我国目前尚不允许除特别行政区以外的各级地方政府发行债券。

政府机构证券是由经批准的政府机构发行的证券，我国目前也不允许政府机构发行。

公司（企业）证券是公司（企业）为筹措资金而发行的有价证券，公司（企业）证券包括的范围比较广泛，主要有股票、公司（企业）债券及商业票据等。此外，在公司（企业）证券中，通常将银行及非银行金融机构发行的证券称为金融证券，其中金融债券尤为常见。

2. 按是否在证券交易所挂牌交易，有价证券可分为上市证券与非上市证券

上市证券是指经证券主管机关核准发行，并经证券交易所依法审核同意，允许在证券交易所内公开买卖的证券。

非上市证券是指未申请上市或不符合证券交易所上市条件的证券。非上市证券不允许在证券交易所内交易，但可以在其他证券交易市场交易。凭证式国债和普通开放式基金份额属于非上市证券。

3. 按募集方式分类，有价证券可以分为公募证券和私募证券

公募证券是指发行人通过中介机构向不特定的社会公众投资者公开发行的证券，审核较严格并采取公示制度。

私募证券是指向少数特定的投资者发行的证券，其审查条件相对宽松，投资者也较少，不采取公示制度。目前我国信托投资公司发行的集合资金信托计划以及商业银行和证券公司发行的理财计划均属私募证券；上市公司如采取定向增发方式发行的有价证券也属私募证券。

4. 按证券所代表的权利性质分类，有价证券可以分为股票、债券和基金三大类

股票是股份有限公司签发的证明出资者对该公司拥有所有权的法律凭证，其代表的是公司的所有权；债券是发行人依照法定程序发行的，承诺其在到期日还本付息的有价证券，其

代表的权力是债权；证券投资基金（以下简称“基金”）是指通过发售基金份额，将众多投资者的资金集中起来，形成独立财产，由基金托管人托管，基金管理人管理，以投资组合的方法进行证券投资的一种利益共享、风险共担的集合投资方式，基金反映的是一种信用委托权利。以上三种金融工具我们将在后面进行详细介绍。

（三）有价证券的特征

1. 收益性

证券代表的是对一定数额的某种特定资产的所有权或债权，投资者持有证券也就同时拥有取得这部分资产增值收益的权利，因而证券本身具有收益性。证券的收益主要包括固定收益和变动收益。所谓固定收益主要包括利息或者股息等，变动收益主要包括资本利得，也就是差距。

2. 流动性

证券的流动性是指证券持有人在不造成资金损失前提下，以证券换取现金的特性。一般来说，证券的流动性受多种因素影响，一般发行人的资质越好，流动性就越强，持有期限越长，流动性就越差。

3. 风险性

风险性指实际收益与预期收益的背离，即收益的不确定性。从整体上说，证券的风险与其收益成正比。通常情况下，风险越大的证券，投资者要求的预期收益越高；风险越小的证券，预期收益越低。

4. 期限性

债券一般有明确的还本付息期限，债券的期限具有法律约束力，是对融资双方权益的保护。股票一般没有期限性，可以视为无期证券。

二、股票

股票市场是资本市场上最重要、最具有吸引力的市场，其发达与否直接关系一个国家的资本市场的发达程度。股票市场包括股票的发行市场和流通市场。

（一）股票的概念和特点

股票是股份有限公司签发的证明出资者对该公司拥有所有权的法律凭证。股票的特点主要有以下几个。

1. 收益性

股票的收益主要可以划分为两部分，一部分是股息和红利，这一部分收益的多少要看企业的盈利情况和企业的发展战略，在美国一般是按季分红；另一部分是资本利得收益，也就是说在股票市场上卖出股票的价格差收益，对于一个投机者而言，这一部分收益占了大部分，这一部分收益的高低要看投机者的投资水平和投资策略。

2. 不可偿还性

按照《中华人民共和国公司法》（以下简称《公司法》）的相关规定，出资人出资后不得撤资，所以股票是没有偿还期的。股东如果想收回自己的资金，就只能在二级市场上卖出进行变现。

3. 参与性

股东出资后，便成了该公司的所有者。股东可以通过召开股东大会来行使对该公司的经营决策权。股东大会就是该公司的最高权力机构。

4. 流动性

由于股票具有不可偿还性，所以股票的流动性就显得格外重要。股票的流动性就是股票持有人可根据自己的意愿，在证券交易所自由地买卖和转让股票的行为。股票的流动性的大小和股票的行情是联系在一起的，行情越好，股票的变现力就越强。

5. 风险性

股票的价格受到多种因素的影响，既包括国家宏观政治经济层面的影响，也受到企业运作和盈利方面的影响，还受到投资者心理层面的影响，所以股价具有很强的波动性，这就给投资者带来了很大的风险性。如果投资者盲目入市，将会带来沉痛的后果。2008 年，中国石油从上市首日的最高价 48.62 元，一路下跌至 9.71 元，跌幅达 80%。很多股民调侃说：“问君能有几多愁，恰似买入中石油。”

文本：股票的小知识

（二）股票的分类

1. 股票按股东权益不同划分，可以分为普通股和优先股

普通股是股份有限公司发行的最基本的股票，普通股股东享有平等权利，既没有特权，也没有特别限制。其主要权利有：①经营决策参与权，即普通股股东可以参与公司的经营决策，其参与的主要方式是出席股东大会，行使投票表决权；②盈余分配权，即股东以所有者的身份，可以按照法定的分配顺序对公司的经营利润进行分配，这就是所谓的股息和红利（习惯上把两者合称为股利）；③剩余财产分配权，即指股份有限公司因破产或经营到期进行清算时，对资产拍卖所得按国家法定清偿顺序进行清偿后，其剩余财产由普通股股东按其份额进行分配；④优先认股权，优先认股权是指当股份公司为增加公司资本而决定增加发行新的股票时，原普通股股东享有的按其持股比例、以低于市价的某一特定价格优先认购一定数量新发行股票的权利。

优先股，顾名思义是指在某些方面比普通股享有优先权，但同时又在其他方面失去一些权利。优先股股东的权利有：①股息率固定。优先股的股息率在发行时就已经确定，不随公司利益的增减而变动，当然，这一点也不绝对，毕竟优先股是股权凭证而不是债务凭证，如果公司的利润不足以支付优先股的股息，也可以少分或者不分，公司也不会因此而承担法律上的义务。②盈余分配优先。这是指在利润分配的顺序上，优先股的分配顺序要优于普通股先进行分配。③剩余财产分配优先。这是指优先股对剩余财产的分配要先于普通股，但要排在所有债权人之后。④无经营决策参与权，和普通股相比，优先股股东一般不能参与公司经营决策，也没有投票表决权，但在涉及优先股股东重大权益的问题上也拥有一定的投票权。⑤无优先认股权，优先股一般没有优先认股权。

2. 股票按是否记载股东姓名划分，可分为记名股票和不记名股票

（1）记名股票。股份有限公司向发起人、法人发行的股票，应当为记名股票。记名股票有如下特点。

①股东权利归属于记名股东。

②可以一次或分次缴纳出资。《公司法》规定，设立股份有限公司的条件之一是发起人认购和募集的股本达到法定资本最低限额。采取发起设立方式设立股份有限公司的，注册资本为在公司登记机关登记的全体发起人认购的股本总额。一次缴纳的，应当缴纳全部出资；分期缴纳的，应当缴纳首期出资。全体发起人首次出资额不得低于注册资本的20%，其余部分由发起人自公司成立之日起两年内缴足。以募集方式设立股份有限公司的，发起人认购的股份不得少于公司股份总数的35%。

③转让相对复杂或受限制。

④便于挂失，相对安全。

（2）不记名股票。发行不记名股票的，公司应当记载其股票数量、编号及发行日期。不记名股票的特点是：股东权利归属股票的持有人、认购股票时要求一次缴纳出资、转让相对简便、安全性较差。

3. 股票按照有无面额划分，可分为有面额股票和无面额股票

（1）有面额股票。有面额股票是指在股票票面上记载一定金额的股票。这一记载的金额也称为票面金额、票面价值或股票面值。我国《公司法》规定，股份有限公司的资本划分为股份，每一股的金额相等。

有面额股票的特点有：①可以明确表示每一股所代表的股权比例。②为股票发行价格的确定提供依据。我国《公司法》规定股票发行价格可以按票面金额，也可以超过票面金额，但不得低于票面金额。有面额股票的票面金额就是股票发行价格的最低界限。

（2）无面额股票。无面额股票是指在股票票面上不记名股票面额，只注明其在公司总股本中所占比例的股票。目前世界上很多国家（包括中国）的公司法规定不允许发行这种股票。

无面额股票特点有：发行或转让价格较灵活，便于股票分割。

4. 股票按投资主体的性质划分，可分为国有股、法人股、社会公众股和外资股

（1）国有股。国有股是指有权代表国家投资的部门或机构以国有资产向公司投资形成的股份，包括公司现有国有资产投资形成的股份。

国有股从资金来源上看，主要有三个方面：①现有国有企业改组为股份公司时所拥有的净资产；②现阶段有权代表国家投资的政府部门向新组建的股份公司的投资；③经授权代表国家投资的投资公司、资产经营公司、经济实体性总公司等机构向新组建股份公司的投资。

国有股股权可以转让，但转让应符合国家的有关规定。

（2）法人股。法人股是指企业法人或具有法人资格的事业单位和社会团体以其依法可支配的资产投入公司形成的股份。

如果是具有法人资格的国有企业、事业及其他单位以其依法占用的法人资产向独立于自己的股份公司出资形成或依法定程序取得的股份，可称为国有法人股。

（3）社会公众股。社会公众股是指社会公众以其财产投入公司时形成的可上市流通的股份。我国《证券法》规定，社会募集公司申请股票上市的条件之一是向社会公开发行的股份达到公司股份总数的25%以上。公司股本总额超过人民币4亿元的，向社会公开发行股份的比例为10%以上。

（4）外资股

①境内上市外资股。这类股票称为B股。B股采取记名股票形式，以人民币标明股票面

值，以外币认购买卖，在境内证券交易所上市交易。

境内居民个人可以用现汇存款和外币现钞存款以及从境外汇入的外汇资金从事 B 股交易，但不允许使用外币现钞。境内居民个人所购 B 股不得向境外转托管。公司向境内上市外资股股东支付股利及其他款项，以人民币计价和宣布，以外币支付。

②境外上市外资股。

境外上市外资股主要由 H 股、N 股、S 股等构成。H 股是指注册地在我国内地、上市地在我国香港的外资股。S 股是指注册地在我国内地、上市地在新加坡的外资股。N 股是指注册地在我国内地、上市地在纽约的外资股。

拓展阅读

我国的股权分置改革

2005 年 4 月 29 日启动

公司股权分置改革的动议，原则上应当由全体非流通股股东一致同意提出。

相关股东会议投票表决改革方案，须经参加表决的股东所持表决权的 2/3 以上通过，并经参加表决的流通股股东所持表决权的 2/3 以上通过。改革方案获得相关股东会议表决通过，公司股票复牌后，市场称这类股票为“G 股”。改革后公司原非流通股股份的出售，应当遵守以下规定：自改革方案实施之日起，在 12 个月内不得上市交易或转让；持有上市公司股份总数 5% 以上的原非流通股股东在上述规定期满后，通过证券交易所挂牌交易出售原非流通股股份，出售数量占该公司股份总数的比例在 12 个月内不得超过 5%，在 24 个月内不得超过 10%。

资料来源：搜狐财经。

三、中长期债券

债券市场是指债券发行和流通的场所，是金融市场当中重要的组成部分，在社会经济中占有举足轻重的地位。

（一）债券的概念和特点

债券是发行人依照法定程序发行的，承诺其在到期日还本付息的有价证券。债券的要素包括发行者、期限、利率、面值、利息的偿还方式等。

债券的特点有以下几点：

（1）债券是有期限的，到期必须要偿还，不管期限多长，债务人都要承担到期还本付息的压力，期限越短，其还本付息的压力就越大。如果借债太多，到期不能及时偿还的话，企业就有破产清算的风险。完全没有了股票筹资的“洒脱”。

（2）债券的利息是固定的，即使是浮动利率债券，也仅仅受到基准利率变动的影响，其不确定性也远比股息收入要小得多。

（3）债券的利息在偿还顺序上要优于股票，其偿还是在税前支付的，不管企业是否盈利，都要首先满足债务人的利息需要，并且税前支付，可以给企业带来避税的好处，也增强了企业偿债的积极性。

（4）债券的风险要比股票小很多，其风险主要有违约风险和市场风险。违约风险是指筹资人到期不能如数还本付息所带来的风险，一般在签订借款合同的时候，债权人都要在合同上约定很多的限制性条款，以避免类似风险的发生；市场风险就是由于市场利率变动而带来的债券价格贬值的风险，为了规避此类风险，一般中长期债券可以采用浮动利率来发行。

（二）债券的分类

1. 按照发行者的不同，债券可以划分为政府债券、金融债券和公司债券

政府债券是指中央政府、政府机构和地方政府发行的债券，它以政府的信誉作保证，因而通常无须抵押品，其风险在各种投资工具中是最小的，政府债券由于其信用高，被称为“金边债券”。

公司债券是公司为筹措营运资本而发行的债券，该合同要求不管公司业绩如何都应优先偿还其固定收益，否则将在相应破产法的裁决下寻求解决，因而其风险小于股票，但比政府债券高。

金融债券是由商业银行或非银行金融机构为筹措资金所发行的债务凭证，其实质上是公司债券的一部分，所以在很多国家都将其并入公司债券。

2. 按照期限的不同，债券可以划分为短期债券、中期债券和长期债券

短期债券，是期限在一年以内的债券，又叫作国库券，属于货币市场研究的范畴。中期债券是期限在一年到十年的债券。长期债券是期限在十年以上的债券。

3. 按照利率的不同，债券可以划分为固定利率债券和浮动利率债券

固定利率债券是指在债券的发行期间债券的利率是固定不变的。浮动利率债券是指在债券的发行期间债券的利率是可以调整的。

4. 按照是否标有票面利率，债券可以划分为零息债券和付息债券

零息债券是指没有标明票面利率的债券，这种债券在发行的时候一般采用折价发行的方式，发行价格低于面值，其差额相当于利息收入。付息债券是指标有票面利率的债券。

5. 按债券形态分类，债券可以划分为实物债券、凭证债券、记账式债券

实物债券是一种具有标准格式实物券面的债券。在标准格式的债券券面上，一般印有债券面额、债券利率、债券期限、债券发行人全称、还本付息方式等各种债券票面要素。有时债券利率、债券期限等要素也可以通过公告向社会公布，而不在债券券面上注明。其特点是：不记名、不挂失、可上市流通。

凭证式债券的形式是债权人认购债券的一种收款凭证，而不是债券发行人制定的标准格式的债券。其特点是：可记名、挂失、不能上市流通。

记账式债券是没有实物形态的债券，利用证券账户通过电脑系统完成债券发行、交易及兑付的全过程。其特点是：可以记名、挂失，安全性较高。

文本：我国国债的种类及购买方式

四、债券与股票的区别

（一）债券与股票的权利不同

债券是债权凭证，债券持有者与债券发行人之间的经济关系是债权、债务关系，债券持有者只可按期获取利息及到期收回本金，无权参与公司的经营决策。股票则不同，股票是所有权凭证，股票所有者是发行股票公司的股东，股东一般拥有表决权，可以通过参加股东大会选举董事，参与公司重大事项的审议和表决，行使对公司的经营决策权和监督权。

（二）债券与股票的目的不同

发行债券是公司追加资金的需要，它属于公司的负债，不是资本金。发行股票则是股份公司创立和增加资本的需要，筹措的资金列入公司资本。倘若公司破产，清理资产有余额偿还时，债券偿付在前，股票偿付在后。

（三）债券与股票的期限不同

债券具有偿还期，股票只能在二级市场上进行转让，不能进行退股，因此股票没有到期，具有永久性。

（四）债券与股票的收益不同

债券主要获得固定收益——利息，股票不仅可以获得固定收益——红利股息，而且还可以在二级市场上进行低买高卖，获得股票价格差（资本利得）。并且债券利息是公司的固定支出，属于费用范围；股票的股息红利是公司利润的一部分，公司有盈利才能支付，而且支付顺序列在债券利息支付和纳税之后。

（五）债券与股票的风险不同

股票风险较大，债券风险相对较小。在二级市场上，债券因其利率固定，期限固定，市场价格也较稳定；而股票无固定期限和利率，受各种宏观因素和微观因素的影响，市场价格波动频繁，涨跌幅度较大。

五、证券投资基金

证券投资基金（以下简称“基金”）是指通过公开发售基金份额，将众多投资者的资金集中起来，形成独立财产，由基金托管人托管，由基金管理人管理，以资产组合方式进行证券投资的一种利益共享、风险共担的集合投资方式。1868 年，英国由政府出面组建了海外和殖民地政府信托组织，公开向社会发售受益凭证。基金起源于英国，基金产业已经与银行业、证券业、保险业并驾齐驱，成为现代金融体系的四大支柱。

基金的运作机制见图 1－2。

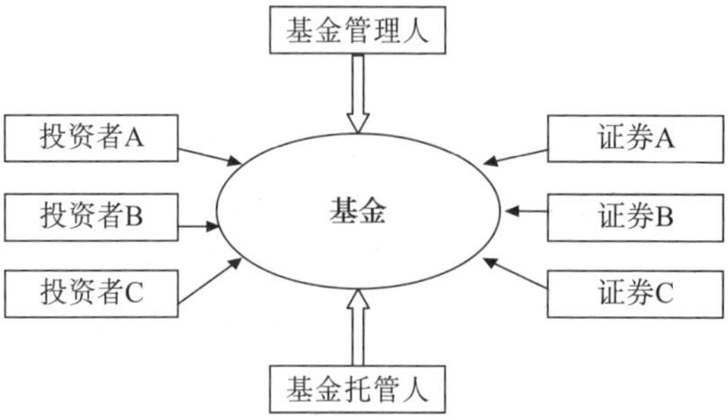

图 1－2　证券投资基金

证券投资基金市场是指证券投资基金的发行和交易的场所，证券投资基金市场是经济高度发达的必然产物。

（一）证券投资基金的特点

证券投资基金在不同国家有不同的称谓，在美国称为“共同基金”或“互助基金”，在英国和中国香港称为“单位信托基金”，在日本、韩国和中国台湾称为“证券投资信托基金”。虽然各国名称不同，但其有共同的特点。

文本：基金的购买渠道

1. 规模经营

证券投资基金将小额资金聚集起来，其经营具有规模优势，可以降低交易成本，对于筹资方来说，也可有效降低其发行费用。

2. 分散风险

由于投资基金数额庞大，可以将资金分散投到多种证券或资产上，包括股票、债券、外汇、货币等金融工具，可以实现“不要把所有的鸡蛋都放在同一个篮子里”的多元化投资策略，通过有效组合最大限度地降低投资风险，最大限度地保护了“基民”的利益。所以，基金投资相对于股票投资来说风险要小，当然其收益也要逊色于股票投资。

3. 专家理财

证券市场风险巨大，一般的投资者难以驾驭，而投资基金这种专家理财的特点，就弥补了一般投资者专业知识和“专业时间”上的缺乏，基金公司拥有一支强大的专业团队，他们可以运用自己的专业知识对投资做出合理的规划，并且可以随时进行操作，把所有的时间和精力都用在投资上，再加上专业化的投资服务，投资基金从发行、收益分配、交易、赎回都有专门的机构负责，使整个投资过程轻松、简便，极大地提高了投资的准确度和效率，进一步拉近了投资大众和金融市场的距离。

4. 收益共享，风险共担

证券投资基金的收益和风险都是由投资者和基金公司共同来承担的，不仅可以对基金经理人起到激励作用，还可以保护基民的利益。

（二）基金的种类

1. 按照组织形式进行划分，基金可以分为公司型基金和契约型基金

公司型基金是依据我国《公司法》成立的、以营利为目的的股份有限公司形式的基金，

其特点是基金本身是股份制的投资公司，基金公司通过发行股票筹集资金，投资者通过购买基金公司股票而成为股东，享有基金收益的索取权。

契约型基金是依据一定的信托契约组织起来的基金，其中作为委托人的基金管理公司通过发行受益凭证筹集资金并负责基金的投资营运，作为受托人的基金托管公司负责保管基金的资产，而投资者则是受益人，凭基金受益凭证索取投资收益。我国的基金大多属于这一类。

2. 按照投资基金收益可否赎回，基金可分为封闭式基金和开放式基金

封闭式基金是指基金的期限和份额是固定的，只能在确定的时间内进行基金的申购和赎回，封闭式基金在持有期间，可以在二级市场进行转让。其发行期限不得低于 5 年，最低募集数额不得少于 2 亿元。

开放式基金是指基金发起人在设立基金时，基金单位或股份总规模不固定，可随时追加，也可随时赎回的基金。

开放式基金和封闭式基金的区别主要有：①基金规模的可变性不同。封闭式基金有明确的存续期限，在此期限内发行的基金份额不能赎回。而开放式基金所发行的基金份额是可赎回的，而且投资者在基金的存续期内也可随意申购基金份额，导致基金的资金总额每日不断变化。这是两者的根本差别。②基金份额的买卖方式不同。封闭式基金发起设立时，投资者可以向基金管理公司或销售机构认购，当封闭式基金上市交易时，投资者又可委托券商在证券交易所按市价买卖。而投资者投资于开放式基金时，其可随时向基金管理公司或销售机构申购或赎回。③基金份额的买卖价格形成方式不同。封闭式基金因在交易所上市，其买卖价格受市场供求关系影响较大。而开放式基金的买卖价格是以基金份额的资产净值为基础计算的，可以直接反映基金份额资产净值的高低。④基金份额的投资策略不同。由于封闭式基金不能随时被赎回，其所募集得到的资金可以全部用于投资，基金管理公司可制定长期的投资策略，取得长期经营绩效。而开放式基金则必须保留一部分现金，以便投资者赎回，而不能尽数用于长期投资，一般投资于变现能力强的资产。

3. 按照投资目标的不同划分，基金可分为成长型基金、收入型基金和平衡型基金

收入型基金，是以获取最大的当期收益为目标的基金。这种基金成长潜力较小，但是收入稳定性较高，适合保守的投资者，又可以划分为固定收入型基金和权益收入型基金两类。前者主要投资于债券或优先股股票，后者主要投资于普通股股票。

成长型基金，是以追求资本的长期增值为目标的基金。其特点是风险较大、收益也较大，适合风险的爱好者。成长型基金又可分为三种：一是积极成长型，这类基金通常投资于有高成长潜力的股票或其他证券；二是新兴成长型基金，这类基金通常投资于新行业中有成长潜力的小公司或有高成长潜力行业（如高科技）中的小公司；三是成长收入基金，这类基金兼顾收入和资本增值，通常投资于成长潜力大、红利也较丰厚的股票。

平衡型基金，是以净资产的稳定、可观的收入及适度的成长为目标的投资基金，其特点是具有双重投资目标，谋求收入和成长的平衡，风险和收益介于收入型基金和成长型基金之间。

除了以上三种分类方法以外，基金还可以根据地域的不同，划分为国内基金和国际基金。还可以根据标的证券的不同，划分为股票型基金、债券型基金、货币市场基金、私募基金等。

六、金融衍生品

文本：私募基金

20世纪70年代以来，金融的全球化和自由化浪潮席卷而来，金融市场的日益发达既给人们带来了巨大的收益，也带来了巨大的风险，在新的经济趋势下，资金运动也有了新的规律，利率和汇率等资金价格的变动也越来越难以捉摸，资金在空间和时间上的配置范围和配置跨度也远远超出了传统金融市场所能驾驭的能力，传统的金融市场面对着这些突如其来的变化，显得措手不及。更加广阔的利润追逐空间，更加深不可测的金融风险，都客观地要求新的金融工具的诞生以及新兴金融市场的产生，也就是在这种大背景下，一个“顺应民心”的金融衍生品市场在金融海啸的呼啸声中诞生了。

金融衍生工具，就是在传统的金融工具的基础上，对其交易方式进行一定的改进所形成的新的交易工具。其主要包括金融远期合约、金融期货、金融期权和金融互换四种。

（一）金融远期合约

金融远期合约是在现货交易的基础之上衍生而来的，是指买卖双方约定在未来的某一确定时间，按确定的价格买卖一定数量的某种金融资产的合约。在合约中规定在将来买入标的物的一方称为多方，而在未来卖出标的物的一方称为空方。合约中规定的未来买入标的物的价格称为交割价格。

远期合约是非标准化合约。因此它不在交易所交易，而是在金融机构之间或金融机构与客户之间通过谈判后签署远期合约。已有的远期合约也可以在场外市场交易。

1. 金融远期合约的优缺点

在签署远期合约之前，双方可以就交割地点、交割时间、交割价格、合约规模、标的物的品质等细节进行谈判，以便尽量满足双方的需要。因此远期合约主要优点是灵活性较大。

但远期合约也有明显的缺点：①没有固定的交易场所，不利于信息交流和传递，不利于形成统一的市场价格，市场效率较低。②远期合约是非标准化合约。每份合约的内容都千差万别，这就给远期合约的流通造成较大不便，因此远期合约的流动性较差。③违约风险较大。远期合约的履约没有保证，当价格变动对一方有利时，对方有可能无力或无诚意履行合约。

2. 金融远期合约的分类

（1）远期利率协议。远期利率协议是买卖双方同意从未来某一商定的时期开始在某一特定时期内按协议利率借贷一笔数额确定，以具体货币表示的名义本金的协议。远期利率协议的买方是名义借款人，其订立远期利率协议的目的主要是为了规避利率上升的风险。远期利率协议的卖方则是名义贷款人，其订立远期利率协议的目的主要是为了规避利率下降的风险。之所以称为“名义”，是因为借贷双方不必交换本金，只是在结算日根据协议利率和参考利率之间的差额以及名义本金额，由交易一方付给另一方结算金。

（2）远期外汇合约。远期外汇合约是指双方约定在将来某一时间按约定的远期汇率买卖一定金额的某种外汇的合约。交易双方在签订合同时，就确定好将来进行交割的远期汇率，到时无论汇价如何变化，都应按此汇率交割。在交割时，名义本金并未交割，而只交割合同中规定的远期汇率与当时的即期汇率之间的差额。

（3）远期股票合约。远期股票合约是指在将来某一特定日期按特定价格交付一定数量单个股票或一揽子股票的协议。

（二）金融期货

1. 期货合约的定义和特征

期货合约是指由期货交易所统一制定的、规定在将来某一特定的时间和地点交割一定数量标的物的标准化合约。金融期货合约有以下几个特征。

（1）合约标准化。除交割价格外，期货合约的所有条款（包括合约规模、交割日期、交割地点等）都是预先由期货交易所规定好的，具有标准化的特点，无需双方再商定。合约的标准化使交易双方只需把焦点放在合约的选择上和价格的确定上，交易双方只要交割价格达成一致期货合约就可以生效，极大地增强了期货合约的成功率。标准化是期货合约与远期合约最本质的区别。

（2）杠杆机制。传统的金融工具采用的是现货交易的方式，而期货交易则是采用远期交易的方式，也就是说期货交易双方在达成交易意向时，不需要全额付款，只需要在保证金账户当中存入合约价值5% ~10%的保证金即可，以作为双方到期能够按时履约的保证。在交割的时候，才需要全额付款。期货交易所具有的以少量资金就可以进行较大价值额投资的特点，被称为“杠杆机制”。期货交易的杠杆机制使期货交易具有高收益高风险的特点。保证金比率越低，期货交易的杠杆作用就越大，高收益高风险的特点就越明显。

我们可以用下述例子解释一下杠杆机制。假如有两名投资者甲和乙分别拥有100元资金，并且假设期货市场的保证金比例是合约价值的10%。假如投资者甲把100元投资于股票市场，而投资者乙把100元投资于期货市场，甲只可以购买100元的股票，而乙可以购买1 000元的期货合约。

第一种情况：假如当日股票市场和期货市场同时上涨了10%，那么甲的收益为10元，占投资额的10%；而乙的收益为100元，即占投资额的100%。保证金交易将乙的收益扩大了10倍。

第二种情况：假如今天股票市场和期货市场同时下跌了10%，那么甲损失了10元，占投资额的10%；而乙则损失了100元，即占投资额的100%。对于乙来说，也就再无翻身之地了，可以看出来杠杆机制不仅给投资者带来高收益，也带来了高风险。

（3）双向交易。期货合约的买方之所以通过期货合约的方式来购买标的物，是因为买方预计未来标的物价格要上涨，所以提前用期货合约锁定了未来的交易价格。卖方则正好相反，卖方则因为预计标的物价格要下跌，所以才会通过期货合约的方式来卖出标的物。正是由于买卖双方这种相反的预测，才会致使期货合约的顺利签约。否则，期货合约市场将不会存在。通过以上分析我们可以看出，当期货合约的价格上涨的时候，买方则处在盈利的状态，卖方则处在亏损的状态，反之则相反。换句话说，在期货市场上，无论价格上涨还是下跌，总有一方是可以盈利的。这就改变了传统金融市场“单边市”的特点，即只有价格上涨的时候才能赚钱，价格下跌的时候所有的投资者都是亏损的。

所谓双向交易就是说，投资者既可以以买方的身份进入期货市场，通过买入期货合约作为期货交易的开端，以赚取期货市场价格上涨所带来的收益，也可以以卖方的身份进入期货市场，通过卖出期货合约作为期货交易的开端，来赚取期货市场价格下跌所带来的收益。

（4）对冲机制。

期货市场上的交割有两种交易方式：一是实物交割，即到期以后采用一手交钱一手交货的方式来履行期货交易的责任；二是采用对冲平仓的方式，就是在期货交割日之前，买卖双方都可以采用相反的操作来结束交易，原来买入的就卖出，原来卖出的就买入。后一种交易方式与实物交割相比既省事又灵活，并且无须最后的实物交割，这就吸引了众多的投机者加入期货市场的交易行列中，极大地增强了期货交易的流动性。因此，大多数的期货交易都是通过对冲来完成交易的。据统计，进行实物交割的期货合约不到2%。

（5）当日无负债结算制度。期货交易是每天进行结算的，而不是到期一次性进行的，买卖双方在交易之前都要首先在经纪公司开立专门的保证金账户。经纪公司通常要求交易者在交易之前必须存入一定数量的保证金，这个保证金叫作初始保证金。在每天交易结束时，保证金账户都要根据期货价格的升跌而进行调整，以反映交易者的浮动盈亏，这就是所谓的盯市。如果今天价格上涨，则高出部分就是买方的浮动盈利和卖方的浮动亏损。这些浮动盈利和亏损就在当天晚上分别加入买方的保证金账户和从卖方的保证金账户中扣除。如果价格下跌，则操作流程正好相反。当保证金账户的余额超过初始保证金水平时，交易者可随时把多余的现金取走。而当保证金账户的余额低于交易所规定的维持保证金水平时，经纪公司就会通知交易者必须在下一个交易日开市之前追加保证金，否则就会被强制平仓。维持保证金水平通常是初始保证金水平的75%。

（6）交易集中化。期货合约均在期货交易所进行交易，交易双方不直接接触，而是各自跟交易所的清算部或专设的清算公司结算。清算公司充当所有期货买者的卖者和所有卖者的买者，因此交易双方无须担心对方违约。由于所有买者和卖者都集中在交易所交易，因此也大大降低了交易双方的搜索成本，提高了期货市场交易的效率。

期货交易所是一个高度组织化的市场，并且实行严格的管理制度，在中国有四大期货交易所，分别是大连商品交易所、郑州商品交易所、上海期货交易所和金融期货交易所。

2. 期货合约的分类

根据标的物的不同，期货合约可以划分为商品期货和金融期货

商品期货是指以商品作为标的物的期货合约，主要包括农产品期货、石油期货、金融期货等。

金融期货是指以金融工具作为标的物的期货合约，又可以分为外汇期货、利率期货和股价指数期货。

①外汇期货，指以汇率为标的物的期货合约。交易双方约定在未来某一时间，依据现在约定的比例，以一种货币交换另一种货币的标准化合约的交易，用来回避汇率风险。

②利率期货，是指以债券类证券为标的物的期货合约，它可以回避银行利率波动所引起的证券价格变动的风险。

③股价指数期货，是一种以股票价格指数作为标的物的金融期货。

案例

中国股指期货合约—沪深300股指期货

2010年4月19日我国第一个金融期货合约诞生了，就是沪深300股指期货合约。

沪深300股指期货是以沪深300指数作为标的物，由中证指数公司编制的沪深300指数

于2005年4月8日正式发布。沪深300指数以2004年12月31日为基日，基日点位1 000点。沪深300指数是由上海和深圳证券市场中选取300只A股作为样本，其中沪市有179只，深市121只。样本选择标准为规模大、流动性好的股票。沪深300指数（见表1－1）样本覆盖了沪深市场六成左右的市值，具有良好的市场代表性。

表1－1　　沪深300股指期货

合约标的	沪深300指数
合约乘数	每点300元
合约价值	沪深300指数点×300元
报价单位	指数点
最小变动价位	0.2点
合约月份	当月、下月及随后两个季月
交易时间	9：15－11：30，13：00－15：15
最后交易日交易时间	9：15－11：30，13：00－15：00
价格限制	上一个交易日结算价的正负10%
合约交易保证金	合约价值的12%
交割方式	现金交割
最后交易日	合约到期月份的第三个周五，遇法定节假日顺延
最后结算日	同最后交易日
交易代码	IF

资料来源：百度百科。

3. 期货合约的作用

（1）规避现货市场价格波动的风险。现货市场上经常会出现这种情况：一个农场主的命运往往掌握在他的农产品收割时农产品价格的手中，而在种植的时候农场主是无法预知自己的命运的，如果价格下跌，农场主就会完全亏损，没有挽回的余地了，这就是现货市场价格波动带来的风险。其实，这种风险在金融市场里随处可见，利率风险、汇率风险、股票价格波动的风险等，怎么规避这些风险呢？期货市场的存在就为我们提供了一个规避现货市场价格波动的场所，通过事先签订期货合约农场主可以在种植农产品的时候，投资者在购买债券股票的时候提前锁定价格，使其置身风险之外，获得稳定的收益。

（2）价格发现功能。期货市场的杠杆机制和对冲机制等制度，吸引了大量的投资者和投机者进入市场，每一个参与期货交易的人，都有一个对未来价格的预测，这个预测是通过其所掌握的市场信息，并对过去的价格表现加以研究后做出的，这些信息再通过期货交易所众多交易人的互相竞价，而最终实现的期货交易价格，可以说代表了大多数人对期货市场的一个平均看法，这样形成的价格也代表了此种期货合约的均衡价格。市场参与者可以利用期货市场的价格发现功能进行相关决策，以提高自己适应市场的能力。

（三）金融期权

1. 金融期权的定义

金融期权是一种选择权，是一种能在未来某特定时间以特定价格买入或卖出一定数量的某种特定商品的权利，给予买方购买或出售标的资产的权利。期权的买方可以在该项期权规定的时间内选择买或不买、卖或不卖的权利，他可以实施该权利，也可以放弃该权利，而期权的卖方则只承担期权合约规定的义务。金融期权合约的构成要素包括：①标的物，是指期权合约规定的双方买卖的商品或者金融工具；②期权费，是指期权买方为获取期权合约所赋予的权利而向期权卖方支付的费用，又称期权价格；③买方，也成为多头方，其拥有期权合约到期后是否履约的权利，为了拥有这项权利买方需要向卖方支付期权费；④卖方，又称为空头方，是指出售期权合约的一方，收取期权费，承担在规定的时间内履行合约义务的一方；⑤执行价格，是指期权合约所规定到期交割时标的物的交易价格；⑥到期日，也就是标的物的交割日，又被称为行权日。

2. 金融期权的分类

（1）按期权的权利划分，可分为看涨期权和看跌期权。

看涨期权是指期权的买方向期权的卖方支付一定数额的期权费后，即拥有在期权合约的有效期内，按事先约定的价格向期权卖方买入一定数量的期权合约规定的标的物的权利，但不负有必须买进的义务。

看跌期权是指期权的买方向期权的卖方支付一定数额的期权费后，即拥有在期权合约的有效期内，按事先约定的价格向期权卖方卖出一定数量的期权合约规定的标的物的权利，但不承担必须卖出的义务。

（2）按期权的交割时间划分，可分为美式期权、欧式期权和百慕大期权。

美式期权是指在期权合约规定的有效期内任何时候都可以行使权利。

欧式期权是指在期权合约规定的到期日方可行使权利，期权的买方在合约到期日之前不能行使权利，过了期限，合约则自动作废。

百慕大期权一种可以在到期日前所规定的一系列时间行权的期权。

（3）按期权合约上的标的划分，可分为股票期权、股指期权、利率期权、商品期权以及外汇期权等。

股票期权是在单个股票基础上衍生出来的选择权，股指期权主要分为两种，一种是股指期货衍生出来的股指期货期权，另一种是从股票指数衍生出来的现货期权。

股指期权又叫指数期权，是以股票指数为行权品种的期权合约。股指期权相对其他期权来说具有风险小（最大亏损是权利金），盈利大（行使权利后的期货差价）的特点。

利率期权是一种与利率变化挂钩的期权，到期时以现金或者与利率相关的合约进行结算。

商品期权指标的物为实物的期权，如农产品中的小麦大豆、金属中的铜等。商品期权是一种很好的商品风险规避和管理的金融工具，是一种可以在合约规定的交易日买卖的权利。

外汇期权也称货币期权，指合约购买方在向出售方支付一定期权费后，所获得的在未来约定日期或一定时间内，按照规定汇率买进或者卖出一定数量外汇资产的选择权。

3. 金融期权的交易

期权交易场所不仅有正规的交易所，还有一个规模庞大的场外交易市场。交易所交易的是标准化的期权合约，场外交易的则是非标准化的期权合约。

对于场内交易的期权来说，其合约有效期一般不超过 9 个月，以 3 个月和 6 个月最为常见。

我们以看涨期权为例子，来看一下金融期权的交易流程。假定某投资者预期某种股票价格将会上升，于是以 1 元每股的期权费购买了一份标的物为 5 000 股该种股票，执行价格为 10 元，期限为 6 个月的欧式看涨期权。由于是欧式看涨期权，所以只有到期后才能行权。我们分以下几种情况来考虑。

（1）到期时，股票的市场价格低于执行价格，也就是说股票的价格在 10 元以下，此时买方就会行使其拥有的选择权，放弃行权，而是选择在现货市场上以低价买入股票。此时买方的最大亏损，就是其所支付的期权费，亏损 5 000 元，相反卖方就可以赚 5 000 元。

（2）到期时，股票的市场价格等于执行价格。也就是说股票的价格为 10 元，此时买方会选择行权，此时的收益与低于执行价格时的收益是一样的。

（3）到期时，股票的市场价格高于执行价格。①股票的市场价格介于 10 元到 11 元之间。买方可以以低于市场价格的执行价格 10 元买入股票，赚取股票差价收益，可弥补部分期权费，所以此时，买方会选择行权。当股票价格正好等于 11 元时，此时买方的价差收入正好弥补期权费，净收益为 0。②股票的市场价格高于 11 元时，买方可以获得净收益。股价越高，买方的收益就越大，而卖方则为净损失，股价越高，亏损就越大。

（四）金融互换

1. 金融互换的定义和理论基础

金融互换是约定两个或两个以上当事人按照商定条件，在约定的时间内，交换一系列现金流的合约。

金融互换的理论基础是比较优势理论。比较优势理论是英国著名经济学家大卫·李嘉图提出的。他认为，在两国都能生产两种产品且一国在这两种产品的生产上均处于优势地位时，两国也存在着合作共赢的机会。只要前者专门生产优势较大的产品，后者专门生产劣势较小（即具有比较优势）的产品，那么通过专业化分工和国际贸易，双方仍能从中获益。

李嘉图的比较优势理论不仅适用于国际贸易的领域，而且适用于所有的经济活动。只要存在比较优势，双方就可通过适当的分工和交换使双方共同获利。人类的进步史，某种程度上可以说是利用比较优势进行分工和交换的历史。

互换是比较优势理论在金融领域最生动的运用。根据比较优势理论，只要双方的资产或负债互为需求并且存在着比较优势，就可以通过互换彼此获利。

2. 金融互换的分类

（1）利率互换。利率互换是指双方同意在未来的一定期限内根据同种货币的同样的名义本金交换现金流，其中一方的现金流根据浮动利率计算出来，而另一方的现金流根据固定利率计算。互换的期限通常在 2 年以上，有时甚至在 15 年以上。

双方进行利率互换的主要原因是双方在固定利率和浮动利率市场上具有比较优势。假定 A、B 公司都想借入 10 年期的 100 万美元的借款，A 想借入浮动利率借款，B 想借入固定利率借款。但两家公司信用等级不同，故市场向它们提供的利率也不同。

表 1－2　　A、B 两公司金融市场上的借款利率

	固定利率	浮动利率
A 公司	8%	LIBOR +0.2%
B 公司	10%	LIBOR +1%

从表 1－2 可以看出，A 的借款利率均比 B 低，即 A 在两个市场都具有绝对优势。但在固定利率市场上，A 比 B 的绝对优势为 2%，而在浮动利率市场上，A 比 B 的绝对优势为 0.8%。这就是说，A 在固定利率市场上有比较优势，而 B 在浮动利率市场上有比较优势。这样，双方就可利用各自的比较优势为对方借款，然后互换，从而达到共同降低筹资成本的目的。即 A 以 8% 的固定利率借入 100 万美元，而 B 以 LIBOR +1% 的浮动利率借入 100 万美元。由于本金相同，故双方不必交换本金，而只交换利息的现金流。即 A 向 B 支付浮动利息，B 向 A 支付固定利息。通过发挥各自的比较优势并互换，双方总的筹资成本降低了 1.2%（即 10% +LIBOR +0.2% －8% －LIBOR －1.00%），这就是互换利益。互换利益是双方合作的结果，理应由双方分享。具体分享比例由双方谈判决定。

（2）货币互换。货币互换是将一种货币的本金和固定利息与另一种货币的等价本金和固定利息进行交换。

货币互换的主要原因是双方在各自国家中的金融市场上具有比较优势。假定美元和人民币汇率为 1 美元 =7 人民币元。A 想借入 5 年期的 500 万美元借款，B 想借入 5 年期的 3 500 万元人民币借款。但由于 A 的信用等级高于 B，两国金融市场对 A、B 两公司的熟悉状况不同，因此市场向它们提供的固定利率也不同。

表 1－3　　A、B 两公司金融市场上的借款利率

	美元	人民币
A 公司	8%	10%
B 公司	9%	12%

从表 1－3 可以看出，A 的借款利率均比 B 低，即 A 在两个市场都具有绝对优势，但绝对优势大小不同。A 在美元市场上的绝对优势为 1%，在人民币市场上的绝对优势为 2%。这就是说，A 在人民币市场上有比较优势，而 B 在美元市场上有比较优势。这样，双方就可利用各自的比较优势借款，然后通过互换得到自己想要的资金，并通过分享互换收益降低筹资成本。

于是，A 以 10% 的利率借入五年期的 3 500 万元人民币借款，B 以 9% 利率借入五年期的 100 万美元借款。然后，双方先进行本金的交换，即 A 向 B 支付 3 500 万元人民币，B 向 A 支付 100 万美元。这样，总的筹资成本就降低了 1%。这就是互换利益。互换利益是双方合作的结果，理应由双方分享。具体分享比例由双方谈判决定。

任务三
走进证券市场

伴随着经济全球化和经济金融化的发展，以及人们理财观念的逐渐转变，证券市场越来越成为一国市场体系中不可或缺的重要内容，同时也在人们的生活中扮演着越来越重要的角色。货币资金在银行系统内的正常运转，股票和债券的发行和流通，国家货币政策的正确实施……，这一切经济现象的背后都离不开一个“强大而有力”的金融市场的配合。金融市场以其独特的交易方式和运行机制，满足着不同主体之间投资和融资的需求，促进了资本的有效配置，被称为一国经济的“晴雨表”。下面就让我们一起去揭开神秘的面纱。

一、证券市场的定义

证券市场是股票、债券、投资基金份额等有价证券发行和交易的场所。证券市场是市场经济发展到一定阶段的产物，是为解决资本供求矛盾和流动性而产生的市场。

证券市场首先产生于17世纪的欧洲大陆，当时的欧洲正处于大航海时代，欧洲各国兴起海上冒险，做海外贸易能给人们带来很丰厚的收益。但是一方面从商人和贵族的角度来看，要想成功进行海外贸易所面临的风险太高，虽然他们有钱可以单独进行海外贸易，但是当时的航海水平还难以应对海外贸易带来的风险，其主要风险来自于沉船和海盗打劫，一旦遭遇风险，就会使贵族倾家荡产；从另一方面来看，众多的老百姓由于资金比较匮乏很难独自负担一艘轮船的费用，他们也只能眼睁睁地看着这么丰厚的赚钱机会而不能参与。1602年荷兰东印度公司的成立解决了这一难题，荷兰人开始面向全社会征集资金，每个人只要手中有闲钱就可以投资入股，收益共享，风险共担。于是，小到女仆，大到荷兰政府，都可以成为东印度公司的股东。当时牛顿就是东印度公司的股东之一。由于规模的增加，提高了东印度公司抗击风险的能力，使海外贸易的不确定性大大降低，这就是最早的股票市场。正是由于金融市场的建立，推动了地中海沿岸经济的高速发展。1608年，荷兰建立了世界上最早的证券交易所——阿姆斯特丹证券交易所。1611年，阿姆斯特丹证券交易所大厦建成，标志着证券市场的形成。

案例

西方金融中心——纽约华尔街

华尔街（Wall Street）是纽约市曼哈顿区南部一条大街的名字，长不超过一英里，宽仅11米。它是美国一些主要金融机构的所在地。

华尔街是英文“墙街”的音译。荷兰统治时，在这里筑过一道防卫墙。英国人赶走荷兰人后，拆墙建街，因而得名。这条街上的联邦厅曾是美国第一届国会的所在地，首任总统华盛顿就是在这里宣誓就职的，如今大门前竿立着华盛顿像以纪念此事。不过华尔街作为政治中心只是短暂的一瞬，而作为金融中心却一直辉煌夺目，经久不衰。

华尔街两旁很早就已是摩天大楼竖立，街道如同峡谷，抬头只能望见一线天。数不清的大银行、信托公司、保险公司和交易所都在这里驻足。每天成千上万的白领阶层涌到这里上班。而住在郊区的金融巨头们，则不必受挤车、堵车之苦。他们上下班乘飞机，直升机机场就设在华尔街东端不远的东河畔。

华尔街设有纽约证券交易所、美国证券交易所、投资银行、政府和市办的证券交易商、信托公司、联邦储备银行、各公用事业和保险公司的总部以及棉花、咖啡、糖、可可等商品交易所。华尔街是金融和投资高度集中的象征。

资料来源：新华网，www. xinhuanet. com。

二、证券市场的构成要素

证券市场是一个由多种元素构成的有机整体，这些元素互相配合、互相依赖，共同保证了金融市场有效而顺畅地运行。证券市场的构成主要包括：证券市场主体、证券市场客体、证券市场中介机构以及自律性组织和监管机构。

（一）证券市场主体

证券市场主体包括证券发行人和证券投资者。

证券发行人又称发行主体，是指为筹措资金而发行股票或债券等有价证券的股份公司、企业、政府机构、金融机构和其他团体等，也包括在本国发行证券的外国政府和公司。证券发行人是证券发行市场得以存在与发展的首要因素。

证券投资者就是以取得利息、股息或资本收益为目的，根据发行人的招募要约而买入证券的个人或机构。其中，机构通常包括证券公司、信托投资公司、各类基金等金融机构和企业、事业单位以及社会团体等。它是证券市场的重要构成要素。

（二）证券市场客体

证券市场客体主要是指证券市场发行和买卖的对象，即各种融资工具和交易品种等金融工具，如股票、债券、基金等。

（三）证券市场中介机构

证券市场中介机构是指为证券的发行与交易提供经营和服务的各类机构，包括证券交易所、证券公司、证券登记结算机构、证券投资咨询机构、信用评级机构、会计师事务所、资产评估机构、律师事务所、证券信息公司等的证券服务机构。

（四）证券业自律组织

证券业自律组织包括证券交易所和证券业协会等组织机构，其管理主要依靠行业自律，即依靠这些机构制定的业务规则、从业准则等进行自我管理。证券交易所是为证券集中交易提供场所和设施，组织和监督证券交易，实行自律管理的法人。主要包括上海证券交易所、深圳证券交易所和北京证券交易所。证券业协会是证券业的自律性组织，是社会团体法人。

（五）证券监管机构

证券市场监管机构是指依法设置的对证券发行与交易实施监督管理的机构。在我国，证券监管机构是指中国证券监督管理委员会（以下简称“中国证监会”）以其派出机构。中国证监会是国务院直属的证券监督管理机构。

三、证券市场的分类

证券市场是一个复杂的体系，包含许多具体的、相互独立但又有紧密关联的子市场，可以按照不同的标准进行分类。

1. 按照证券交易的程序，证券市场可以划分为发行市场和流通市场

发行市场也称初级市场或一级市场，是发行人以筹集资金为目的，按照一定的法律规定和发行程序，向投资者出售票据和证券等金融工具的场所。常见的如股份有限公司为了上市所进行的首次公开发行股票业务，2009 年 10 月 15 日，著名的影视帝国华谊兄弟首次公开发行股票 4 200 万股，发行价格 28. 58 元，上市首日股票价格一度突破 90 元大关，使众多影视明星身价暴涨。或者已经上市的公司进行增资扩股，就像近几年各大商业银行为了满足自己源源不断的资金需求，不断地进行股票的增发或者配股。还有就是政府及工商企业通过发行债券来进行资金的筹集等。初级市场一般都要借助于证券公司等中介机构来完成。

流通市场也称次级市场或二级市场，是指已经发行的证券等金融工具在不同的投资者之间进行转让和交易的场所。例如我们常见的证券交易所内的股票的买卖，就是典型的二级市场。

证券交易所是指有固定的交易场所和交易时间，证券交易采取经纪制，交易对象为上市证券，采用公开竞价方式决定交易价格，实行“公开、公平、公正”原则，成交速度快、成交率高。证券交易所的组织形式有会员制和公司制两种。我国上海证券交易所和深圳证券交易所都采用会员制，设会员大会、理事会和专门委员会。

北京证券交易所（简称北交所）于 2021 年 9 月 3 日注册成立，是经国务院批准设立的我国第一家公司制证券交易所，受中国证监会监督管理。经营范围为依法为证券集中交易提供场所和设施、组织和监督证券交易以及证券市场管理服务等业务。全国中小企业股份转让系统有限责任公司为北交所唯一股东。

发行市场和流通市场是密不可分的。发行市场是流通市场存在的前提，没有发行市场就不可能有流通市场，发行市场决定了流通市场的规模和结构。反之，流通市场是发行市场存在和发展的必要条件。没有发达的流通市场，就难以保证发行市场能够顺利地运行下去。如果流通市场不能够带给投资者应有的收益和流动性，就会使发行市场的筹集资金的功能受到严重的影响。

此外，在发达的市场经济国家还存在着第三市场和第四市场，实际上都是场外市场的一部分。第三市场是原来在交易所上市的证券为了逃避高昂的佣金而转移到场外进行交易所形成的市场。第三市场的交易相对于交易所交易来说，具有限制更少、成本更低的优点。第四市场是交易主体双方直接进行交易所形成的市场。其形成的主要原因是机构投资者在证券交

易中所占的比例越来越大，它们之间的买卖数额很大，因此希望避开经纪人直接交易，以降低成本。

2. 按照金融交易是否存在固定场所，证券市场可以划分为有形市场和无形市场

有形市场是指具有固定的交易场所的金融市场，交易主体在这些场所中完成金融交易。例如，商业银行的营业网点，证券交易所的交易大厅就是典型的有形市场，在有形市场里交易主体必须亲自到现场进行交易，并且有专门的服务人员进行交易的办理。

无形市场是指没有固定的交易场所，交易主体无须到现场进行交易，主要是通过电话、电报、电传、电脑网络等进行金融交易。随着电信事业日益发达，越来越多的金融交易可以通过无形市场来完成。现在的股票买卖大多数都是通过电脑网络来进行的，足不出户就可以完成交易。特别是近几年伴随着智能手机的产生，手机炒股一度"风靡"，炒股也可以随时随地进行了，高科技带给金融交易的是越来越多的便利，对于促进金融市场的活跃无疑起到了积极的作用。现在的金融市场已经发展成为一个超越时间和空间的无形网络了。

但有形市场和无形市场不能截然分开，无形市场往往建立在有形市场的基础上，它们相互交织、融合为一个完整的金融市场。

案例

纳斯达克股票交易所

纳斯达克（National Association of Securities Dealers Automated Quotations，NASDAQ）是全美证券商协会自动报价系统，但目前已成为纳斯达克股票市场的代名词。信息和服务业的兴起催生了纳斯达克。纳斯达克始建于 1971 年，是一个完全采用电子交易、为新兴产业提供竞争舞台、自我监管、面向全球的股票市场。纳斯达克是全美也是全世界最大的股票电子交易市场。

资料来源：百度百科。

3. 按照金融交易的交割时间，证券市场可以划分现货市场和期货市场

现货市场，是指交易双方达成交易意向后，在两个交易日内进行金融工具交割的金融市场。例如在我国的证券交易所进行股票买卖的时候，我们采用的是 T+1 制度，就是说今天投资双方达成购买股票的意向以后，到第二天才进行股票的交割，股票到次日才能转到购买者的账户上。

期货市场，是指交易双方达成交易意向后并不立即交割，而是在合约所规定的日期进行交割，一般交易和交割的时间在两个交易日以上。

4. 按照地域进行划分，证券市场可以划分为国内金融市场和国际金融市场

（1）国内金融市场，是指本国投资者之间进行以本币计价的金融工具的交易而形成的金融市场。金融交易的作用和范围仅限在一国之内。国内金融市场又可以划分为全国性的金融市场和地方性的金融市场。例如，我国的上海证券交易所和深圳证券交易所都是全国性的金融市场。在我国还有一些自发组织起来的电子化的交易平台，虽然不是很规范，但是也构成了地方性的金融市场。

（2）国际金融市场，是指金融资产的交易是跨越国界进行的金融市场。国际金融市场

根据资金在国家间流动的方式和发展阶段的不同可以进一步划分为在岸市场和离岸市场。

在岸市场是指借款人在其本国以外的某一个国家发行的、以发行地所在国的货币为面值的证券。例如，一个非美国的主体在美国的金融市场上发行的以美元计价的债券，我们称之为扬基债券；一个非日本的主体在日本的金融市场上发行的以日元计价的债券，我们称之为武士债券，这些都是典型的在岸市场。

离岸市场，又叫作欧洲市场，是指借款人在债券票面货币发行国以外的国家发行的金融证券。例如，法国一家机构在英国债券市场上发行的以美元为面值的债券即是欧洲债券。欧洲债券的发行人、发行地以及面值货币分别属于三个不同的国家。

5. 按照上市公司规模、监管要求等差异，证券市场可分为主板市场、二板市场、三板市场和四板市场

（1）主板市场。主板市场也称为一板市场，是指传统意义上的证券市场（通常指股票市场），是一个国家或地区证券发行、上市及交易的主要场所。主板市场对发行人的营业期限、股本大小、盈利水平、最低市值等方面的要求标准较高，上市企业多为大型成熟企业，具有较大的资本规模以及稳定的盈利能力。我国主板市场的公司在上交所和深交所两个市场上市。主板市场是资本市场中最重要的组成部分，很大程度上能够反映经济发展状况，有“国民经济晴雨表”之称。

（2）二板市场。二板市场是地位次于主板市场的二级证券市场。二板市场以 NASDAQ 市场为代表，在我国特指创业板和科创板。其在上市门槛、监管制度、信息披露、交易者条件、投资风险等方面和主板市场有较大区别。其目的主要是扶持中小企业，尤其是高成长性企业，为风险投资和创投企业建立正常的退出机制，为自主创新国家战略提供融资平台，为多层次的资本市场体系建设添砖加瓦。2012 年 4 月 20 日，深交所正式发布《深圳证券交易所创业板股票上市规则》，并于 2012 年 5 月 1 日起正式实施，将创业板退市制度方案内容，落实到上市规则之中。中国科创板是上海证券交易所于 2019 年 3 月设立的科技创新企业专门板块。科创板的正式成立时间为 2019 年 3 月 22 日。上交所在该日发布公告，正式设立科创板并公布《科创板股票上市规则》。

（3）新三板市场。新三板市场一般指全国中小企业股份转让系统，是经国务院批准设立的全国性证券交易场所，由全国中小企业股份转让系统有限责任公司（简称“全国股转公司”）为其运营管理机构。2012 年 9 月 20 日，该公司在原国家工商总局注册成立，注册资本 30 亿元人民币。上海证券交易所、深圳证券交易所、中国证券登记结算有限责任公司、上海期货交易所、中国金融期货交易所、郑州商品交易所、大连商品交易所为其股东单位。

由于新三板市场的定位是“以机构投资者和高净值人士为参与主体，为中小微企业提供融资、交易、并购、发债等功能的股票交易场所”，因此，其市场生态、研究方法、博弈策略、生存逻辑等，都和以中小散户为参与主体的沪深股票市场有着显著的区别。

2011 年 11 月 15 日上午，备受瞩目的北京证券交易所正式开市，新三板精选层的 71 家挂牌公司平移至北交所。开市首日，北交所上市公司数量达 81 家。设立北京证券交易所有利于中小企业发展壮大，有助于解决创新型中小企业的融资难题，助力相关企业成长。

（4）四板市场。四板市场即区域性股权交易市场（也称“区域股权市场”）是为特定区域内的企业提供股权、债券的转让和融资服务的私募市场，一般以省级为单位，由省级人民政府监管。四板市场是我国多层次资本市场的重要组成部分，亦是我国多层次资本市场建

设中必不可少的部分。对于促进企业特别是中小微企业股权交易和融资，鼓励科技创新和激活民间资本，加强对实体经济薄弱环节的支持，具有积极作用。

目前全国建成并初具规模的区域股权市场有：青海股权交易中心、天津股权交易所、齐鲁股权托管交易中心、上海股权托管交易中心、武汉股权托管交易中心、重庆股份转让系统、前海股权交易中心、广州股权交易中心、浙江股权交易中心、江苏股权交易中心、大连股权托管交易中心、海峡股权托管交易中心等十几家股权交易市场。

我国资本市场从20世纪90年代发展至今，资本市场已由场内市场和场外市场两部分构成。其中场内市场的主板、创业板、科创板和场外市场的全国中小企业股份转让系统（俗称新三板）、区域性股权交易市场、证券公司主导的柜台市场共同组成了我国多层次资本市场体系。多层次资本市场的架构见图1－3。

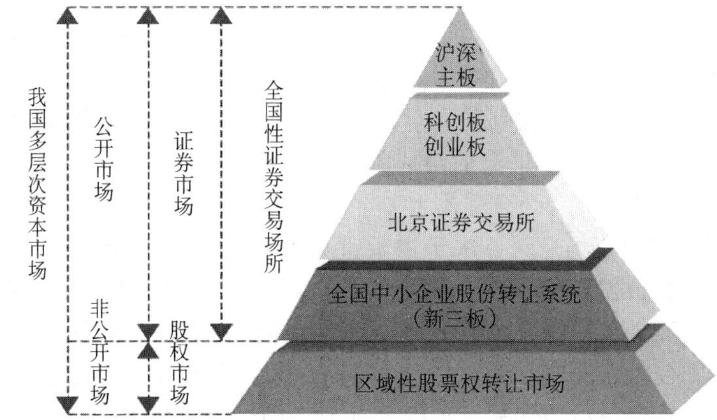

图1－3 多层次资本市场架构

拓展阅读

齐鲁股权托管交易中心

“齐鲁股权托管交易中心”主要负责非上市股份公司股权登记托管、清算交割工作；负责为非上市股份公司股权转让交易提供支持和服务；负责为企业债券、有关基金等交易提供平台；负责市场中各相关主体的日常监督管理和信息咨询服务等工作。

一、简介

齐鲁股权托管交易中心是依据国家“蓝黄”两大经济区发展战略的政策规定，按照省委、省政府（鲁发〔2010〕10号）“完善发展全省性股权交易市场”的战略部署，和省金融办“立足山东，辐射黄河中下游地区”，开展全省性股权交易市场建设试点的要求，于2010年12月正式建立的山东省非上市公司股权托管转让平台。这一平台通过组织开展非上市公司股权托管、挂牌交易，建立中小企业直接融资渠道，促进非上市公司规范运作，并通过不断地培育孵化，为更高层次资本市场输

送优质上市后备资源，努力打造一个功能突出、辐射力强、具有投资价值的国内先进的区域性股权交易市场平台，为主板、中小板、创业板市场提供重要基础支撑。

二、政策支持

1. 2011 年 7 月，山东省金融办、人民银行济南分行、山东银监局、山东证监局、山东保监局 5 部门联合签发《关于开展县域金融创新发展试点工作的意见》(鲁金办发〔2011〕14 号）明确提出“推动齐鲁股权托管交易中心发展，尽快形成立足淄博、面向全省、交易活跃、辐射力强的股权交易市场”。

2. 2011 年 9 月，省委常委、常务副省长王仁元作出重要批示“淄博股权托管中心运行两年，齐鲁股权托管交易中心也有近一年，要认真总结、完善、提升，特别在当前国家关注中小企业融资问题时，做好这件事更具有意义”。

3. 2011 年 11 月，山东省政府发布了《关于加大金融财税支持力度促进小型微型企业持续健康发展的意见》(鲁政发〔2011〕43 号)，要求“支持小型微型企业在齐鲁股权托管交易中心挂牌交易，搭建小型微型企业股权质押融资和转让平台。积极引导小型微型企业通过引进私募股权投资、实施股权转让、利用融资租赁工具等多种方式进行融资。”

4. 2011 年 11 月 25 日，山东省政府发布了《关于金融支持山东半岛蓝色经济区发展的意见》(鲁政发〔2011〕50 号)，明确指出“探索建立统一监管下的服务于蓝色经济区的股权场外交易市场，开展未上市股份公司转让试点，推动齐鲁股权托管交易中心向山东半岛蓝色经济区扩大辐射面，积极探索创新，为建设全省性股权场外交易市场积累经验”。

5. 2012 年 3 月 31 日，姜大明省长在全省金融工作会议上着重指出，“要切实搞好全省股权交易市场建设，齐鲁股权托管交易中心作为我省场外股权交易市场试点平台，在扩大企业直接融资、引导企业规范管理、孵化上市企业等方面发挥了积极作用。下一步，齐鲁股权托管交易中心要继续完善相关制度，提升管理水平，引导更多社会资本通过这一平台支持高成长型企业发展。

资料来源：齐鲁股权交易中心官网。

6. 按照品种结构划分，证券市场可以划分为股票市场、债券市场、基金市场、衍生品市场等

股票市场的发行人为股份有限公司。债券的发行人有中央政府、地方政府、中央政府机构、金融机构、公司（企业）。债券因有固定的票面利率和期限，因此，相对于股票价格而言，市场价格比较稳定。基金市场是基金份额发行和流通的市场。封闭式基金在证券交易所挂牌交易，开放式基金则通过投资者向基金管理公司申购和赎回实现流通转让。

四、证券市场的功能

1. 聚敛功能

由于资源和资金分配的不均衡，在任何时刻都存在着资金的盈余方和资金的短缺方。资金的盈余方有很强的投资需求，资金的短缺方有很强的筹资需求。金融市场多样化的金融工具以及其灵活多样的交易形式、高效的运作机制满足了不同的投资者和筹资者的需求。金融市场强大的吸引力使众多的闲散资金，经过金融市场的运作以后，投资者的资金转化成了筹资者的资本，小规模的闲散资金转变成了大规模的生产资金，金融市场的聚敛功能使资金在

时间和空间上重新进行分配，提高了资金的使用效率，节约了交易成本。

2. 配置功能

俗语说："人往高处走，水往低处流"，这里的水可以看成是资金，资金的逐利性使资金总是寻找价值洼地，以便获得高额利润。所以说资金总是"流向"那些最有发展潜力，能为投资者带来最大利益的产业和行业。以货币资金为交易对象的金融市场在利率机制的引导下，在交易者的互相竞争中很好地放大了资金的这一特点，金融市场的配置功能使有限的资金在利益的驱使下被最大限度地合理利用。

大家都知道美国的硅谷已成为世界各国高科技聚集区的代名词，很多年轻有为的创业者们在这里留下了自己的身影，但是如果没有美国的风险投资者们对于这些中小企业的资金支持，仅仅靠着创业者的一腔热血与热情，是缔造不了硅谷神话的，正是由于风险投资者们大胆地对未来投资才换回了一个又一个创业奇迹。百度的创始人李彦宏就是在风险投资的帮助下才得以实现自己的创业梦想，2005 年 8 月百度已经成功在纳斯达克股票交易所上市。

3. 调节功能

调节功能是指金融市场对宏观经济的调节作用。金融市场一边连着储蓄者，另一边连着投资者，金融市场的运行机制通过对储蓄者和投资者的影响而发挥作用。

首先，金融市场具有直接调节作用。在金融市场大量的交易中，投资者为了确保获得高额的回报，在进行交易之前，一定会利用一切信息对投资对象进行客观的分析，从而做出投资决策，只有符合市场需要、效益高的投资对象，才能获得投资者的青睐。而且，投资对象在获得资本后，只有保持较高的经济效益和较好的发展势头，才能继续生存并进一步扩张。否则，它的证券价格就会下跌，继续在金融市场上筹资就会面临困难，发展就会受到后续资本供应的抑制。一个成熟的金融市场总是能够通过证券价格的上升与下跌准确反映出企业的盈亏状况，进一步引导投资者的资金流向效益好、有增长潜力的微观经济部门。因此，金融市场通过其特有的引导资本形成及合理配置资源的机制首先对微观经济主体产生影响，进而形成一种对宏观经济的自发调节机制。

其次，金融市场的存在及发展，为各国政府实施对本国宏观经济的间接调控提供了条件。当一国经济出现过热或者过冷的现象时，中央银行就要通过实施货币政策来对本国经济的发展进行影响，主要依靠存款准备金、公开市场业务、再贴现和利率等政策工具进行宏观经济调控。这些政策都必须要借助于金融市场才能发挥效果，只有通过金融市场的传导才能对各微观利益主体产生影响。此外，财政政策的实施也越来越离不开金融市场，政府通过国债的发行及运用等方式对各经济主体的行为加以引导和调节，并提供中央银行进行公开市场操作的手段，也对宏观经济活动产生着巨大影响。

4. 反映功能

金融市场的反映功能主要是说明金融市场对一国经济准确的预测功能，从这个层面上说，金融市场被誉为一国经济的"晴雨表"，金融市场对于一国经济的冷热兴衰都能提前作出判断，给投资者和各级政府的决策提供最为不可或缺的信息。首先，金融市场的生存法则和我们生物学上的生存法则是一样的，都是优胜劣汰。能够在金融市场上打拼的投资者都是"久经考验"的老战士，他们都是历经金融市场沉浮，大浪淘沙而留下来的优秀金融人才。他们长期在金融市场上"摸爬滚打"，都已经练就了一套在金融市场上打拼的本领，对一国经济动向的把握都具有自己独到的见解，由他们主导的金融市场绝对能够引领一国经济发展的潮流。其次，金融市场是一个公开的市场，所有的上市企业都要定期公开自己的财务信息，让投资者进行查阅，并且现在的金融市场已经具备了广泛而及时地搜集信息和传播信息的通信网络，能够及时准确地传递相关的经济信息，金融市场各种产品的走势已经成为我们了解国家经济和世界经济的第一手资料。

五、证券市场的发展趋势

1. 金融全球化

在经济开放的大趋势下，金融全球化已经成为现在金融市场发展的一个重要的趋势，伴随着各国对于金融管制的减少以及现在通信设备的快速发展，资本在国家间的流动也日益迅速，各国之间的金融市场的联系也越来越紧密，一些著名的国际金融中心可以实现 24 小时不间断的金融交易，世界范围内的任何经济波动都会迅速通过国际金融市场传遍世界的每一个角落。

金融的全球化促进了国际资本的流动，使稀缺资源可以在国际范围内得到合理的配置，促进各国经济的共同增长，但是对于一些发展中国家而言，金融风险的防范就变得尤为困难，2007 年发生在美国的次贷危机，就是借助于金融全球化的趋势蔓延到全世界，给全世界的经济带来了巨大的影响，其影响到现在还没有完全消除。

2. 金融自由化

金融自由化的趋势是指 20 世纪 70 年代中期以来在西方国家，特别是发达国家所出现的一种逐渐放松甚至取消对金融活动的一些管制措施的过程。其主要表现为：①减少或取消国与国之间对金融机构活动范围的限制；②对外汇管制的放松或解除；③放宽金融机构业务活动范围的限制，允许金融机构之间的业务适当交叉；④放宽或取消对银行的利率管制。

金融自由化导致了金融竞争的更加激烈，这在一定程度上促进了金融业经营效率的提高。金融自由化也极大地促进了资本的国际自由流动，有利于资源在国家间的合理配置，在一定程度上促进了国际贸易的活跃和世界经济的发展。

金融自由化也同样面临着诸多问题。国际资本的自由流动，既有机遇，也充满了风险。1997 年，由于泰铢的自由兑换所引发的东南亚金融危机就是由于金融自由化所带来的恶果。在金融体系还不成熟的发展中国家，盲目的金融自由化会带来一国金融体系的动荡，金融自由化对金融机构的稳健经营提出了较高的要求，金融自由化还给货币政策的实施及金融监管带来了困难。

3. 资产证券化

资产证券化是指将缺乏流动性的资产，转换为在金融市场上可以自由买卖的证券的行为，使其具有流动性。资产的证券化极大地提高了资产的流动性，使不同的资产都可以通过这种形式进入金融市场，通过证券的买卖，使债务被重新安排，风险也被分散，也给众多的投资者提供了更多的可选择的证券种类。

但是，在我们看到资产证券化有利的一面的同时，也应看到，资产证券化中的许多资产实际上是一些风险较大的资产，债券化的面具掩盖了其标的物本身所具有的高风险，标的资产所固有的风险也不可避免地影响新证券本身的质地。资产的证券化涉及多个当事人，资产证券化中的风险就表现出一定的复杂性，一旦处理不当，就会影响整个金融体系的稳定。同时，资产证券化也使金融监管当局在信贷扩张及货币供应量的估计上面临更复杂的问题，对金融的调控监管产生一定的不利影响。

4. 金融工程化

所谓金融工程是指将工程思维引入金融领域，综合采用各种工程技术方法（主要有数学建模、数值计算、网络图解、仿真模拟等）设计、开发新型的金融产品，创造性地解决金融问题。这里的新型和创造性指的是金融领域中思想的跃进、对已有观念的重新理解与运用，或者是对已有的金融产品进行分解和重新组合。金融工程化体现了一种金融创新的思维，高科技在金融领域内的应用，创造出了更多多样化的金融工具，满足人们多样化的投资需求，金融工程化的趋势为人们创造性地解决金融风险提供了空间。但是，金融工程化也使金融工具变得越来越复杂，人们的贪婪是无法满足的，在贪婪的驱使下创造出来的金融工具，其背后隐藏着更大的风险，金融工程化越来越让金融投资成为少数人的游戏。2007 年的次贷危机，就是美国的投资银行利用金融创新和全世界制造了一场灾难。

项目小结

1. 了解了证券投资的基本知识。
2. 了解了各种具体金融工具的运作过程和各自的特点。
3. 学会了一些常用的金融工具在金融市场当中的应用。

项目检测

一、单项选择题

1. 目前一些经济发达国家以证券交易方式实现的金融交易，已占有越来越大的份额。人们把这种趋势称为（　　）。

A. 资本化　　B. 市场化　　C. 证券化　　D. 电子化

2. 中国证监会是证券市场的（　　）。

A. 供给者　　B. 需求者　　C. 管理者　　D. 监管者

3. 现货市场的交割期限一般为（　　）。

A. 1～2 日　　B. 1～5 日　　C. 1 周　　D. 1 个月

4. 下列金融工具具有专家理财特点的是（　　）。

A. 基金　　B. 回购协议　　C. 政府债券　　D. 股票

5. 下列属于普通股股东权利范围的是（　　）。

A. 固定股息率　　B. 经营决策权　　C. 优先分配权　　D. 选举权

6. 在代销方式中，证券销售的风险由（　　）承担。

A. 经销商　　B. 发行人　　C. 监管者　　D. 购买者

7. 目前我国有（　　）家证券交易所。

A. 1　　B. 2　　C. 3　　D. 4

8. 期权合约买方可能形成的收益或损失状况是（　　）。

A. 收益无限大，损失有限大　　B. 收益有限大，损失无限大
C. 收益有限大，损失有限大　　D. 收益无限大，损失无限大

9. 金融工具的收益性与风险性成（　　）。
A. 反比　　B. 正比　　C. 倒数关系　　D. 不相关

10. 下列行为属于二级市场内容的是（　　）。
A. 发行股票　　B. 发行债券　　C. 转让股票　　D. 增发股票

二、多项选择题

1. 按金融交易的交割期限可以把证券市场划分为（　　）。
A. 长期市场　　B. 现货市场　　C. 长期存货市场　　D. 短期市场
E. 期货市场

2. 金融衍生工具的种类主要有（　　）。
A. 期货　　B. 期权　　C. 远期　　D. 互换市场
E. 基金

3. 证券市场的构成要素有（　　）。
A. 证券主体　　B. 证券客体　　C. 监管机构　　D. 中介机构
E. 自律组织

4. 下列属于证券市场金融工具的是（　　）。
A. 基金　　B. 股票　　C. 国库券　　D. 公司债券
E. 大额可转让定期存单

5. 股票交易的特点是（　　）。
A. 风险性　　B. 流动性　　C. 收益性　　D. 偿还性
E. 参与性

三、判断题

1. 期权买方的损失都是有限的。（　　）
2. 股票在不同的投资者之间进行转让的行为属于一级市场。（　　）
3. 股票的发行，有公募与私募两种形式。（　　）
4. 期货合约的买卖双方可能形成的收益或损失都是有限的。（　　）
5. 远期是资本市场的一种金融工具。（　　）

四、简答题

1. 简述基金的特点。
2. 简述期权的种类。
3. 简述普通股股东和优先股股东具有的权利。
4. 简述衍生金融市场包括哪些产品。
5. 简述证券市场的发展趋势。

实训项目

训练一

【目的】

了解金融市场的分类

【资料】

随着金融经济的日益发达，金融市场也越来越多，请了解一下你身边的金融市场，思考一下这些金融市场是如何组织的？

【要求】

几个同学一组，调研一下本市有哪些金融市场。

训练二

【目的】

了解股票交易。

【资料】

股票交易已经成为现在投资的主要渠道之一，我国股票市场也非常火爆，证券公司是进行股票交易的主要中介机构。请找一家证券公司了解一下股票是如何开户的。

【要求】

前往证券公司与客户经理进行交流，了解股票账户的开户流程。

2 项目二 了解证券发行

项目二　PPT

学习目标

知识目标

1. 了解证券发行的概念，以及发行的流程。
2. 了解股票、证券、基金的发行流程。
3. 了解股票、证券、基金的估值方法。

技能目标

1. 能够熟悉证券发行岗位的相关工作的职责和流程。
2. 能够运用所学知识计算证券发行的合理价格。
3. 能够掌握股票、基金等常用金融工具的具体发行流程。

案例导入

2023 年 2 月 17 日，全面实行股票发行注册制正式实施。这一重大改革，意味着注册制推广到全市场，标志着新一轮资本市场改革迈出了决定性的一步，为资本市场服务高质量发展打开更广阔的空间。

注册制改革的本质是把选择权交给市场，强化市场约束和法治约束。从核准制到注册制，最为重要的变化是充分贯彻以信息披露为核心的理念，将核准制下的价值判断尽可能转化为信息披露要求，发行上市全过程更加规范、透明、可预期。

全面实行注册制是一场水到渠成的改革。经过在科创板、创业板、北交所的试点，注册制稳步推向全市场。这场牵一发而动全身的改革，有望带来资本市场全方位的深刻变革：发行上市条件更加包容，审核更加高效；优胜劣汰的市场机制更加完善；中介机构的“看门人”作用进一步强化；投资者更趋专业化和机构化；市场秩序持续好转，生态不断优化……市场稳定发展将迎来全新的格局。

全面实行注册制是支持科技创新的关键举措。注册制下多元包容的发行上市条件，契合科技创新企业的特点和融资需求，一批技术含量高、成长性好、创新能力强的优秀企业有了上市机会，科技、资本和实体经济的高水平循环通过注册制改革更加畅通。

全面实行注册制也是坚定不移走中国特色现代资本市场之路的实际行动。试点注册制之初，监管部门就明确提出“尊重注册制基本内涵、借鉴全球最佳实践、体现中国特色和发展阶段特征”3个原则，并贯彻到改革全过程。这次改革突出了市场化法治化的改革方向，提高了发行上市制度对实体经济的包容性和适应性，激发了市场活力。从我国国情和所处的发展阶段出发，主动融入国家战略，加强与产业政策的协同，坚守板块定位，严把上市公司质量关。同时，充分考虑以中小投资者为主体的市场结构，统筹推进投融资两端改革，促进一、二级市场协调发展，加强“零容忍”监管执法，切实保护中小投资者合法权益。

我们有理由期待，随着全面实行股票发行注册制的正式实施，一个规范、透明、开放、有活力、有韧性的资本市场将加速走来，在更广阔的发展空间下，持续助力中国经济高质量发展行稳致远。

资料来源：百度百科。

请思考：中国为什么要实施全面注册制改革？

任务一 了解股票的发行与承销

一、我国股票发行制度的变迁

股票发行制度是指发行人在申请发行股票时必须遵循的一系列程序化的规范，股票发行制度主要有三种，即审批制、核准制和注册制。每一种发行监管制度都对应一定的市场发展状况。

（一）审批制

审批制是一国股票发展初期，采用计划的办法分配股票发行的额度和指标，由地方政府或者行业主管部门根据指标推荐股票发行企业的发行方式。审批制的行政干预程度最高，适用于刚起步的资本市场，由于在监管机构审核前已经经过了地方政府或行业主管部门的“选拔”，因此审批制对发行人信息披露的要求不高，只需作一般性的信息披露，其发行定价也体现了很强的行政干预特征。

1990年，沪深证券交易所相继成立。1993年，证券市场建立了全国统一的股票发行审核制度，并先后经历了行政主导的审批制和市场化方向的核准制两个阶段。具体而言，审批制包括“额度管理”和“指标管理”两个阶段。

1. “额度管理”阶段（1993—1995年）

1993年4月25日，国务院颁布了《股票发行与交易管理暂行条例》，标志着审批制的正式确立。在审批制下，股票发行由国务院证券监督管理机构根据经济发展和市场供求的具体情况，在宏观上制定一个当年股票发行总规模（额度或指标），经国务院批准后，下达给计委，计委再根据各个省级行政区域和行业在国民经济发展中的地位和需要进一步将总额度分配到各省、自治区、直辖市、计划单列市和国家有关部委。省级政府和国家有关部委在各自的发行规模内推荐预选企业，证券监管机构对符合条件的预选企业的申报材料进行审批。

对企业而言，需要经历两级行政审批，即企业首先向其所在地政府或主管中央部委提交额度申请，经批准后报送证监会复审。证监会对企业的质量、前景进行实质审查，并对发行股票的规模、价格、发行方式、时间等作出安排。额度是以股票面值计算的，在溢价发行条件下，实际筹资额远大于计划额度，在这个阶段共确定了105亿发行额度，共有200多家企业发行，筹资400多亿元。

2. "指标管理"阶段（1996—2000年）

1996年，国务院证券委员会公布了《关于1996年全国证券期货工作安排意见》，推行"总量控制、限报家数"的指标管理办法。由国家计委、证券委共同制定股票发行总规模，证监会在确定的规模内，根据市场情况向各省级政府和行业管理部门下达股票发行家数指标，省级政府或行业管理部门在指标内推荐预选企业，证券监管部门对符合条件的预选企业同意其上报发行股票正式申报材料并审核。1997年，证监会下发了《关于做好1997年股票发行工作的通知》，同时增加了拟发行股票公司预选材料审核的程序，由证监会对地方政府或中央企业主管部门推荐的企业进行预选，改变了两级行政审批下单纯由地方推荐企业的做法，开始了对企业的事前审核。1996年、1997年分别确定了150亿股和300亿股的发行量，共有700多家企业发行，筹资4 000多亿元。

（二）核准制

随着中国资本市场的发展，审批制的弊端显得越来越明显。由于审批制明显阻碍了资本市场规范发展，因此，1999年实施的《中华人民共和国证券法》对发行监管制度作了改革，其第十五条明确规定："国务院证券管理机构依照法定条件负责核准股票发行申请。"2000年3月6日，《股票发行核准程序》颁布实施，标志着核准制的正式施行。核准制是证券监管部门根据法律法规所规定的股票发行条件，对按市场原则推选出的公司的发行资格进行审核，并做出核准与否决定的制度。核准制取消了由行政方法分配指标的做法，改为由主承销商推荐、发行审核委员会表决、证监会核准的办法。而核准制包括"通道制"和"保荐制"两个阶段。

1. "通道制"阶段（2001—2004年）

1999年7月1日正式实施的《中华人民共和国证券法》（以下简称《证券法》）明确确立了核准制的法律地位。1999年9月16日，证监会推出了股票发行核准制实施细则。随后，证监会又陆续制定了一系列与《证券法》相配套的法律法规和部门规章，例如《中国证监会股票发行审核委员会条例》《中国证监会股票发行核准程序》《股票发行上市辅导工作暂行办法》等，构建了股票发行核准制的基本框架。新的核准程序包括：第一，省级人民政府和主管部委批准改制设立股份有限公司；第二，拟发行公司与有资格的证券公司签订辅导（保荐）协议，报当地证管办备案，签订协议后，每两个月上报一次辅导材料，辅导时间为期一年；第三，辅导期满，拟发行公司提出发行申请，证券公司依法予以推荐（保荐）；第四，证监会进行合规性初审后，提交发行审核委员会审核，经发审委专家投票表决，最终经证监会核准后，决定其是否具有发行资格。核准制以强制性信息披露为核心，旨在强化中介机构的责任，减少行政干预。

核准制的第一个阶段是"通道制"。2001年3月17日，证监会宣布取消股票发行审批制，正式实施股票发行核准制下的"通道制"。2001年3月29日，中国证券业协会对

“通道制”做出了具体解释：每家证券公司一次只能推荐一定数量的企业申请发行股票，由证券公司将拟推荐企业逐一排队，按序推荐。所推荐企业每核准一家才能再报一家，即“过会一家，递增一家”（2001 年 6 月 24 日又调整为“每公开发行一家才能再报一家”，即“发行一家，递增一家”），具有主承销资格的证券公司拥有的通道数量最多 8 条，最少 2 条。到 2005 年 1 月 1 日“通道制”被废除时，全国 83 家证券公司一共拥有 318 条通道。

“通道制”改变了由行政机制遴选和推荐发行人的做法，使主承销商在一定程度上承担起股票发行的风险，同时也获得了遴选和推荐股票发行人的权利。

2. “保荐制”阶段（2004 年至今）

2003 年 12 月，证监会制定了《证券发行上市保荐制度暂行办法》等法规，这是适应市场需求和深化股票发行制度改革的重大举措。“保荐制”起源于英国，全称是保荐代表人制度。中国的保荐制度是指有资格的保荐人推荐符合条件的公司公开发行证券和上市，并对所推荐的发行人的信息披露质量和所做承诺提供持续训示、督促、辅导、指导和信用担保的制度。其主要内容包括：建立保荐机构和保荐代表人的注册登记管理制度；明确保荐期限；分清保荐责任；引进持续信用监管和“冷淡对待”的监管措施等四个方面。保荐制度的重点是明确保荐机构和保荐代表人的责任并建立责任追究机制。与“通道制”相比，保荐制度增加了由保荐人承担发行上市过程中连带责任的内容。保荐人的保荐责任期包括发行上市全过程，以及上市后的一段时期（比如两个会计年度）。2004 年 5 月 10 日，首批共有 67 家证券公司、609 人被分别注册登记为保荐机构和保荐代表人。

（三）注册制

目前，我国股票发行制度正处于改革的重要关头。证监会表示要全面实行注册制。注册制，亦称申报制或登记制，是指达到证券监管部门所公布条件要求的企业即可发行股票。发行人申请发行股票时，必须依法准确地将投资者做出决策所需要重要信息资料予以充分完全的披露。证券监管机构的职责是对申报文件的真实性、准确性、完整性和及时性做合规性的形式审查，而不对股票自身的价值做出任何判断。证券监管机构未提出补充或修订意见或未以停止命令阻止注册生效者，即视为已依法注册，发行人即可发行股票。

美国和日本等资本市场比较发的国家是注册制的代表。其适用于制度高度发达的自治自律的市场经济。与核准制相比股票发行的权利是法律赋予的，而非政府授予的，这是两者相区别的重要特征。此外信息披露是注册制的核心。通过强制性的信息披露要求，发行人必须完全公开公司财务信息以及与股票发行相关的一切信息，并对所提供信息的全面性、准确性、真实性和及时性负责。发行人仅对信息公开义务承担法律责任，证券监管机构对申报材料仅进行形式审查，投资者依据披露信息自行做出投资决策。这种方式，毫无疑问，大大提高了新股上市的效率，同时也降低了筹资成本，使更多优秀的企业获得了发展的机会。

文本：全面实行股票发行注册制改革正式启动

审批制、核准制、注册制的比较见表 2－1。

表 2－1　　三种发行制的比较

比较内容	审批制	核准制	注册制
发行指标和额度	有	无	无
发行上市标准	有	有	有
主要推（保）荐人	政府或行业主管部门	中介机构	中介机构
对发行作出实质判断的主体	证监会	中介机构、证监会	中介机构
发行监管性制度	证监会实质性审核	中介机构和证监会分担实质性审核职责	证监会形式审核中介机构实质审核
市场化程度	行政体制	逐步市场化	完全市场化

二、股票的发行与承销

股票的一级市场就是股票的发行方直接或者通过中介机构间接地向投资者出售新发行的股票的交易场所。新发行的股票主要包括首次发行股票和再发行股票，再发行的股票一般是在首次发行股票的基础上进行的增发和配股。由于我国已经开始全面实施注册制，下面详细讲解一下注册制下公开发行股票的具体流程。

（1）选择发行方式。股票的发行主要包括公募和私募两种。

①公募发行是指面向市场上大量的非特定的投资者发行股票，只有经过公募发行以后，股东的数量以及股票的数量才能达到上市的要求，股票才能够在证券交易所进行上市。

公募的优点是：可以扩大股票的发行量，筹资潜力大；无须提供特殊优厚的条件，发行者具有较大的经营管理独立性；股票可在二级市场上流通，从而提高发行者的知名度和股票的流动性。其缺点则表现为工作量大，难度也大，通常需要承销者的协助；发行者必须向证券管理机关办理注册手续；必须在招股说明书中如实公布有关情况以供投资者作出正确决策。由于投资者多，一般股权比较分散，大部分股东难以干预公司的经营决策。

②私募发行是指只向少数特定的投资者发行股票，其对象主要有个人投资者和机构投资者两类，前者如本公司的职工，后者如大的金融机构或与发行者有密切业务往来关系的公司，一般被称为战略投资者。私募具有节省发行费，通常不必向证券管理机关办理注册手续，有确定的投资者从而不必担心发行失败等优点，但也有须向投资者提供高于市场平均条件的特殊优厚条件，发行者的经营管理易受干预，股票难以转让等缺点。

（2）选择合格的股票承销商。股份有限公司通过公募方式发行股票的时候，由于发行程序复杂、手续烦琐，很难独立完成这项复杂的“工程”，这时候就需要有一家信誉良好、专业的金融机构来帮助该公司进行股票的发行。在美国，公开发行股票一般都是通过投资银行来完成的，其所扮演的这一角色就叫作“承销商”。在我国，承销商一般是由综合性的证券公司来完成的。在承销过程中，投资银行的主要工作就是对发行公司进行尽职调查和辅导上市，不仅为公司提供强有力的资金和技术支持，帮助公司建立良好的公司治理结构、形成独立运营和持续发展的能力，树立进入证券市场的诚信意识与法律意识，还借助于其在证券市场上的信誉和影响力，确保这次募集资金能够成功，辅导期一般为一年。如果股票的发行数量在5 000万股以上，一般要采用承销团的方式来承销。

在私募的情况下，一般都采用直接发行的方式，是由发行公司和投资者之间直接商定发行条件，此种方式手续简单，但发行时间较长，不易于迅速获取所需资金。

（3）准备申请文件。为了能够成功上市，承销商要在对股份有限公司进行辅导上市的基础上，准备相关的申请文件，主要的申请文件有：招股说明书、资产评估报告、审计报告、盈利预测审核报告、法律意见书、律师工作报告和辅导报告等。在这些申请文件中，最重要的就是招股说明书。

股份有限公司的招股说明书是供社会公众了解发起人和将要设立公司的情况，说明公司股份发行的有关事宜，指导公众购买公司股份的规范性文件。公司首次公开发行股票，必须制作招股说明书。招股说明书必须包括财务信息和公司经营历史的陈述，高级管理人员的状况，筹资目的和使用计划，公司内部悬而未决的问题如诉讼等。

（4）预先披露。发行人申请首次公开发行股票的，在提交申请文件后，应当按照国务院证券监督管理机构的规定预先披露有关申请文件。预先披露的好处在于，通过公开的方式调动市场的力量（包括投资者、媒体和竞争对手等），有助于审核机构进行监督和把关，也有助于市场和投资者提前了解发行人，对发行人来说也是一次很好的广告机会。在实行注册制的情况下，交易所受理注册申请文件后，发行人应当按规定，将招股说明书、发行保荐书、上市保荐书、审计报告和法律意见书等文件在交易所网站预先披露。预先披露的招股说明书及其他注册申请文件不能含有价格信息，发行人不得据此发行股票。发行人应当在预先披露的招股说明书显要位置作如下声明："本公司的发行申请尚需经交易所和中国证监会履行相应程序。本招股说明书不具有据以发行股票的法律效力，仅供预先披露之用。投资者应当以正式公告的招股说明书作为投资决定的依据。"科创板和北交所也有类似的规则。以科创板为例，上交所受理发行上市申请文件当日，发行人在上交所网站预先披露招股说明书（不能含有股票发行价格信息）等文件。

（5）证券交易所审核。按照2019年12月19日颁布的《中华人民共和国证券法》规定由证券交易所审核公开发行证券申请，取消了2001年发行的《中华人民共和国证券法》下的审核机构——股票发行审核委员会。证券交易所等通过审核公开发行证券申请，一是判断发行人是否符合发行条件、信息披露要求，二是督促发行人完善信息披露内容。在具体的机构设置上，证券交易所通常根据审核流程分为审核机构和上市委员会和其他机构。比如，在创业板，交易所设立独立的审核部门，负责审核发行人公开发行并上市申请；设立行业咨询专家库，负责为创业板建设和发行上市审核提供专业咨询和政策建议；设立创业板上市委员会，负责对审核部门出具的审核报告和发行人的申请文件提出审议意见。交易所等的审核分为审核机构的审核和上市委员会的审议两个主要步骤，审议方式主要通过向发行人提出审核问询、发行人回答问题方式开展审核工作，判断发行人是否符合发行条件、上市条件和信息披露要求。全流程采用电子化审核。最后，证券交易所结合上市委员会审议意见，出具发行人符合发行条件、上市条件和信息披露要求的审核意见或作出终止发行上市审核的决定。上市委员会认为发行人符合发行条件、上市条件和信息披露要求，但要求发行人补充披露有关信息的，交易所审核机构通知保荐机构组织落实，并对落实情况进行核对，通报参会委员。发行人补充披露相关事项后，本所出具发行人符合发行条件、上市条件和信息披露要求的审核意见。交易所审核通过的，向中国证监会报送发行人符合发行条件、上市条件和信息披露要求的审核意见、相关审核资料和发行人的发行上市申请文件。

（6）证监会注册。发行注册主要关注交易所发行上市审核内容有无遗漏，审核程序是否符合规定，以及发行人在发行条件和信息披露要求的重大方面是否符合相关规定。在股票发行的注册程序中，中国证监会认为存在需要进一步说明或者落实事项的，可以要求交易所进一步问询；中国证监会认为交易所对影响发行条件的重大事项未予关注或者交易所的审核意见依据明显不充分的，可以退回交易所补充审核；交易所补充审核后，认为发行人符合发行条件和信息披露要求的，重新向中国证监会报送审核意见及相关资料，注册期限重新计算。我国《证券法》第二十二条规定，国务院证券监督管理机构或者国务院授权的部门应当自受理证券发行申请文件之日起三个月内，依照法定条件和法定程序作出予以注册或者不予注册的决定，发行人根据要求补充、修改发行申请文件的时间不计算在内。不予注册的，应当说明理由。需要注意的是，这里三个月的时限是从受理申请文件之日起算，到作出是否予以注册的决定之日止，扣除补充修改等必要的时间。科创板的实务中审核注册周期是3～6个月。

（7）确定发行价格。确定股票的发行价格是股票一级市场上的关键环节，股票的发行价格是指股份公司在发行市场上发行股票时的价格，发行价格主要有平价、溢价和折价三种。平价发行就是发行价格等于股票的面值，溢价是指股票的发行价格高于股票的面值，折价就是股票的发行价格低于股票的面值。根据我国《公司法》第一百三十一条规定，股票发行价格可以按票面金额也可以超过票面金额发行，但不得低于票面金额发行。

首次公开发行股票以询价方式确定股票发行价格。询价分为初步询价和累计投标询价两个阶段。通过初步询价确定发行价格区间和相应的市盈率区间。发行价格区间确定后，发行人及保荐机构在发行价格区间向询价对象进行累计投标询价，并根据累计投标询价的结果确定发行价格和发行市盈率。首次公开发行的股票在中小企业板上市的，发行人及其主承销商可以根据初步询价结果确定发行价格，不再进行累计投标询价。已上市公司发行证券发行价格的确定：询价方式或与主承销商协商确定。

确定一个合理的股票发行价格对于发行方和承销方都显得非常重要。如果定价过高，会使股票的发行数量减少，进而使发行公司不能筹到所需资金，股票承销商也会遭受损失；如果定价过低，则股票承销商的工作容易，但发行公司却会蒙受损失，对于再发行的股票，价格过低还会使老股东受损。所以，为了能够确定一个合理的价格，发行方一般都会通过路演的形式，也就是通过召开网上推介会，通过充分了解供需双方的信息，来确定一个合理的价格。

（8）路演。路演译自英文 Roadshow，是国际上广泛采用的证券发行推广方式，指证券发行商发行证券前针对机构投资者的推介活动。活动中，公司向投资者就公司的业绩、产品、发展方向等作详细介绍，充分阐述上市公司的投资价值，让准投资者们深入了解具体情况，并回答机构投资者关心的问题。路演的目的是促进投资者与股票发行人之间的沟通和交流，以保证股票的顺利发行。在海外股票市场，股票发行人和承销商要根据路演的情况来决定发行量、发行价和发行时机。

随着互联网在中国的飞速发展，越来越多的股民可以方便地通过互联网去了解上市公司的信息“上市路演”。为了体现“公开、公平、公正”的原则，维护中小投资者规范日趋壮大的中国证券市场，中国证监会于2001年1月10日发布了《关于新股发行公司通过互联网进行公司推介的通知》，要求“新股发行公司在新股发行前，必须通过互联网采用网上直播（至少包括图像直播和文字直播）方式向投资者进行公司推介。”

（9）认购与销售。发行公司着手完成准备工作之后即可按照预定的方案发售股票。对于承销商来说，就是执行承销合同批发认购股票，然后售给投资者。具体方式通常有以下几种：

①包销。包销是指承销商以低于发行定价的价格把公司发行的股票全部买进，再转卖给投资者，这样承销商就承担了在销售过程中股票价格下跌的全部风险。承销商所得到的买卖差价是对承销商所提供的咨询服务以及承担包销风险的报偿，也称为承销折扣。在包销发行时，发行公司与承销商正式签订合同，规定承销的期限和到期承销商应支付的款项，如到截止日期股票销售任务尚未完成，承销商必须按合同规定如数付清合同确定的价款若财力不足又不能申请延期，就须向银行借款支付。在销售过程中，如果股票的市场价格跌到发行报价之下时，主承销商可能会根据承销协议在市场上按市价购买股票以支持发行价格。但如果市场价已显著低于发行价从而预定的发行额难以完成，则承销银团只好解散，各个成员尽力去处理自己承诺完成的部分，最终损失也各自承担。

②代销。代销，即“尽力销售”，指承销商许诺尽可能多地销售股票，但不保证能够完成预定销售额，任何没有出售的股票可退给发行公司。这样，承销商不承担风险。

③备用包销。是指承销机构不垫付资金，只负责按发行公司的条件推销，但要承担部分发行风险，即推销一定时间后，所剩股票由承销机构全部买进，所以其手续费高于代销。

（10）申购新股。申购新上市的股票，又叫打新股，是指通过证券交易所规定的相关流程从发行者手中通过发行价格直接购买新发行的股票的程序。由于新股一般发行价格较低，申购的投资者较多，一般需要抽签确定中签人员，如果中签的话，就有资格以发行价购买即将上市的股票。从历史数据看，打新股亏钱的概率很低，而一旦中签，收益非常可观。申购新股是有门槛的，需要你的证券账户里持有一定市值的股票。

以上海主板申购为例，申购者必须在T－2日前的20个交易日里，每天平均持有的股票市值在5 000元以上（T为你申购的日期）。比如：3月3日某位投资者想打新股需要在3月1日前的20个交易日里每天平均持仓市值大于5 000元。

沪深两个市场是分开算的，如果要申购深圳的新股要有深圳的股票市值，申购上海的新股要有上海的股票市值。如果有市值5 000元以上的深市股票（在深交所上市的股票），并保持20个交易日，就可以申购深市新股。具体申购额度是按持有的股票市值计算的，具体规则如下：每5 000元市值，可申购500股，配1个号。这里的“500股”，是最低的申购单位。配号就相当于彩票上的号码，抽签时会通过摇号的形式选出中签号码，中一个号就是中一签。所以，持有的股票市值越高，获得的申购额度就越大，配的号就越多，参加“摇号”时中签的概率就更大。

当然，这种申购额度也是有上限的，一般几千股到十几万股不等，所以在填写申购数量时直接根据App给的额度提示填写就可以，超出这个额度会显示废单。特别提醒，科创板由于在上海证券交易所上市，因此科创板的申购新股的额度和沪市的额度是一致的。

关于打新股的配号规则和时间安排见表2－2。

表 2－2　打新股的配号规则和时间安排

日期	要求
申购日（T 日）	5 000 市值 =500 股
配号（T+1 日）	5 000 市值配一个号
中签缴款（T+2 日）	查询中签结果，并在当日 16 点之前足额缴纳中签资金
（T+3 日）	认购成功

三、股票价格发行的确定

（一）股票发行价格的种类

股票发行价格指股份有限公司将股票公开发售给特定或非特定投资者所采用的价格。根据我国《公司法》的规定，股票不得以低于股票票面金额的价格发行，所以股票发行价格可以分为面值发行与溢价发行。根据《证券法》规定，股票发行采取溢价发行的，其发行价格由发行人与承销的证券公司协商确定，报国务院证券监督管理机构核准。

（二）影响发行价格的因素

1. 净资产

净资产是企业的实际资产，也可以说是企业的成本，是支撑股票价格的基础。一般情况下，发行价格要高于每股净资产。

2. 盈利水平

公司的税后利润水平直接反映了一个公司的经营能力和上市时的价值，每股税后利润的高低直接关系着股票发行价格。

3. 发展潜力

公司经营的增长率（特别是盈利的增长率）和盈利预测是关系股票发行价格的又一重要因素。在总股本和税后利润量既定的前提下，公司的发展潜力越大，未来盈利趋势越确定，市场所接受的发行市盈率也就越高，发行价格也就越高。

4. 发行数量

在一般情况下，若股票发行的数量较大，为了能保证销售期内顺利地将股票全部出售，取得预定金额的资金，价格应适当定得低一些；若发行量小，考虑到供求关系，价格可定得高一些。

5. 行业特点

发行公司所处行业的发展前景会影响到公众对本公司发展前景的预期，同行业已经上市企业的股票价格水平，剔除不可比因素以后，也可以客观地反映本公司与其他公司相比的优劣程度。

6. 二级市场的环境

二级市场的股票价格水平直接关系一级市场的发行价格。在制定发行价格时，要考虑到二级市场股票价格水平在发行期内的变动情况。同时，发行价格的确定要有一定的前瞻性，要给二级市场的运作留有适当的余地。

（三）确定发行价格的方法

1. 相对估值法——市盈率法

相对估值法就是利用同行业公司的相似性，通过研究行业内可比公司的比例指标并将其作为乘数，乘以某一公司的价值驱动因素，从而计算出公司价值。比较常见的是市盈率法。

相对估值法中应用最普遍的方法是市盈率法。市盈率模型是根据目标企业的收益和市盈率确定其价值的方法。因为市盈率的含义非常丰富，它可能暗示企业股票收益的未来水平、投资者投资于企业希望从股票中得到的收益、企业投资的预期回报、获得收益超过投资者要求收益时间的长短。市盈率是指股票市场价格与每股收益的比率。市盈率计算公式如下：

市盈率 = 股票市场价格/每股收益

市盈率的含义是在每股盈利不变的情况下，投资者取回本金要多少年。市盈率越高，回报期越长，投资收益率越低，投资价值越小；市盈率越低，回报期越短，投资收益率越高，投资价值越大。

市盈率会因上市公司所处市场、行业和经营状况的不同而有较大差异：①未来增长速度越高、高增长阶段持续时间越长，则市盈率越高。一般来说，新兴市场国家比成熟经济体的市盈率偏高。②高成长行业的企业市盈率较高。一般高科技行业比成熟行业的市盈率偏高。③同一行业内上市公司的地位差异也导致市盈率水平不同。一般龙头企业比一般企业的市盈率偏高。

市盈率法应用比较简单直观，具有很强的可比性，是我国确定股票发行价格的最主要方法。但是当股票收益为负值时计算的市盈率不具有经济含义，净利润指标的真实性也影响市盈率的高低，可能导致判断失真。

2. 绝对估值法——现金流量折现法

现金流量折现法通过预测公司未来盈利能力，据此计算出公司净现值，并按一定的折扣率折算，从而确定股票发行价格。该方法首先是用市场接受的会计手段预测公司每个项目未来若干年内每年的净现金流量，再按照市场公允的折现率，分别计算出每个项目未来的净现金流量的净现值。公司的净现值除以公司股份数，即为每股净现值。由于未来收益存在不确定性，发行价格通常要对上述每股净现值折让 20% ~30%。

国际主要股票市场对新上市公路、港口、桥梁、电厂等基建公司的估值和发行定价一般采用现金流量折现法。这类公司的特点是前期投资大，初期回报不高，上市时的利润一般偏低，如果采用市盈率法发行定价则会低估其真实价值，而对公司未来收益（现金流量）的分析和预测能比较准确地反映公司的整体和长远价值。

任务二 了解股票的发行条件

境内 A 股 IPO 市场包括主板、中小企业板、创业板和科创板。主板市场是国内最重要的证券市场，一般对企业的资本条件、盈利水平等指标要求都比较高。中小企业板市场是深圳证券交易所为了鼓励自主创新而专门设置的中小型公司聚集板块。交易实行运行独立、监察独立、代码独立、指数独立，遵循与主板市场相同的法律规章、上市条件及信息披露要求。创业板市场主要面向成长型创业企业，重点支持自主创新企业。创业板市场的推出有效提高了我国资本市场运行效率及竞争力，对于丰富股权投资基金的退出渠道也发挥了重要作用。科创板主要服务于符合国家战略、突破关键核心技术、市场认可度高的科技创新企业。重点支持新一代信息技术、高端装备、新材料、新能源、节能环保，以及生物医药等高新技术产业和战略性新兴产业。

对我国企业来说，境外 IPO 市场主要可供选择的交易所主要有纽约证券交易所（NYSE，纽交所）、纳斯达克交易所（NASDAQ）、香港交易所（HKEX，联教所）、伦敦证券交易所创业板（AIM）、新加坡交易所（SGX）等。

一、国内上市条件对比

（一）境内

1. 境内主板上市基本要求

根据现行上市规则，境内主板上市主要包括以下要求。

（1）具备健全且运行良好的组织机构。

（2）具有持续经营能力。

（3）最近三年财务会计报告被出具无保留意见审计报告。

（4）发行人及其控股股东、实际控制人最近三年不存在贪污、贿赂、侵占财产、挪用财产或者破坏社会主义市场经济秩序的刑事犯罪。

（5）经国务院批准的国务院证券监督管理机构规定的其他条件。

（6）发行人在独立性方面无严重缺陷，即发行人的资产完整，人员、财务、机构和业务独立。

（7）发行人具备健全且运行良好的组织结构，已经依法建立健全股东大会、董事会、监事会、独立董事、董事会秘书制度，相关机构和人员能够依法履行职责。

（8）发行人财务状况良好。最近三个会计年度净利润均为正数且累计超过人民币 3 000 万元，净利润以扣除非经常性损益前后较低者为计算依据；最近三个会计年度经营活动产生的现金流量净额累计超过人民币 5 000 万元，或者最近三个会计年度营业收入累计超过人民币 3 亿元；发行前股本总额不少于人民币 3 000 万元；最近期期末无形资产（扣除土地使用权、水面养殖权和采矿权等）占净资产的比例不高于 20%；最近一期期末不存在未弥补亏损。

（9）发行人依法纳税，各项税收优惠符合相关法律法规的规定。发行人的经营成果对税收优惠不存在严重依赖。

（10）发行人募集资金用途符合规定。募集资金应当有明确的使用方向，原则上应当用于主营业务；募集资金数额和投资项目应当与发行人现有生产经营规模财务状况、技术水平和管理能力等相适应；发行人董事会应当对募集资金投资项目的可行性进行认真分析，确信投资项目具有较好的市场前景和盈利能力，有效防范投资风险，提高募集资金使用效益。

（11）发行人不存在违法行为。

2. 创业板上市基本要求

根据现行上市规则，我国创业板上市的主要要求包括以下几个方面。

（1）发行人是依法设立且持续经营三年以上的股份有限公司。

（2）最近两年连续盈利且最近两年净利润累计不少于 1 000 万元；或者最近一年盈利且最近一年营业收入不少于 5 000 万元。净利润以扣除非经常性损益前后孰低者为计算依据。

（3）最近一期期末净资产不少于 2 000 万元，且不存在未弥补亏损。

（4）发行后股本总额不少于 3 000 万元。

（5）发行人的注册资本已足额缴纳，发起人或者股东用作出资的资产的财产权转移手续已办理完毕。发行人的主要资产不存在重大权属纠纷。

（6）应当主要经营一种业务，其生产经营活动符合法律、行政法规和公司章程的规定，符合国家产业政策及环境保护政策。

（7）最近两年主营业务、董事和高级管理人员没有重大变动，实际控制人没有变更。

（8）具有完善的公司治理结构，依法建立健全股东大会董事会、监事会以及独立董事、董事会秘书、审计委员会制度，相关机构和人员能够依法履行职责。

（9）发行人资产完整，业务及人员、财务、机构独立，具有完整的业务体系和直接面向市场独立经营的能力。与控股股东、实际控制人及其控制的其他企业间不存在同业竞争，以及严重影响公司独立性或者显失公允的关联交易。

（10）发行人会计基础工作规范，财务报表的编制符合企业会计准则和相关信息披露规则的规定，在所有重大方面公允地反映了发行人的财务状况、经营成果和现金流量，并由注册会计师出具无保留意见的审计报告。

（11）发行人内部控制制度健全且被有效执行，能够合理保证公司财务报告的可靠性、生产经营的合法性、营运的效率与效果，并由注册会计师出具无保留结论的内部控制鉴证报告。

（12）发行人的董事、监事和高级管理人员应当忠实、勤勉、尽责，具备法律行政法规和规章规定的资格。

（13）发行人募集资金应当用于主要业务，并有明确的用途。

（14）发行人及其控股股东、实际控制人最近三年内不存在损害投资者合法权益和社会公共利益的重大违法行为。

3. 全国中小企业股份转让系统挂牌的基本要求

全国中小企业股份转让系统是经国务院批准设立的第一家公司制证券交易场所，也是继上海证券交易所，深圳证券交易所之后第三家全国性证券交易场所，简称全国股份转让系统，通常称为新三板。

股份有限公司申请股票在新三板挂牌，不受股东所有制性质的限制，不限于高新技术企业，但应当符合下列条件。

（1）依法设立且存续满两年；有限责任公司按原账面净资产值折股整体变更为股份有限公司的，存续时间可以从有限责任公司成立之日起计算。

（2）业务明确，具有持续经营能力。

（3）公司治理机制健全，合法规范经营。

（4）股权明晰，股票发行和转让行为合法合规。

（5）主办券商推荐并持续督导。

（6）全国股份转让系统公司要求的其他条件。

4. 全国中小企业股份转让系统的交易机制和规则

（1）新三板交易机制。新三板挂牌股票的转让方式主要包括做市转让和协议转让。与沪深股票市场类似，已开设全国股转系统账户并在托管券商开立资金结算账户的合格投资者，可通过托管券商柜台、互联网、自助终端等方式委托买卖股票。

（2）新三板交易基本规则。新三板现行交易规则主要包括：①以机构投资者为主，合格的自然人也可以投资。②实行股份转让限售期。新三板对发起人、控股股东及实际控制人、高级管理人员所持股份转让设定一定的限售期。③设定股份交易最低限额。每次交易要求不得低于1 000股，投资者证券账户某一股份余额不足1 000股的，只能一次性委托卖出。股票转让单笔申报最大数量不得超过100万股。④投资者委托交易。投资者委托分为意向委托定价委托和成交确认委托，委托当日有效。意向委托、定价委托和成交确认委托均可撤销，但已经报价系统确认成交的委托不能撤销或变更。⑤交易须券商代理。投资者通过券商交易系统进行报价申报、转让或购买委托、成交确认、清算交收等手续，挂牌公司及投资者在代办系统所进行的股份交易的相关手续均须通过券商办理。⑥分级结算原则。新三板交易制度对股份和资金的结算实行分级结算原则分级结算是指证券登记结算机构与证券公司等结算参与人进行资金和证券的法人结算（又称一级结算）；证券公司再与投资者进行二级结算。

依托新三板代办交易系统。新三板交易方式大幅创新，可以采用协议方式、做市方式、竞价方式。主板、中小板、创业板目前采用的是竞价交易方式，以及协议大宗交易和盘后定价大宗交易方式。挂牌股票还可以转换转让方式，采取协议转让方式的，系统同时提供集合竞价转让安排。挂牌股票采取做市转让方式的，须有两家以上“做市商”为其提供做市报价服务，做市商应当在全国股份转让系统持续发布买卖双向报价，并在报价价位和数量范围内履行与投资者的成交义务。新三板挂牌公司股票可以实行标准化连续交易，实行“T+1”规则。

5. 科创板股票上市条件

（1）发行人是依法设立且持续经营三年以上的股份有限公司，具备健全且运行良好的组织机构，相关机构和人员能够依法履行职责。

（2）有限责任公司按原账面净资产值折股整体变更为股份有限公司的，持续经营时间可以从有限责任公司成立之日起计算。

（3）发行人会计基础工作规范，财务报表的编制和披露符合企业会计准则和相关信息披露规则的规定，在所有重大方面公允地反映了发行人的财务状况、经营成果和现金流量，并由注册会计师出具标准无保留意见的审计报告。

（4）发行人内部控制制度健全且被有效执行，能够合理保证公司运行效率、合法合规和财务报告的可靠性，并由注册会计师出具无保留结论的内部控制鉴证报告。

（5）发行人业务完整，具有直接面向市场独立持续经营的能力：①资产完整，业务及人员、财务、机构独立，与控股股东、实际控制人及其控制的其他企业间不存在对发行人构成重大不利影响的同业竞争，不存在严重影响独立性或者显失公平的关联交易。②发行人主营业务、控制权、管理团队和核心技术人员稳定，最近两年内主营业务和董事、高级管理人员及核心技术人员均没有发生重大不利变化；控股股东和受控股股东、实际控制人支配的股东所持发行人的股份权属清晰，最近两年实际控制人没有发生变更，不存在导致控制权可能变更的重大权属纠纷。③发行人不存在主要资产、核心技术、商标等的重大权属纠纷，重大偿债风险，重大担保、诉讼、仲裁等或有事项，经营环境已经或者将要发生重大变化等对持续经营有重大不利影响的事项。

（6）发行人生产经营符合法律、行政法规的规定，符合国家产业政策。

（7）最近三年内，发行人及其控股股东、实际控制人不存在贪污、贿赂、侵占财产、挪用财产或者破坏社会主义市场经济秩序的刑事犯罪，不存在欺诈发行、重大信息披露违法或者其他涉及国家安全、公共安全、生态安全、生产安全、公众健康安全等领域的重大违法行为。

（8）董事、监事和高级管理人员不存在最近三年内受到中国证监会行政处罚，或者因涉嫌犯罪被司法机关立案侦查或者涉嫌违法违规被中国证监会立案调查，尚未有明确结论意见等情形。

6. 北京证券交易所上市条件

（1）前提条件。在全国股转系统连续挂牌满 12 个月的创新层挂牌公司。

（2）基础条件：①最近一年期末净资产不低于 5 000 万元；②公开发行的股份不少于 100 万股，发行对象不少于 100 人；③公开发行后，公司股本总额不少于 3 000 万元；④公开发行后，公司股东人数不少于 200 人，公众股东持股比例不低于公司股本总额的 25%；公司股本总额超过 4 亿元的，公众股东持股比例不低于公司股本总额的 10%；⑤中国证监会和全国股转公司规定的其他条件。

（3）市值及财务指标符合下列四套标准之一：①市值≥2 亿元，最近两年净利润均≥1 500万元且加权平均净资产收益率平均≥8%，或者最近一年净利润≥2 500 万元且加权平均净资产收益率≥8%；②市值≥4 亿元，最近两年营业收入平均≥1 亿元，且最近一年营业收入增长率≥30%，最近一年经营活动产生的现金流量净额为正；③市值≥8 亿元，最近一年营业收入≥2 亿元，最近两年研发投入合计占最近两年营业收入合计比例≥8%；④市值≥15 亿元，最近两年研发投入合计≥5 000 万元。

（二）香港

内地企业申请香港上市需符合如下条件：①符合我国有关境外上市的法律、法规和规则。②筹资用途符合国家产业政策、利用外资政策及国家有关固定资产投资立项的规定。③净资产不少于 4 亿元人民币，过去一年税后利润不少于 6 000 万元人民币，并有增长潜力，按合理预期市盈率计算，筹资额不少于 5 000 万美元。④具有规范的法人管理结构及完善的内部管理制度，有较长期稳定的高级管理层及较高的管理水平。⑤公司上市后分红派息有可靠的外汇来源，符合国家外汇管理的有关规定。⑥证监会规定的其他条件。

香港资本市场有主板和创业板市场之分。创业板市场主要面对规模较小，但是具有较高增长潜力的公司，对上市企业的要求较为宽松。主板市场面对规模大、较为成熟的企业，对上市企业的要求较为严格。

1. 香港主板市场上市

（1）财务要求包括：①过去三个财政年度至少 5 000 万港元盈利（最近一个财务年度盈

利至少2 000万港元，以及前两年累计盈利至少3 000万港元)，同时上市时市值至少达到5亿港元。②上市时市值至少达到40亿港元且最近一个经审计财务年度的收入至少为5亿港元。③上市时市值至少达20亿港元，最近一个经审计财务年度的收入至少5亿港元，且前三个财务年度来自营运业务的现金流入合计至少1亿港元。

(2) 应遵守的会计准则为《香港财务报告准则》或《国际财务财务准则》。经营银行业务的公司必须同时遵守香港金融管理局发出的《本地注册认可机构披露财务资料》。

(3) 营业记录及管理层。在至少前三个财务年度有营业记录且管理层维持不变，在至少经审计的最近一个财务年度所有权和控制权维持不变。在某些情况可以获得适当豁免。

(4) 最低市值。新申请人上市时证券与其市值至少为5亿港元。

(5) 公众持股的市值。新申请人证券上市时由公众人士持有的股份的市值至少为1.25亿港元。

(6) 公众持股量。无论何时，发行人已发行股本总额必须至少有25%由公众人士持有。如发行人预期在上市时的市值逾100亿港元，则香港交易所可酌情接纳介于15%至25%之间的一个较低的百分比。

(7) 股东分布。持有有关证券的公众股东须至少为300人，持股量最高的三名公众股东实际持有的股数不得占证券上市时公众持股量逾50%。

(8) 控股股东的上市后禁售期（上市前投资者的基石投资者的股份亦受禁售期限制）一年（上市后首6个月内不得出售股份，第2个6个月可以出售股份但必须维持控股地位）。

2. 香港创业板市场

(1) 财务要求。创业板申请人须具备不少于两个财政年度的营业记录，日常经营业务有现金流入，于上市文件刊发之前两个财政年度合计至少达3 000万港元（未计入调整营运资金的变动和已付税项）；

(2) 应遵守的会计准则为《香港财务报告准则》或《国际财务报告准则》，经营银行业务的公司必须同时遵守香港金融管理局发出的《本地注册认可机构披露财务资料》。

(3) 营业记录及管理层。新申请人必须具备两个财政年度的营业记录：①管理层在最近两个财政年度维持不变；②最近一个完整的财政年度内拥有权和控制权维持不变。

(4) 最低市值。新申请人上市时证券与其市值至少为1.5亿港元。

(5) 公众持股的市值。新申请人与其证券上市时有公众人士持有的股份市值须至少为4 500万港元。

(6) 公众持股量。须占发行人已发行股本至少25%。

(7) 股东分布。持有有关证券的公众股东须至少为100人，持股量最高的三名公众股东实际持有的股数不得占证券上市时公众持股量逾50%。

3. 香港IPO的费用

在港交所上市成本包括支付给保荐人、法律顾问、会计师等中介的费用，其总费用根据首次发行规模的大小会有很大差异，企业应准备将5%~30%的募集资金作为发行成本。其中，标准的承销费用为募集资金的1.5%~4.0%。

4. 内地公司在港上市主要方式

(1) 发行H股上市。在中国注册的企业可通过资产重组，经所属主管部门、国有资产管理部门（只适用于国有企业）及中国证监会审批，组建在中国注册的股份有限公司，申请发行 H 股在香港上市。多数香港上市的国有企业采用的都是 H 股架构，如中石油、中石化和四大国有商业银行等。其优点是：企业对国内公司法和申报制度比较熟悉；中国证监会对 H 股上市，在政策方面较为支持，所需的时间较短，手续较直接。其缺点是：未来公司股份转让或其他企业行为方面，受国内法规的牵制较多。不过，随着近年多家 H 股公司上市，香港市场对 H 股的接受能力已大为提高。

（2）发行红筹股上市。红筹上市公司指在海外注册成立的控股公司（包括香港、百慕大或开曼群岛），作为上市个体，申请发行红筹股上市。红筹并非正式的法律名称，而是市场对那些控股公司在境外而运营实体在境内的中国企业的称谓。红筹结构使得那些由于行业限制（如房地产业）或财务门槛（无连续三年盈利）而无法在境内上市的企业实现海外上市。

搭建红筹结构的过程涉及境外项目公司收购境内实体企业，而企业创始人在境外一般没有美元资金来完成这一收购。实际操作中，上市主体可以在境外以过桥贷款、可转换债券或可转换优先股等形式向投资者融资。私募股权往往就在这个融资阶段介入企业。蒙牛、李宁、百丽、中国动向和尚德电力都是这方面的典型案例。其优点是：①红筹公司在海外注册，控股股东的股权在上市后 6 个月已可流通；②上市后的融资如配股、供股等股票市场运作灵活性最高。

（3）买壳上市。买壳上市是指向一家拟上市公司收购上市公司的控股权，然后将资产注入，达到“反向收购、借壳上市”的目的。香港联交所及证监会都会对买壳上市有几个主要限制：①全面收购。收购者如购入上市公司超过 30% 的股份，须向其余股东提出全面收购。②重新上市申请。买壳后的资产收购行为，有可能被联交所视作新上市申请。③公司持股量。香港上市公司须维护足够的公众持股量，否则可能被停牌。

文本：什么是 VIE 架构

买壳上市初期未必能达成集资的目的，但可利用收购后的上市公司进行配股、供股集资；根据《红筹指引》规定，凡是中资控股公司在海外买壳，都受严格限制。买壳上市在已有收购对象的情况下，筹备时间较短，工作较精简。然而，需更多时间及规划去回避各监管的条例。买壳上市手续有时比申请新上市更加烦琐。同时，很多国内及香港的审批手续并不一定可以省去。

5. 优势和局限

在香港上市具有的优势如下：

（1）香港地区优越的地理位置。香港地区和深圳接壤，在交通和交流上获得了不少的先机和优势。

（2）香港地区与内地特殊的关系。香港地区虽然在 1997 年主权才回归，但香港居民无论在生活习性和社交礼节上都与内地居民差别不大。随着普通话在香港的普及，语言障碍也已经消除。因此，香港地区是最能为内地企业所接受的海外市场。

（3）香港地区在亚洲乃至世界的金融地位也是吸引内地企业在其资本市场上市的重要筹码。虽然香港地区的经济在 1998 年经济危机后持续低迷，但其金融业在亚洲乃至世界都一直扮演重要角色。香港的证券市场是世界十大市场之一，在亚洲仅次于日本（这里的比较是基于中国深沪两个市场分开统计的）。

（4）在香港地区实现上市融资的途径具有多样化。内地企业在香港地区上市，除了传统的首次公开发行（IPO）之外（其中包括红筹和H股两种形式，两者主要区别在于注册地的不同，这里不详述），还可以采用反向收购（Reverse Merger），俗称买壳上市的方式获得上市资金。反向收购的方式将在后面的美国上市中进行详细的介绍。

在香港上市也具有一定的局限性。

（1）资本规模方面。与美国相比，香港地区的证券市场规模要小很多，其股市总市值大约只有美国纽约证券交易所（NYSE）的1/30，纳斯达克（NASDAQ）的1/4，股票年成交额也是远远低于纽约证券交易所和纳斯达克，甚至比我国深沪两市加总之后的年成交额都要低。

（2）市盈率方面。香港地区证券市场的市盈率很低，大概只有15，而在纽约证券交易所，市盈率一般可以达到30以上，在NASDAQ也有20以上。这意味着在香港上市，相对美国来说，在其他条件相同的情况下，可募集的资金要少很多。

（3）股票换手率方面。香港证券市场的换手率也很低，大约只有55%，比NASDAQ 300%以上的换手率要低得多，同时也比纽约所的70%以上的换手率要低。这表明在香港上市后，如要进行股份退出相对来说要困难一些。

二、美国上市条件对比

我国的公司在美国上市主要集中在纽约股票交易市场（NYSE）和纳斯达克证券交易所（NASDAQ）。公司只有在满足各市场对公司的要求后其股票或者是证券才能在市场上发行、交易。

（一）美国纽约证券交易所上市要求

纽约证交所对公司上市的要求严格，在公司的盈利和资产上都有很高的要求。

1. 对美国国内公司上市的要求

（1）公司最近一年的税前盈利不少于250万美元；

（2）社会公众拥有该公司的股票不少于110万股；

（3）公司至少有2 000名投资者，每个投资者拥有100股以上的股票；

（4）普通股的发行额按市场价格计算不少于4 000万美元；

（5）公司的有形资产净值不少于4 000万美元。

2. 对非美国公司上市的要求上市条件较美国国内公司更为严格，主要包括：

（1）社会公众持有的股票数目不少于250万股；

（2）有100股以上的股东人数不少于5 000名；

（3）公司的股票市值不少于1亿美元；

（4）公司必须在最近三个财政年度里连续盈利，且在最后一年不少于250万美元、前两年每年不少于200万美元或在最后一年不少于450万美元，三年累计不少于650万美元；

（5）公司的有形资产净值不少于1亿美元；

（6）对公司的管理和操作方面的多项要求；

（7）其他有关因素，如公司所属行业的相对稳定性，公司在该行业中的地位，公司产品的市场情况，公司的前景，公众对公司股票的兴趣等。

（二）美国纳斯达克证券交易所上市条件

美国纳斯达克的上市要求可以根据不同的公司提供不同的标准，主要标准有以下三类，见表 2－3。

表 2－3 美国纳斯达克的上市要求

要求	标准 1	标准 2	标准 3
股东资产总值	1 500 万美元	3 000 万美元	无
市值	无	无	获 7 500 万美元
总资产	无	无	获 7 500 万美元
总收入			获 7 500 万美元
净收入（最近一个或两个财政年度）	100 万美元	无	无
经营年限	无	2 年	无
公众流通股	110 万股	110 万股	110 万股
公众流通股市值	800 万美元	1 800 万美元	2 000 万美元
最低股价	5 美元	5 美元	5 美元
股东（100 股以上）	400	400	400
做市商	3	3	4

（三）美国上市的优势和劣势

1. 在美国上市的优势

（1）美国证券市场的多层次多样化可以满足不同企业的融资要求。在美国场外交易市场（OTCBB）柜台挂牌交易对企业没有任何要求和限制，只需要 3 个券商愿意为这只股票做市即可，企业可以先在 OTCBB 买壳交易，筹集到第一笔资金，等满足了纳斯达克的上市条件，便可申请升级到纳斯达克上市。

（2）美国证券市场的规模是中国香港、新加坡乃至世界任何一个金融市场所不能比的。在美国上市，企业融集到的资金无疑要比其他市场要多得多。

（3）美国股市极高的换手率，市盈率；大量的游资和风险资金；股民崇尚冒险的投资意识等鲜明特点对中国企业来说都具有相当大的吸引力。

2. 在美国上市的劣势

（1）中美在地域、文化和法律上的差异。很多中国企业不考虑在美国上市的原因，是因为中美两国在地域、文化、语言以及法律方面存在着巨大的差异，企业在上市过程中会遇到不少这些方面的障碍。因此，华尔街对大多数中国企业来说，似乎显得有点遥远和陌生。

（2）企业在美国获得的认知度有限。除非是大型或者是知名的中国企业，一般的中国企业在美国资本市场可以获得的认知度相比在中国香港或者新加坡来说，应该是比较有限的。因此，中国中小企业在美国可能会面临认知度不高，追捧较少的局面。但是，随着“中国概念”在美国证券市场越来越清晰，这种局面近年来有所改观。

（3）上市费用相对较高。如果在美国选择 IPO 上市，费用可能会相对较高，但如果选择买壳上市，费用则会降低不少。

拓展阅读

科创板与主板、中小板、创业板规则有哪些区别

1 月 30 日晚间，证监会发布《关于在上海证券交易所设立科创板并试点注册制的实施意见》（以下简称《实施意见》）。上海证券交易所（简称“上交所”）方面当日发布科创板股票发行上市审核规则、科创板股票上市委员会管理办法、科技创新咨询委员会工作规则、科创板股票发行与承销实施办法、科创板股票上市规则、科创板股票交易特别规定等 6 项配套业务规则征求意见稿。

作为一个新设立的板块，科创板的规则设计较 A 股主板、中小板、创业板有哪些差异呢？上海市锦天城律师事务所陈炜、乔辰安、王佳超团队，将科创板发行上市条件与主板、中小板及创业板在发行上市条件和信息披露要求中有关应披露交易标准的规则进行了比对。简单来看，科创板规则在发行上市条件层面相较于传统 A 股资本市场有所创新，但仍能看到中国香港、美国等境外成熟资本市场发行上市规则的影子，例如明确接受未盈利企业提交的上市申请、明确接受红筹企业首发或者发行存托凭证、明确接受 VIE 架构、需保荐人提交验证版招股说明书、设置绿鞋机制等；同时，与之配套的则是史上最严退市规则，设置重大违法、交易类、规范类，以及财务类四大强制退市标准并取消暂停上市和恢复上市机制。

在首发配售方面，除 A 股市场原本的网上 + 网下/网上配售模式外，科创板规则还新增了四种新的配售机制。二级市场交易方面，科创板在锁定期上又给了大家一个“惊喜”，以往 A 股市场首发中需要锁定 36 个月的主体无外乎控股股东、实际控制人及其一致行动人以及突击入股的股东，但科创板规则此次把核心技术人员也纳入锁定 36 个月的主体范围内，旨在防止核心技术人员解锁后套现离场。涨跌幅限制方面，以往的个股每日涨跌幅限制在科创板变为“上市后前 5 日（含首日）无涨跌幅限制，此后每个交易日的涨跌幅为 20%”。

在信息披露方面，科创板股票上市规则中应当披露的交易中采用市值基准。根据上交所、深交所的股票上市规则，对于上市公司应披露的交易，一般以上市公司最近一期经审计总资产/净资产/净利润/营业收入的 10% 以上作为基准。科创板规则对于上市公司应披露交易则开始采用上市公司市值作为基准。科创板规则项下的市值，是指交易披露日前 10 个交易日收盘市值的算术平均值。市值财务标准主要用于交易成交金额以及交易标的。

文章来源：https：//news. 163. com/shuangchuang/19/0203/10/E735TDL5000197V8. h。

任务三 了解债券的发行与承销

一、债券市场的定义

债券的一级市场也就是债券的发行市场，是指资金的需求者通过发行债券筹集资金的场所。债券的发行市场通常无固定场所，是一个无形市场。

二、债券的发行

（一）发行合同书

债券和股票不一样，债券体现的是一种债务关系，债券持有者没有像股东一样具有经营决策的参与权，所以为了保证债券持有者的利益，债权方和债务方的相关权利和义务都是通过发行合同书来规范的，发行合同书又称信托，是说明公司债券持有人和发行公司双方权益的法律文件，由受托管理人（通常是银行）代表债券持有人利益监督合同书中各条款的履行。在债券发行合同书当中，各种限制性条款占了很大的篇幅。对于有限责任公司来说，一旦经营发生困难出现资不抵债的现象时，债权人的利益就会受到损害，这些限制性条款就是用来设法保护债权人利益的，它一般可分成否定性条款和肯定性条款。

否定性条款是指不允许或限制股东做某些事情的规定，肯定性条款是指股东应该履行某些责任的规定，对于两种条款，股东都应该严格遵守，当企业不能满足条款所要求的规定时，债权方就有权要求债务人偿还全部债务。从内容来看，两种条款是不同的，否定性条款对企业的相关指标或者是相关行为做出严格限制，特别是一些逆向指标，也就是数值越小越好的财务指标，如资产负债率等，做出上限的限制；肯定性条款则是对一些正向性指标，也就是数值越大越好的指标的数量做出一定的下限的限制，如营运资金、权益资本。

（二）债券评级

债券的风险主要来源于两个方面，一个是市场风险，另一个是违约风险。对于投资者来讲，两个风险当中，较难控制和把握的是违约风险，市场风险是对未来经济走势的一个判断，投资者在投资之前就应该已经做出了合理的判断，不管正确与否，都应该由投资者自己去承担；而对于违约风险来讲，其主要是受到发行方信用的影响，其主要受到企业内部的经营状况，领导人诚信等内部因素的影响，作为外部的投资人，很难对某一个企业的内部信用做出准确的判断，所以，为了较客观地估计不同债券的违约风险，投资者们就必须求助于专业的信用评级机构，对企业的信用作出评级，以此来判断发行企业的信用的高低。

信用评级机构被称为债券市场的“看门人”，他们有一套完整的系统用来分析企业信用高低的指标体系，世界上三大有名的信用评级机构，分别是标准普尔公司、穆迪投资者服务公司和惠誉国际信用评级有限公司。《纽约时报》专栏作家弗里德曼曾说，“我们生活在两个超级大国的世界里，一个是美国，另一个是穆迪。美国可以用炸弹摧毁一个国家，穆迪可以用债券降级毁灭一个国家；有时候，两者的力量说不上谁更大”。可以看出，评级机构对于债券市场的作用是相当重要的，他们的评级直接决定了企业融资成本的高低，不仅如此，他们还可以决定一个国家信用的好坏，现在世界上发生的很多主权国家的债务危机，例如葡萄牙和西班牙债务危机，还有美国的次贷危机，后面都有三大评级机构的身影。美国标准普尔公司等级划分见表2-4。

表2-4　　美国标准普尔公司的等级划分

等级	含义	说明
AAA	信誉极好，几乎无风险	表示企业信用程度高、资金实力雄厚，资产质量优良，各项指标先进，经济效益明显，清偿支付能力强，企业陷入财务困境的可能性极小
AA	信誉优良，基本无风险	表示企业信用程度较高，企业资金实力较强，资产质量较好，各项指标先进，经营管理状况良好，经济效益稳定，有较强的清偿与支付能力
A	信誉较好，具备支付能力，风险较小	表示企业信用程度良好，企业资金实力、资产质量一股，有一定实力，各项经济指标处于中上等水平，经济效益不够稳定，清偿与支付能力尚可，受外部经济条件影响，偿债能力产生波动，但无大的风险
BBB	信誉一般，基本具备支付能力，稍有风险	企业信用程度一般，企业资产和财务状况一般，各项经济指标处于中等水平，可能受到不确定因素影响，有一定风险
BB	信誉欠佳，支付能力不稳定，有一定的风险	企业信用程度较差，企业资产和财务状况差，各项经济指标处于较低水平，清偿与支付能力不佳，容易受到不确定因素影响，有风险。该类企业具有较多不良信用记录，未来发展前景不明朗，含有投机性因素
B	信誉较差，近期内支付能力不稳定，有很大风险	企业的信用程度差，偿债能力较弱，表示企业一旦处于较为恶劣的经济环境下，有可能发生倒债，但目前尚有能力还本付息
CCC	信誉很差，偿债能力不可靠，可能违约	企业信用很差，企业盈利能力和偿债能力很弱，对投资者而言投资安全保障较少，存在重大风险和不稳定性，几乎没有偿债能力
CC	信誉太差，偿还能力差	企业信用极差，企业已处于亏损状态，对投资者而言具有高度的投机性，没有偿债能力
C	信誉极差，完全丧失支付能力	企业无信用，企业基本无力偿还债务本息，亏损严重，接近破产

资料来源：百度百科。

（三）债券的定价

确定一个合理的发行价格对于债权能否顺利地发行至关重要，根据发行价格和面值的不同，可以划分为溢价发行、平价发行和折价发行三种。

溢价发行，就是发行价格高于面值的发行方式，一般在票面利率高于市场利率的情况下，发行公司会采用溢价发行的策略。

平价发行，就是发行价格等于面值的发行方式，一般在票面利率等于市场利率的情况下，发行公司会采用平价发行的策略。

折价发行，就是发行价格低于面值的发行方式，一般在票面利率低于市场利率的情况下，发行公司会采用折价发行的策略。

（四）债券的偿还

债券的偿一般可分为定期偿还和任意偿还两种方式。

定期偿还，可以划分为分期偿还和到期一次性偿还两种方式。分期偿还是规定利息的偿还时间间隔，每过半年或一年支付一次利息，到期还本。一般适用于发行数量巨大，偿还期限长的债券。

到期一次性偿还是指利息和本金均在到期日偿还一般适用于发行期间较短的债券。

任意偿还。任意偿还是债券发行一段时间（称为保护期）以后，发行人可以任意偿还债券的一部分或全部。

任务四 了解基金的发行与设立

一、证券投资基金的设立

证券投资基金的设立主要有注册制和审核制两种基本方式。

（一）注册制

注册制是指基金只要满足法规规定的条件，就可以申请并获得注册。在基金申请过程中，基金主管部门不对基金发起人的申请及基金本身做出判断，只审查基金申请人是否严格履行了相关的信息披露义务。对材料的审查只停留在形式上，并不涉及发行实质条件的审查。基金发起人只要及时准备地披露其相关信息，就可以获得通过。目前，多数国家采用注册制。

（二）核准制

核准制是指基金不仅要具备法规规定的条件，还要通过基金管理部门实质审查才能设立。目前，我国和日本采用核准制。

根据我国《证券投资基金法》的规定，设立基金管理公司，应当具备下列条件，并经国务院证券监督管理机构批准：有符合本法和《中华人民共和国公司法》规定的章程；注册资本不低于 1 亿元人民币，且必须为实缴货币资本；主要股东具有从事证券经营、证券投资咨询、信托资产管理或者其他金融资产管理得较好的经营业绩和良好的社会信誉，最近三年没有违法记录，注册资本不低于 3 亿元人民币；取得基金从业资格的人员达到法定人数；有符合要求的营业场所、安全防范设施和与基金管理业务有关的其他设施；有完善的内部稽核监控制度和风险控制制度；法律、行政法规规定的和经国务院批准的国务院证券监督管理机构规定的其他条件。

二、证券投资基金的发行市场

(一) 确定发行方式

证券投资基金的设立申请一旦获主管机关批准，发起人即可发表基金招募说明书，开始发行基金单位，基金单位一般是1元/份，该基金单位由基金管理公司和基金托管公司共同签署并经签证后发行，发行方式可分为公募和私募两种。公募发行又称公开发行，是指面向社会公众公开发售基金单位的方式。发行的对象一般是符合条件的机构或者个人。各国对公募发行的监管比较严格，要求发行人在募集资金时必须公开招募说明书，对基金的基本情况、基金管理人、托管人、基金的费用和收益分配策略等都要做出真实的陈述，供投资者进行决策。私募发行又称不公开发行，只是面向特定的少数投资者发行基金单位的方式。一般是面向大的金融机构或者是个人，此种发行方式对象明确，手续简便，发行费用较低，筹资速度快，而且监管较为宽松。

(二) 投资者申购

当发行方式确定以后，投资者就可以去基金管理公司或到指定的基金承销机构开设基金账户，按照规定的程序申请购买已经成立的基金单位。封闭式基金和开放式基金的申购程序都是一样的，不同的是，封闭式基金的申购期限是有限的，只能在发行期内进行申购，而开放式基金则可以在其存续期内随时可以按照当日的资产净值进行申购。

(三) 证券投资基金的赎回

证券投资基金的赎回，是指投资者将所持基金单位卖给基金管理公司并收回现金，即基金管理公司应投资者的要求买回基金单位的过程。封闭式基金的赎回只有到期才能赎回，而开放式基金的持有者随时都可以根据自己的要求进行赎回。赎回金额是以当日的单位基金资产净值为基础计算的。

资产净值NAV的计算公式：

NAV =（总资产 - 总负债）/股份总数或受益凭证单位数

基金的总资产是指基金拥有的所有资产的价值，包括现金、股票、债券、银行存款和其他有价证券。基金的总负债是指基金应付给基金管理人的管理费和基金托管人的托管费等必要的开支。

项目小结

1. 股票的一级市场就是股票的发行方直接或者通过中介机构间接地向投资者出售新发行的股票的交易场所。新发行的股票主要包括首次发行股票和再发行股票，再发行的股票一般是在首次发行股票的基础上进行的增发和配股。

2. 对于我国企业来说，可供选择的交易所主要有纽约证券交易所（NYSE，纽交所）、纳斯达克交易所（NASDAQ）、香港交易所（HKEX，联教所）、伦敦证券交易所创业板（AIM）、新加坡交易所（SGX）、上海证券交易所、深圳证券交易所、北京证券交易所。

3. 股票发行制度是指发行人在申请发行股票时必须遵循的一系列程序化的规范，股票发行制度主要有三种，即审批制、核准制和注册制，每一种发行监管制度都对应一定的市场发展状况。

项目检测

一、单项选择题

1. IPO 的全称是（　　）。

A. 首次公开发行　　B. 上市

C. 首次公开发行并上市　　D. 以上全错

2.（　　）交易所不是美国的交易所。

A. 美国股票交易市场　　B. 纳斯达克交易所

C. 伦敦证券交易所创业板　　D. 纽约股票交易市场

3. 我国的科创板是在（　　）交易所上市。

A. 上海证券交易所　　B. 深圳证券交易所

C. 香港证券交易所　　D. 以上都错

4. 我国的创业板是在（　　）证券交易所上市。

A. 上海证券交易所　　B. 深圳证券交易所

C. 香港证券交易所　　D. 以上全错

5.（　　）的上市条件最为苛刻。

A. 主板市场　　B. 中小板市场　　C. 创业板市场　　D. 科创板市场

6.（　　）市场采用做市商交易制度。

A. 主板市场　　B. 中小板市场　　C. 创业板市场　　D. 新三板市场

7. 在我国主板上市，要求连续（　　）年盈利。

A. 一年　　B. 二年　　C. 三年　　D. 四年

8. 在中国创业板上市，要求连续（　　）年盈利。

A. 一年　　B. 二年　　C. 三年　　D. 四年

9. 科创板上市的企业上市 5 日后，涨跌幅限制幅度为（　　）。

A. 5%　　B. 10%　　C. 20%　　D. 无涨跌幅限制

10. 我国股票发行制度采用的是（　　）。

A. 审批制　　B. 核准制　　C. 注册制　　D. 以上都不是

二、多项选择题

1. 对于中国企业来说，可供选择的交易所主要有（　　）。

A. 东京证券交易所　　B. 纳斯达克交易所

C. 伦敦证券交易所创业板　　D. 香港证券交易所

E. 上海证券交易所

2. 以下上市条件中，符合中国主板市场的上市条件的是（　　）。

A. 三年连续盈利

B. 近三个年度净利润超过3 000万元

C. 近三个会计年度现金流累计超过5 000万元

D. 最近一期末无形资产占比不能高于20%

E. 公司股本总额不少于5 000万元

3. 中国境内的证券交易所有（　　）。

A. 上海证券交易所　B. 深圳证券交易所　C. 香港证券交易所　D. 北京证券交易所

E. 天津证券交易所

4. 股票发行主要有（　　）制度。

A. 审批制　B. 注册制　C. 核准制　D. 以上都不是

三、判断题

1. 股票发行市场属于二级市场。（　　）

2. 债券评级是为了规避债券的市场风险。（　　）

3. 以上海主板新股申购为例，申购者必须在“T－2”日前的20个交易日里，每天平均持有的股票市值在5 000元以上。（　　）

4. 股票发行价格确定一般采用市盈率法确定发行价格。（　　）

5. 私募发行又称不公开发行，只是面向特定的少数投资者发行基金单位的方式。（　　）

四、简述题

1. 简述股票发行的流程。

2. 简述公司债券发行的流程。

3. 简述新购申购的流程。

4. 简述基金发行的流程。

五、实训项目

能够熟练掌握所有证券交易所的上市条件。

3 项目三 熟悉证券交易

项目三 PPT

学习目标

知识目标

1. 掌握证券经纪关系建立的相关流程。
2. 掌握大盘走势分时图的相关指标。
3. 掌握股票市场走势分时图的相关指标。

技能目标

1. 能够熟练操作证券账户开户业务。
2. 能够正确下载安装行情软件。
3. 能够对大盘、股票和债券等进行证券的行情分析。

案例导入

科创板三周年：总市值超5万亿“硬科技”底色彰显

2019年7月22日，科创板首批25家公司鸣锣上市。三年后，截至2022年7月20日收盘，科创板已经有437家上市公司。2019年开市后，科创板保持了常态化发行上市的节奏，2020年、2021年分别上市145家、162家，2020年截至7月20日，共有60家公司上市。

科创板已经在整个A股市场中占据越来越重要的位置。截至今年7月20日收盘数据，科创板总市值达到5.76万亿元，已经达到开市之初总市值的十倍，在全A股总市值中占比达到6.43%。目前，科创板单日成交金额在500亿元上下，在全A股成交金额中占比约在5%。

由于在融券业务上进行了制度创新，科创板也在悄然改善A股两融生态。科创板本身的融资融券较为均衡，并且科创板融券已经成为A股融券的一个重要部分。截至7月20日，科创板融券余额为180.85亿元，在全部A股中占比近23%，科创板融券余额在科创板两融余额中占比也超过20%，改变了A股长期融券余额占比不足1%的格局。

2020年7月23日起发布的科创50指数，在今年4月底开始的市场反弹中表现突出，4月27日至7月20日涨超24%，反弹幅度明显超过上证指数、沪深300指数。科创板指数体系在不断完善，在科创50指数之后，科创信息、科创生物、科创芯片指数相继发布，进一步丰富了投资者观测维度及投资标的。

资料来源：中华网。

请思考：证券交易会给我们的生活带来怎样的变化？

任务一 熟悉证券交易流程

一、证券开户流程

投资证券市场首先要进行开户，建立自己的账户。开户分为开立证券账户和资金账户两种，只有开立两种账户才能进行证券的买卖。

（一）开立证券账户

首先应开立证券账户，证券账户又叫作股东账户，投资者买卖证券，都会在证券账户中如实地反映出来。如果投资者要同时买卖在上海、深圳两个证券交易所上市的股票，就需分别开设上海证券交易所证券账户和深圳证券交易所证券账户。开设上海、深圳证券账户必须到各地证券登记公司或被授权开户代理处办理。

证券账户有不同种类，目前，上海、深圳两交易所证券账户主要分为自然人证券账户、法人证券账户；A 股证券账户；B 股证券账户以及基金账户等。

上海 A 股证券账户可以买卖在上海证券交易所挂牌交易的股票、基金、债券；深圳 A 股证券账户可以买卖在深圳证券交易所挂牌交易的股票、基金、债券；基金账户可以买卖基金和债券，但不能买卖股票；B 股证券账户只能买卖上市交易的 B 股股票；境内自然人可以开立个人 A 股证券账户和基金账户，但已开立 A 股证券账户的不能再开立基金账户，已开立基金账户的不能再开立 A 股证券账户；境内法人投资者可以开立法人 A 股证券账户，境外自然人和法人可以开立 B 股证券账户，A 股证券账户不对境外投资者开放。

境内个人开立 A 股证券账户时，须持本人身份证，如委托他人代为办理，必须同时出示委托人和被委托人身份证原件。境内法人开立法人 A 股证券账户时，需持营业执照原件及复印件（加盖公章）、法人代表证明书、法人授权委托书和经办人身份证等。法人 A 股账户也不能进行重复开户，国外及港澳台地区在中国内地的独资企业不可开立 A 股证券账户。

开户步骤如下：

1. 按要求填写《证券账户开立申请表》

2. 将填写好的开户申请表、有效证件及开户费交与工作人员

开立深圳证券账户卡开户费用有：个人开户 50 元/账户；机构开户 500 元/账户。开立上海证券账户卡开户费用有：个人开户 40 元/账户；机构开户 400 元/账户。

文本：证券账户开立申请表

3. 进行适当性测评

根据国家有关规定，不是所有的人员都可以开设证券账户，所以要进行适当性测评。下

列人员不得开设A股证券账户：①证券主管机关中管理证券事务的有关人员；②证券交易所管理人员；③证券经营机构中与股票发行或交易有直接关系的人员；④与发行人有直接行政隶属或管理关系的机关工作人员；⑤其他与股票发行或交易有关的知情人；⑥未成年人或无行为能力的人以及没有公安机关颁发的身份证的人员；⑦由于违反证券法规，主管机关决定停止其证券交易，期限未满者；⑧其他法规规定不得拥有或参加证券交易的自然人，包括武警、现役军人等。另外，证券从业人员及国家机关处级以上干部、现役军人等不得参与股票交易，但可以开立基金账户，买卖基金和债券。

4. 进行风险测评

为了进一步检验投资者是否适合开户，要进行风险测评确定投资者的风险等级：把投资者分为C1—C5五个等级。

文本：适当性调查问卷

（1）C5（高风险）：83分以上，为激进型投资者。

（2）C4（中高风险）：得分54—82分，为积极型投资者，可进行中高风险投资，可购买港股通股票。

（3）C3（中风险）：得分37—53分，为稳健型投资者，可进行中等风险投资，可购买A股股票。

（4）C2（中低风险）：得分20—36分，为谨慎型投资者，可进行中低风险投资。

（5）C1（低风险）：其中C1类别还包含无风险承受力者，就是测评遇到踩雷题的客户。得分20分以下，为保守型投资者，可进行低风险投资。

C3以上可以开立证券账户。但是要注意的是，由于创业板和科创板股票的风险相对于主板市场风险较高，一般需要有一定的交易经验和交易实力才能开通。开通创业板的要求是：投资者在20个交易日日均资产10万元及以上，具有两年的交易经验，投资者风险等级为C4及以上，满足要求后可以手机上开通账户。开通科创板的要求是：投资者20个交易日日均资产50万元及以上，具有两年的交易经验，投资者风险等级为C4及以上，满足要求后可以开通。北京证券交易所开户要求：开通前20个交易日，日均资产不低于50万元；需具备两年的交易经验，投资风险等级为C4及以上。满足上述要求，才可开通账户。

（二）开立资金账户

开立了证券账户后，投资者就具有了进行证券投资的资格，但是投资者不能直接与交易所联系进行交易，只有交易所的会员才能在交易所里进行交易。投资者必须选择一家具有交易所会员资格的、可以从事证券经营业务的证券营业部作为自己证券交易的经纪商，并在证券营业部开立资金账户，由证券营业部代理个人到交易所内进行交易，并办理清算、交割、过户等手续。

1. 选择证券营业部

投资者可根据以下几方面来选择证券营业部。

（1）证券营业部的信誉良好与资金实力雄厚。

（2）硬件设施先进、完备，沪深两市的交易是否均已开通。如果是散户，还要考虑户厅大小、人数多少、磁卡委托终端和分析系统终端多少，是否有人工委托，交割方式等。大中户还应考察自助委托是否方便、快捷，电脑系统的快慢，分析软件是否齐全，跑道是否畅通等。

（3）管理是否规范，是否有完善周到的信息和咨询服务；保安情况，交易安全，保密情况，资金存取是否便捷安全。

(4) 开户保证金起点的规定，对散户、电话户、中户、大户的保证金要求。

(5) 营业部的收费标准如何，除了国家规定的交易手续费之外，是否还有其他费用，如委托费、撤单费、通信费、查询费、场地费、开户费、销户费等，费用是否合理。

(6) 地理位置是否便利，是否有足够的车位等。在进行综合比较之后，投资者可以选定一家证券营业部，在这家证券营业部开立资金账户。

2. 开立资金账户

(1) 个人投资者须持本人身份证、证券账户卡（股东卡）与证券营业部签订《有价证券代理交易协议书》《特别风险揭示书》等。对相关事宜进行确认，投资者应认真阅读协议书，了解自己权利和义务之后，填写相关内容，如姓名、股东卡号、身份证号、联系地址、电话、签名后交与工作人员，工作人员核对无误后加盖公章，一式两份，投资者与营业部各留一份。

(2) 工作人员为投资者建立资金账号，同时投资者应存入交易保证金，有的证券营业部还制作了资金账户卡（一般为磁卡），投资者还会同时领到该卡。

(3) 如果是法人投资者开户，应由法人授权的合法交易人员及资金调拨人员，持相关文件，包括法人执照复印件，交易及资金调拨授权书，被授权人的身份证原件及复印件等以及证券账户卡，到证券营业部办理开户手续。

（三）开通第三方存管业务

“第三方存管业务”是指委托存管银行按照法律、法规的要求，负责客户资金的存取与资金交收，证券交易操作保持不变。证券公司客户证券交易结算资金交由银行存管。

该业务遵循“券商管证券，银行管资金”的原则，将投资者的证券账户与证券保证金账户严格进行分离管理。第三方存管模式下，证券经纪公司不再向客户提供交易结算资金存取服务，只负责客户证券交易、股份管理和清算交收等。存管银行负责管理客户交易结算资金管理账户和客户交易结算资金汇总账户，向客户提供交易结算资金存取服务，并为证券经纪公司完成与登记结算公司和场外交收主体之间的法人资金交收提供结算支持。银行负责完成投资者专用存款账户与券商银行交收账户之间清算资金的划转，将券商的清算交收程序转移到银行，由银行代为完成。第三方存管业务开通后，投资者可以下载证券公司提供的交易软件，利用软件提供银证转账服务，就可以让资金在银行账户和证券资金账户之间进自由的流转。

实施保证金第三方存管制度的证券公司将不再接触客户保证金，而由存管银行负责投资者交易清算与资金交收。证券业之所以引入保证金第三方存管制度，主要是为了从根本上杜绝券商挪用客户保证金的行为。实行保证金第三方存管制度之所以能确保客户保证金不被券商挪用，是因为该制度有效地在证券公司与所属客户交易结算资金之间建立隔离墙。具体而言，实施保证金第三方存管制度后，客户可以在存管银行网点或证券公司的营业网点办理开户业务，在存管银行的系统中生成客户保证金账号，在证券公司的系统中生成客户号。遵循“券商管证券，银行管资金”的原则，由证券公司负责客户证券交易、股份管理以及根据登记公司的交易结算数据，计算客户的交易买卖差数；由银行负责投资者保证金账户的转账、现金存取以及其他相关业务。第三方存管业务开户步骤如下：

1. 办理开户手续

持本人有效身份证、深沪股东账户卡、银行结算账户（借记卡或者存折）；机构客户携带法人证券账户卡、加盖公章的营业执照复印件，组织机构代码复印件、法定代表人证明书、法定代表人身份证复印件、法人授权委托书及被授权人身份证、预留印签到开户营业部办理开户手续。

2. 填写

填写《客户交易结算资金第三方存管业务协议》（一式三联）

3. 设置密码

表格经过校验无误后，当场输入交易密码，并领取协议书客户联。即可查询和委托交易。

文本：第三方存管三方协议

二、证券交易流程

（一）委托

在证券交易所，除了证券交易所会员的自营业务外，投资者买卖证券是不能直接进入证券交易所进行的，而必须通过证券交易所的会员进行交易。所以，投资者需要通过证券经纪商（证券经纪商职能一般由证券公司行使）的代理才能在证券交易所买卖证券。在这种情况下，投资者向经纪商下达买进或卖出证券的指令，称为委托。

1. 证券委托的类型

证券委托有很多种形式，投资者可根据自己的情况和开户券商所提供的服务来进行选择。

（1）当面委托。当面委托又称柜台委托，即投资者亲自到证券营业部填写委托单，签章后将委托单、股东卡、身份证交给营业部工作人员办理，工作人员将投资者委托输入电脑并签章后完成，委托单一式两份，双方各持一份。

（2）电话委托。投资者通过拨号进入券商电话委托系统，下达委托指令进行证券买卖的委托方式，其最大的特点就是投资者可以不必亲临证券营业部，而无论在家里、办公室或其他场所，只要有一台双音频电话即可进行委托。

（3）磁卡委托。磁卡委托是目前投资者使用较多的一种委托方式。投资者在进行磁卡委托时，通常是在营业部大厅里的磁卡委托机上刷磁卡，输入个人密码后即可进入交易主菜单，投资者可以根据电脑的提示完成委托买卖、撤单、资金、证券以及成交的查询等操作。

（4）电脑终端自助委托。电脑终端自助委托是证券营业部提供给大中户使用的一种委托方式。

（5）可视电话委托。可视电话委托是通过图文接收机从有线电视网接收交易所实时行情，需要委托时，拨号到证券公司连接远程通信机进行委托或查询，完成后挂机。

（6）网上委托。网上委托是国际证券市场已经发展起来并日益成熟的新业务，是继电话委托、可视委托后推出的又一先进的远程委托方式。所谓网上证券委托，就是指券商通过数据专线将证券交易所的股市行情和信息资料实时发送到 Internet 上，投资者将自己的电脑通过调制解调器等设备连上 Internet，通过 Internet 观看股市实时行情，分析个股，查阅上市公司资料和其他信息，委托下单买卖股票。

2. 委托指令的类型

委托指令有多种形式，可以按照不同的依据来分类。

（1）根据委托订单的数量划分，委托指令可分为整数委托和零数委托。

整数委托是指委托买卖的数量是以一个交易单位为起点或交易单位的倍数的委托。零数委托则指委托买卖的数量不满一个交易单位的委托。根据上海、深圳证券交易所规定，进入交易所委托交易的数额必须是整数委托。我们买卖股票都是以手为计量单位，一般 1 手 =100 股，但是在科创板是 1 手 =200 股。债券则是 1 手 =10 张，债券面值为 1 张 100 元。

（2）根据委托价格限制划分，委托指令可分为市价委托和限价委托等。

①限价委托，是指投资者在执行委托指令时，要求经纪人以限定价格或者比限定价格更优惠的价格买卖证券。也就是说，证券必须以限定价格或低于限定价格买入，证券必须以限定价格或高于限定价格卖出。

总体来说，限价委托的优势在于：股票投资者能够以期待成交的价格或更优惠的价格成交，这有利于投资者实现预期的投资计划，寻求最大的利益。但是，限价委托有其自身的局限性。因为限价与市价之间可能有一定的距离，只有当市价与限价一致时才有可能成交，所以投资者采用限价委托很容易错失机会，蒙受损失。

②市价委托，是指投资者向证券经纪商发送买卖某些证券的价格指令时，要求证券经纪商以证券交易所目前的市场价格进行交易。当投资者为避免因股票价格而遭受被动损失而对成交感到焦虑时，通常采用这种方法。

总体来说，市价委托的优势在于：没有价格限制。证券的经纪人很容易执行委托订单，成交的速度很快，成交的比率也很高。市价委托的缺点是实际执行价格只有在委托执行后才知道。尽管场内交易者有义务以最优惠的价格为投资者买卖证券，但成交的价格有时并不令人满意。

上海市价委托有：最优五档即时成交剩余撤销，是指无须指定委托价格，委托进入交易主机时能与“最优五档”范围内的对手方队列成交或部分成交即予以撮合，未成交部分立即自动撤销的委托方式，一笔委托可以与对手方数笔不同价格的委托撮合成交。最优五档即时成交剩余转限价，是指无须指定委托价格，委托进入交易主机时能与“最优五档”范围内的对手方队列成交或部分成交即予以撮合，未成交部分自动转为限价的委托方式，一笔委托可以与对手方数笔不同价格的委托撮合成交。

深圳市价委托的类型有：①对手方最优价格委托，是指投资者无须指定委托价格，当委托申报指令进入交易主机时，交易主机以当时集中申报簿有效竞价范围内对手方队列的最优价格为其指定价格的委托类型。②本方最优价格委托，是指投资者无须指定委托价格，当委托申报指令进入交易主机时，交易主机以当时集中申报簿有效竞价范围内本方队列最优价格为其指定价格的委托类型。③即时成交剩余撤销委托，是指无须指定委托价格，委托进入交易主机时能立即成交部分即予以撮合，未成交部分立即自动撤销的委托方式，一笔委托可以与对手方数笔不同价格的委托撮合成交。④最优五档即时成交剩余撤销委托，是为了避免市场价格波动过大而对“即时成交剩余撤销委托”的改良。其与“即时成交剩余撤销委托”方式的区别就在于“即时成交剩余撤销委托”可以与对手方数笔不同价格的委托撮合，直至无有效对手盘，而“最优五档即时成交剩余撤销委托”只能与一定范围内的对手方队列成交。⑤全额成交或撤销委托，是指无须指定委托价格，委托进入交易主机时能立即全部成交即予以撮合，否则委托全部撤销的委托方式，该委托可以与对手方数笔不同价格的委托撮合成交。

（二）竞价成交

证券交易所交易系统接受申报后，要根据订单的成交规则进行撮合配对。符合成交条件的予以成交，不符合成交条件的继续等待成交，超过了委托时效的订单失败。在上海证券交易所和深圳证券交易所，产生股票价格的方式有两种，其一是在开盘时的集合竞价，另外就是开盘后的连续竞价（注意深交所的收盘价是最后3分钟进行集合竞价产生的）。竞价的基本规则是“价格优先，时间优先”。价格优先是指价格较高的买进申报优先于价格较低的买进申报；价格较低的卖出申报优先于价格较高的卖出申报。时间优先是指买卖方向、价格相同的，先申报者优先于后申报者。先后顺序按证券交易所交易系统电脑主机接受申报的时间确定。

1. 集合竞价

集合竞价是将数笔委托报价或一时段内的全部委托报价集中在一起，根据价格优先、时间优先的原则进行成交，且在这个价格下成交的股票数量最大，并将这个价格作为全部成交委托的交易价格。

集合定价由电脑交易处理系统对全部申报按照价格优先、时间优先的原则排序，并在此基础上，找出一个基准价格，使它同时能满足以下3个条件：①成交量最大；②高于基准价格的买入申报和低于基准价格的卖出申报全部成交；③与基准价格相同的买卖双方中有一方申报全部成交。

该基准价格即被确定为成交价格，集合竞价方式产生成交价格的全部过程，完全由电脑交易系统进行程序化处理，将处理后所产生的成交价格显示出来。这里需要说明的是：一是，集合竞价方式下价格优先、时间优先原则体现在电脑主机将所有的买入和卖出申报按价格由高到低排出序列，同一价格下的申报原则按电脑主机接受的先后顺序排序。二是，集合竞价过程中，两个以上申报价格符合上述三个条件的，上海证券交易所使未成交量最小的为成交价格，仍有两个以上是未成交量最小的申报价格符合上述条件的，以中间价为成交价。深交所取距前收盘价最近的价格为成交价。

“使未成交量最小的为成交价格”这句的意思是说，按照基准价成交后，还剩下未成交的量最小的为成交价格，就是累计买与累计卖的差的绝对值最小。

集合竞价的基本过程如下：

假设股票G在开盘前分别有6笔买入委托和5笔卖出委托，根据价格优先的原则排列，见表3－1。

表3－1

序号	委托买入价（元）	数量（手）	序号	委托卖出价（元）	数量（手）
1	3.80	2	1	3.52	5
2	3.76	6	2	3.57	1
3	3.65	4	3	3.60	2

续表

序号	委托买入价（元）	数量（手）	序号	委托卖出价（元）	数量（手）
4	3.60	7	4	3.65	6
5	3.54	6	5	3.70	6
6	3.45	3			

按不高于申买价和不低于申卖价的原则，首先可成交第一笔，即3.80元买入委托和3.52元的卖出委托，若要同时符合申买者和申卖者的意愿，其成交价格必须是在3.52元与3.80元之间，但具体价格要视以后的成交情况而定。这对委托成交后其他的委托排序见表3-2。

表3-2

序号	委托买入价（元）	数量（手）	序号	委托卖出价（元）	数量（手）
1			1	3.52	3
2	3.76	6	2	3.57	1
3	3.65	4	3	3.60	2
4	3.60	7	4	3.65	6
5	3.54	6	5	3.7	6
6	3.45	3			

在第一次成交中，由于卖出委托的数量多于买入委托，按交易规则，序号1的买入委托2手全部成交，序号1的卖出委托还剩余3手。

第二笔成交情况：序号2的买入委托价格为不高于3.76元，数量为6手。在卖出委托中，序号1—3的委托的数量正好为6手，其价格意愿也符合要求，正好成交，其成交价格在3.60~3.76元的范围内，成交数量为6手。应注意的是，第二笔成交价格的范围是在第一笔成交价格的范围之内，且区间要小一些。第二笔成交后剩下的委托情况见表3-3。

表3-3

序号	委托买入价（元）	数量（手）	序号	委托卖出价（元）	数量（手）
3	3.65	4			
4	3.60	7	4	3.65	6
5	3.54	6	5	3.70	6
6	3.45	3			

第三笔成交情况：序号3的买入委托其价格要求不超过3.65元，而卖出委托序号4的委托价格符合要求，这样序号3的买入委托与序号4的卖出委托就正好配对成交，其价格为3.65元，因卖出委托数量大于买入委托，故序号4的卖出委托仅只成交了4手。第三笔成交后的委托情况见表3-4。

完成以上三笔委托后，因最高买入价为3.60元，而最低卖出价为3.65元，买入价与卖出价之间再没有相交部分，所以这一次的集合竞价就已完成，最后一笔的成交价就为集合竞价的平均价格。剩下的其他委托将自动进入开盘后的连续竞价。

表 3-4

序号	委托买入价（元）	数量（手）	序号	委托卖出价（元）	数量（手）
4	3.60	7	4	3.65	2
5	3.54	6	5	3.70	6
6	3.45	3			

2. 连续竞价

连续竞价是指对买卖申报逐笔连续撮合的竞价方式。上海证券交易所在正常交易时间9：30—11：30，13：00—15：00，深圳证券交易所的9：30—11：30，13：00—14：57为连续竞价时间，14：57—15：00为收盘集合竞价时间，大宗交易时间延长至15：30。交易价格确定规则为：①最高买入申报价格与最低卖出申报价格相同，以该价格为成交价格；②买入申报价格高于即时揭示的最低卖出申报价格的，以即时揭示的最低卖出申报价格为成交价格（在体现了“不高于买价，不低于卖价”的同时也体现了“时间优先”原则）；③卖出申报价格低于即时揭示的最高买入申报价格的，以即时揭示的最高买入申报价格为成交价格（在体现了“不高于买价，不低于卖价”的同时也体现了“时间优先”原则）。

（三）清算交割

我们一般所说的清算交割分两个部分：一部分是指券商与交易所之间的清算交割。另一部分是指券商与投资者之间的清算交割，双方在规定的时间内进行价款与证券的交收确认的过程，即买入方付出价款，得到证券，卖出方付出证券获得价款。

上海、深圳证券交易所A股股票、基金、债券及其回购，实行T+1交割制度，即在委托买卖的次日（第二个交易日）进行交割，投资者委托买卖证券成交与否应以第二天的交割单为准，当日的成交回报仅作为参考。B股股票实行T+3交割制度，即在委托买卖后（含委托日）的第四个交易日进行交割。证券如未成交，则不能办理交割手续。

值得注意的是，投资者应妥善保管好交割单，如有疑义，投资者应及时（一般为成交后3日之内）向证券商进行查询。如果在证券成交后的一定期限内（该期限由各证券商与客户自行约定），投资者不向证券商进行交割，则视为投资者对成交结果的默认。另外，投资者可以要求证券商为其提供一定时期内的历史对账单。

三、股票交易费用

股票交易费用是指投资者在委托买卖股票时应支付的各种税费的总和，交易费用通常包括：交易佣金、交易监管费、交易经手费、过户费、印花税等。

文本：线上开户流程演示（模拟开户程序流程资源）

（一）交易佣金

所谓交易佣金是投资者在委托买卖成交后所需支付给券商的费用。目前，券商一般实行“一费制”，所收佣金中实际包含了交易所费用和印花税。佣金标准为不得高于成交金额的3‰，也不得低于代收的证券交易监管费和证券交易经手费，起点为5元。

(二) 交易监管费

交易监管费是券商向证监会缴纳，由证券交易所代收，按照成交金额的 0.002% 双向收取。

(三) 交易经手费

交易经手费是券商向证券交易所缴纳，按成交金额双向收取 A 股，按成交金额的 0.0487‰双向收取；B 股，按成交额 0.0487‰双向收取；基金，上海证券交易所按成交额双边收取 0.045‰，深圳证券交易所按成交额 0.0487‰双向收取。

(四) 过户费

过户费是指股票成交后，更换户名所需支付的费用。根据中国证券登记结算有限责任公司的发文《中国结算关于降低股票交易过户费收费标准的通知》，自 2022 年 4 月 29 日起，统一下调为按照成交金额 0.01‰双向收取。

(五) 印花税

印花税是专门针对股票交易发生额征收的、在投资者买卖成交后支付给税务部门的税种。自 2008 年 9 月 19 日起，证券交易印花税改为单边征收，买卖上海证券交易所的股票及深圳证券交易所的股票均由卖方按实际成交金额的 1‰支付，此税收由券商代扣后由交易所代缴。

任务二 研读大盘行情数据

一、股票价格指数

股价指数是衡量股票市场总体价格水平及其变动趋势的尺度，也是反映一个国家或地区政治、经济发展状态的信号。股票价格指数是将计算期的股价或市值与某一基期的股价或市值相比较的相对变化指数，用以反映市场股票价格的相对水平。

(一) 股票价格指数的编制步骤

第一步，选择样本股。样本股的选择主要考虑两条标准：一是样本股的市价总值要占在交易所上市的全部股票市价总值的大部分；二是样本股票价格变动趋势必须能反映股票市场价格变动的总趋势。如果选择全体股票作为样本，一般称为综合指数，如果选择部分股票作为样本股，一般被称为成分指数。

第二步，选定基期，并以一定方法计算基期平均股价或市值。

第三步，计算计算期平均股价或市值，并作必要的修正。

第四步，指数化。如果计算股价指数，需要将计算期的平均股价或市值转化为指数值，即将基期平均股价或市值定为某一常数（通常为100、1 000或10），并据此计算计算期股价的指数。

（二）股票价格平均数

1. 简单算术股价平均数

简单算术股价平均数是以样本股每日收盘价之和除以样本数。

$$P^I = \frac{\sum_{i=1}^{n} P_{1i}}{\sum_{i=1}^{n} P_{0i}} \times 100$$

式中：P 为平均股价；P_i 为各样本股收盘价。

简单算术股价平均数的优点是计算简便，但也存在两个缺点：①发生样本股送配股、拆股和更换时会使股价平均数失去真实性、连续性和时间数列上的可比性；②在计算时没有考虑权数，即忽略了发行量或成交量不同的股票对股票市场有不同影响这一重要因素。

2. 加权股价平均数

加权股价平均数也称加权平均股价，是将各样本股票的发行量或成交量作为权数计算出来的股价平均数。

（三）股票价格指数

股价指数的编制方法有加权股价指数和简单算术股价指数两类。

1. 简单算术股价指数又有相对法和综合法之分

（1）相对法先计算各样本股的个别指数，再加总求出算术平均数，计算公式如下：

$$P^I = \frac{\sum_{i=1}^{n} P_{1i}}{\sum_{i=1}^{n} P_{0i}} \times 100$$

（2）综合法是将样本股票基期价格和计算期价格分别加总，然后再求出股价指数：

$$P^I = \frac{\sum_{i=1}^{n} P_{1i}}{\sum_{i=1}^{n} P_{0i}} \times 100$$

式中：P 为平均股价；P_i 为各样本股收盘价。

简单算术股价指数的优点是计算简便，但也存在两个缺点：第一，发生样本股送配股、拆股和更换时会使股价平均数失去真实性、连续性和时间数列上的可比性；第二，在计算时没有考虑权数，即忽略了发行量或成交量不同的股票对股票市场有不同影响这一重要因素。

2. 加权股价指数是以样本股票发行量或成交量为权数加以计算，又有基期加权、计算期加权和几何加权之分。

（1）基期加权股价指数又称拉斯贝尔加权指数（Laspeyre Index）采用计算其发行量或成交量作为权数，计算公式如下：

$$P^I = \frac{\sum_{i=1}^{n} P_{1i}Q_{0i}}{\sum_{i=1}^{n} P_{0i}Q_{0i}} \times 100$$

式中：P^I 为第 i 种股票基期发行量或成交量。

（2）计算期加权股价指数又称派许加权指数。其适用范围广泛，很多著名股价指数，如标准普尔指数等，都使用这一方法。计算公式为：

$$P^I = \frac{\sum_{i=1}^{n} P_{1i}Q_{1i}}{\sum_{i=1}^{n} P_{0i}Q_{1i}} \times 100$$

式中：P^I 为计算期第 i 种股票的发行量或成交量。

［**例 3－1**］假设某证券市场计算股价指数时包含 4 种股票，报告期价格分别为每股 1 元、1 元、10 元、20 元，基期股价为每股 1 元，基期指数为 100，它们在报告期的发行数量分别为 1 000 股、500 股、100 股、100 股，分别用简单算术平均法（综合法）和加权平均法计算股价指数。

通过计算，可以得知简单算术平均法下股价指数是 800 点，加权法下股价指数是 264 点。以简单算术平均法计算的 800 点为例，800 点的含义是报告期的股票平均价格和基期股票的平均价格相比，上涨了 8 倍。加权法下计算的 264 点的意思是报告期的股票平均价格和基期股票的平均价格相比，上涨了 2. 64 倍。为什么两者相差如此之大，主要原因还是归结于计算的过程，相对比而言简单算术平均法体现的是小盘股的价格，加权法体现的是大盘股的价格。因此，不同的计算方法，对应的股票权重不一样，所以结果也就会有差异。

［**例 3－2**］假设某证券市场计算股价指数时包含 4 种股票，报告期价格分别为每股 10 元、15 元、20 元、25 元，基期股价平均为每股 7 元，基期指数为 100，它们在报告期的权数分别为 250、200、150、100，试用加权平均法计算股价指数。

$$股价指数 = \frac{10 \times 250 + 15 \times 200 + 20 \times 150 + 25 \times 100}{7 \times \ (250 + 200 + 150 + 100)} \times 100 - 225$$

二、我国主要的证券价格指数

（一）中证指数有限公司及其指数

中证指数有限公司成立于 2005 年 8 月 25 日，是由上海证券交易所和深圳证券交易所共同出资发起设立的一家专业从事证券指数及指数衍生产品开发服务的公司。

1. 沪深 300 指数

沪深 300 指数是沪、深证券交易所于 2005 年 4 月 8 日联合发布的反映 A 股市场整体趋势的指数。沪深 300 指数的编制目标是反映中国证券市场股票价格变动的概貌和运行状况，并能够作为投资业绩的评价标准，为指数化投资和指数衍生产品创新提供基础条件。中证指数有限公司成立后，沪、深证券交易所将沪深 300 指数的经营管理及相关权益转移至中证指数有限公司。

沪深 300 指数简称“沪深 300”，成分股数量为 300 只，指数基日为 2004 年 12 月 31 日，基点为 100 点。

2. 中证规模指数

中证规模指数包括中证 100 指数、中证 200 指数、中证 500 指数、中证 700 指数、中证 800 指数和中证流通指数。这些指数与沪深 300 指数共同构成中证规模指数体系。其中，中证 100 指数定位于大盘指数，中证 200 指数为中盘指数，沪深 300 指数为大中盘指数，中证 500 指数为小盘指数，中证 700 指数为中小盘指数，中证 800 指数则由大中小盘指数构成。中证规模指数的计算方法、修正方法、调整方法与沪深 300 指数相同。

（二）上海证券交易所的股份指数

由上海证券交易所编制并发布的上证指数系列是一个包括上证 180 指数、上证 50 指数、上证综合指数、A 股指数、B 股指数、分类指数、债券指数、基金指数等指数系列，其中最早编制的为上证综合指数。

1. 成分指数类

（1）上证成分股指数。上证成分股指数简称上证 180 指数，是上海证券交易所对原上证 30 指数进行调整和更名产生的指数。

上证成分股指数的样本股共有 180 只股票，选择样本的标准是遵行规模（总市值、流通市值），流动性（成交金额、换手率）和行业三项指标，即选取规模较大、流动性较好且具有行业的股票作为样本，建立一个反映上海证券市场的概貌的运行状况、能够作为投资评价尺度及金融衍生产品基础的基准指数。上证成分股指数依据样本稳定性和动态跟踪的原则，每年调整一次成分股，每次调整比例一般不超过 10%，特殊情况下也可能对样本股进行临时调整。

（2）上证 50 指数。2004 年 1 月 2 日，上海证券交易所发布了上证 50 指数。上证 50 指数根据流通市值、成交金额对股票进行综合排名，从上证 180 指数样本中挑选上海证券市场规模大、流动性好的最具的 50 只股票组成样本股，以综合反映上海证券市场最具影响力的一批龙头企业的整体状况。

（3）上证 380 指数。上海证券交易所和中证指数有限公司于 2010 年 1 月 29 日发布上证 380 指数。上证 380 指数样本股的选择主要考虑公司规模、盈利能力、成长性、流动性和新兴行业的代表性，侧重反映在上海证券交易所上市的中小盘股票的市场表现。

（4）科创板指数。是上证科创板 50 成分指数，指数代码为 000688。上证科创板 50 成分指数又称为科创 50，是由 50 只在上海证券交易所科创板上市的市值大、流动性好的证券构成。科创 50 可以反映市场上最具代表性的科技公司，还可以反映科创板的综合表现。

2. 综合指数类

（1）上证综合指数。上海证券交易所从 1991 年 7 月 15 日起编制并公布上海证券交易所股份指数，它以 1990 年 12 月 19 日为基期，以全部上市股票为样本，以股票发行最为权数，按加权平均法计算。

（2）新上证综合指数。新上证综合指数简称新综指，指数代码为 000017，于 2006 年 1 月 4 日首次发布。新综指选择已完成股权分置改革的沪市上市公司组成样本，实施股权分置改革的股票在方案实施后的第 2 个交易日纳入指数。新综指是一个全市场指数，它不仅包括 A 股市值，对于含 B 股的公司，其 B 股市值同样计算在内。

上证综合指数系列还包括 A 股指数、B 股指数及工业类指数、商业指数，地产类指数、公用事业类指数、综合类指数、中型综指、上证流通指数等。

上海证券交易所按全部上市公司的主营范围、投资方向及产出分别计算工业类指数、商业类指数、地产类指数、公用事业类指数和综合类指数。上证工业类指数、商业类指数、地产类指数、公用事业类指数、综合类指数均以 1993 年 4 月 30 日为基期，基期指数设为 1 358.78点，于 1993 年 6 月 1 日正式对外公布。以在上海证券交易所上市的全部工业类股票、商业类股票、地产类股票、公用事业类股票、综合类股票为样本，以全部发行股数为权数进行计算。

上海证券交易所编制和发布的指数还有上证行业指数系列、策略指数系列、上证风格指数系列、上证主题指数系列等。

（三）深圳证券交易所的股价指数

1. 成分指数类

（1）深证成分股指数。深证成分股指数由深圳证券交易所编制，通过对所有在深圳证券交易所上市的公司进行考察，按一定标准选出 40 家有代表性的上市公司作为成分股，以成分股的可流通股数为权数，采用加权平均法编制而成。

（2）深证 100 指数。深圳证券信息有限公司于 2003 年年初发布深证 100 指数。深证 100 指数成分股的选取主要考察 A 股上市公司流通市值和成交金额两项指标，从在深圳证券交易所上市的股票中选取 100 只 A 股作为成分股，以成分股的可流通 A 股数为权数，采用综合法编制。根据市场动态跟踪和成分股稳定性原则，深证 100 指数将每半年调整一次成分股。

2. 综合指数类

（1）深证综合指数。以在深圳证券交易所主板、中小板、创业板上市的全部股票为样本股。深证系列综合指数均为派式加权股价指数，即以指数样本股计算日股份数作为权数进行加权逐日连锁计算。

（2）深证 A 股指数。深证 A 股指数以在深圳证券交易所主板、中小板、创业板上市的全部 A 股为样本股，以样本股发行总股本为权数，进行加权逐日连锁计算。

（3）深证 B 股指数。深证 B 股指数以在深圳证券交易所上市的全部 B 股为样本，以样本股发行总股本为权数，进行加权逐日连锁计算。

（4）行业分类指数。以在深圳证券交易所主板、中小板、创业板上市的按行业进行划分的股票为样本。行业分类指数依据《上市公司行业分类指引》中的门类划分，编制 13 个门类指数；依据制造业门类下的大类划分，编制 9 个大类指数，共有 22 条行业分类指数。行业分类指数以样本股发行总股本为权数，进行加权逐日连锁计算。

（5）中小板综合指数。以在深圳证券交易所中小企事业板上市的全部股票为样本。中小企业板指数权可流通股本数为权数，进行加权逐日连锁计算。中小板综合指数以 2005 年 6 月 7 日为基日，基日指数为 1 000 点，于 2005 年 12 月 1 日发布。

（6）创业板综合指数。以在深圳证券交易所企业板上市的全部股票为样本。创业板指数以可流通股本数为权数，进行加权逐日连锁计算。创业板综合指数以 2010 年 5 月 31 日为基日，基日指数为 1 000 点，于 2010 年 8 月 20 日发布。

（7）深证新指数。以在深圳证券交易所主板、中小板、企业板上市的正常交易的且已完成股改的 A 股为样本股。深证新指数以可流通股本数为权数，进行加权逐日连锁计算。

三、国际主要股票市场及其价格指数

（一）道·琼斯工业股价平均数

1884 年 7 月 3 日，道·琼斯公司的创始人查尔斯·亨利·道和爱德华·琼斯根据当时美国有代表性的 11 种股票编制股票价格平均数。现在人们所说的道·琼斯指数实际上是一组股价平均数，包括 5 组指标。

1. 工业股价平均数

30 家著名大工商业公司股票为编制对象。平时所说的道·琼斯指数就是指道·琼斯工业股价平均数。

2. 运输业股价平均数

20 家具有代表性的运输公司股票为编制对象的运输业股价平均数。

3. 公用事业股价平均数

15 家具有代表性的公用事业大公司股票为编制对象的公用事业股价平均数。

4. 股价综合平均数

以上述 65 家公司股票为编制对象的股价综合平均数。

5. 道·琼斯公正市价指数

以 700 种不同规模或实力的公司股票作为编制对象的道·琼斯公正市价指数。

道·琼斯股价平均数以 1928 年 10 月 1 日为基期，基期指数为 100。1928 年起采用除数修正的简单平均数，使平均数能连续、真实地反映股价变动情况。

（二）金融时报证券交易所指数（FTSE100 指数）

金融时报证券交易所指数（也译为“富时指数”）是英国最具权威性的股价指数。这一指数包括三种：金融时报工业股票指数；100 种股票交易指数；综合精算股票指数。

（三）日经 225 股价指数

日经 225 股价指数是日本经济新闻社编制和公布的反映日本股票市场价格变动的股价指数。分成两组：日经 225 种股价指数；日经 500 种股价指数。

（四）NASDAQ 市场及其指数

NASDAQ 的中文全称是全美证券交易商自动报价系统。NASDAQ 综合指数是以在 NASDAQ 市场上市的、所有本国和外国的上市公司的普通股为基础计算的。该指数按每个公司的市场价值来设权重，这意味着每个公司对指数的影响是由其市场价值决定的。

四、大盘分时走势图

分时走势图也叫即时走势图，它是把股票市场的交易信息实时地用曲线在座标图上加以显示的技术图形。坐标的横轴是开市的时间，纵轴的上半部分是股价或指数，下半部分显示的是成交量。分时走势图是股市现场交易的即时资料。分时走势图分为指数分时走势图和个股分时走势图。

1. 上证综合指数和上证领先指数

在大盘分时走势图中，有白色和黄色曲线。白色曲线表示上证交易所对外公布的通常意义下的大盘指数，是上证综合指数，也就是加权数。黄色曲线是不考虑上市股票发行数量的多少，将所有股票对上证指数的影响等同对待的不含加权数的大盘指数，黄色曲线又叫作上证领先指数。

文本：大盘走势图

参考白色曲线和黄色曲线的相对位置关系，可以得到信息：当指数上涨，黄色曲线在白色曲线走势之上时，表示发行数量少（盘小）的股票涨幅较大；而当黄色曲线在白色曲线走势之下，则表示发行数量多（盘大）的股票涨幅较大。当指数下跌时，如果黄色曲线仍然在白色曲线之上，这表示小盘股的跌幅小于大盘股的跌幅；如果白色曲线反居黄色曲线之上，则说明小盘股的跌幅大于大盘股的跌幅。

2. 柱线

在大盘分时走势图中，有红色的柱线和绿色的柱线。大盘红色、绿色的柱线反映当前大盘所有股票的买盘与卖盘的数量对比情况。红柱增长，表示买盘大于卖盘，指数将逐渐上涨；红柱缩短，表示卖盘大于买盘，指数将逐渐下跌。绿柱增长，指数下跌量增加；绿柱缩短，指数下跌量减小。

黄色柱线表示每分钟的成交量，单位为手（100 股/手）。

3. 行情数据指标

主要有以下行情数据指标

最新指数：最新的大盘指数

今日开盘：开盘时的大盘指数

昨日收盘：昨日收盘时的大盘指数

指数涨跌 = 最新 - 昨收

指数涨幅 = 涨跌/昨收，代表了大盘的收益，为正则为盈利，为负则为亏损。

总成交量：从开盘到现在的总成交额

最高指数：从开盘到现在的最高大盘指数

最低指数：从开盘到现在的最低大盘指数

指数振幅 = （最高 - 最低）/昨收，代表了大盘的风险，大盘波动越大，振幅越大，风险就越大，相反，振幅越小，风险越小。

上涨家数：所有上市公司的上涨家数

下跌家数：所有上市公司的下跌家数

任务三
研读个股行情数据

个股行情数据的研读，主要包括个股分时走势图和 K 线图的研读。

一、个股分时走势图

文本：个股分时走势图

（一）分时价格线和平均价格线

在个股的分时走势图中，有白色和黄色两条曲线。白色曲线表示该种股票的分时成交价格。黄色曲线表示该种股票的平均价格。黄色柱线表示每分钟的成交量，单位为手（100 股/手）。中间的黄色曲线就是“均价”，均价反映的所有买卖这只股票的人、包括机构、庄家、大户、小散的当天成本价。白色的股价在黄线之上时，越高越是卖点；相反，白色的股价线在黄色均价线下方时，越低越是买点。

（二）相关指标的解读

（1）证券代码是证券交易中用来表示上市交易股票名称的代码。以 6 位数字表示，上海 A 股是以 6 开头，B 股以 9 开头。深证 A 股以 0 开头，B 股以 2 开头，创业板以 3 开头，科创板以 688 开头。

（2）名称：一般是股票的简称，一般是由 3 到 4 个中文字组成。

（3）涨幅 = 涨跌/昨收 ×100%。

（4）现价：最近一次成交时的价格。

（5）总手：当前交易日从开盘到最近一次成交为止累计的总成交量，一手为 100 股。

（6）现手：与现价相对应，是指当前交易日最近一次成交时的成交量。

（7）昨收：前一个交易日的收盘价。

（8）开盘：当前交易日的第一笔成交价。

（9）最高：当前交易日从开盘到最近一次成交为止，股票所达到的最高成交价格。

（10）最低：当前交易日从开盘到最近一次成交为止，股票所达到的最低成交价格。

（三）委买和委卖

买一到买五为五种委托买入价格，其中买一为最高申买价格。卖一到卖五为五种委托卖出价格，其中卖一为最低申卖价格。委买手数：是指买一到买五所有委托买入手数相加的总和。委卖手数：是指卖一到卖五所有委托卖出手数相加的总和。其中，委买手数代表了需求，委卖手数代表了供给。

委买（卖）手数 = 买（卖）1 + 买（卖）2 + …… + 买（卖）5

（四）委比和委差

根据以上分析，我们可以通过委差和委比来预测未来股票市场的走势。衡量一段时间内买盘、卖盘强弱当委差和委比为正值时，表示买方的力量比卖方强，股价上涨的几率大；当委差和委比为负值的时候，表示卖方的力量比买方强，股价下跌的几率大。

委差 = 委买 − 委卖

委比 =（委买 − 委卖）/（委买 + 委卖）×100%

（五）内盘和外盘

外盘：成交价是卖出价时成交的手数总和称为外盘。

内盘：成交价是买入价时成交的手数总和称为内盘。

当外盘累计数量比内盘累计数量大很多，而股价也在上涨时，表明很多人在抢盘买入股票。当内盘累计数量比外盘累计数量大很多，而股价下跌时，表示很多人在抛售股票。通过外盘和内盘的计算指标可以看出，两种指标分别代表了真实的需求和供给，能够更真切地刻画出股票未来的走势。

（六）量比

量比是衡量相对成交量的指标，是开市后每分钟成交量与过去5个交易日每分钟成交量之比。比值大于1，表示这个时刻的成交总手量已经放大。

量比＝开市后平均每分钟成交量/过去5日平均每分钟成交量

当量比为0.8～1.5倍，则说明成交量处于正常水平；量比为1.5～2.5倍则为温和放量，如果股价也处于温和缓升状态，则升势相对健康，可继续持股；量比为2.5～5倍，则为明显放量；量比为5～10倍，则为剧烈放量。

（七）换手率

换手率＝总手/流通盘大小×100%

换手率也称周转率，指在一定时间内市场中股票转手买卖的频率，是反映股票流通性强弱的指标之一。

（八）市盈率

市盈率（简称P/E）是指股票市场价格与每股收益的比率。市盈率计算公式：

市盈率＝股票市场价格/每股收益

市盈率的含义是在每股盈利不变的情况下，投资者取回本金要多少年。市盈率高，回报期长，投资收益率低，投资价值小；市盈率低，回报期短，投资收益率高，投资价值大。市盈率包括静态市盈率，动态市盈率和TTM市盈率三种。

静态市盈率是市场价格除以上一年度每股盈利计算的市盈率；动态市盈率是市场价格除以未来一年预测的每股盈利计算的市盈率，TTM市盈率又称为滚动市盈率，是价格除以最近四个季度每股盈利计算的市盈率。

（九）涨跌停

涨停价格是指股票本交易日可以上涨到的最高价格。跌停价格是指股票本交易日可以下跌到的最低价格。按照现有规定，主板市场股票涨跌停幅度为10%，ST和*ST股涨跌停为5%，创业板和科创板涨跌停为20%，新股上市前五个交易日没有涨跌停限制。

二、K线图解读

（一）K线的画法

K线图最早是日本德川幕府时代大阪的米商用来记录当时一天、一周或一月中米价涨跌行情的图示法，后被引入股市。K线图有直观、立体感强、携带信息量大的特点，蕴涵着丰富的东方哲学思想，能充分显示股价趋势的强弱、买卖双方力量平衡的变化，预测后市走向较准确，是各类传播媒介、电脑实时分析系统应用较多的技术分析手段。其记录方法见图 3－1。

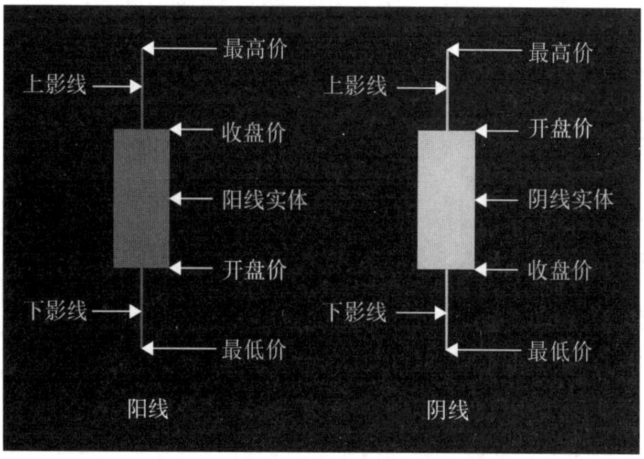

图 3－1　K 线图

日 K 线是根据股价（指数）一天的走势中形成的四个价位即开盘价、收盘价、最高价、最低价绘制而成的。

收盘价高于开盘价时，则开盘价在下收盘价在上，二者之间的长方柱用红色或空心绘出，称之为阳线；其上影线的最高点为最高价，下影线的最低点为最低价。

收盘价低于开盘价时，则开盘价在上收盘价在下，二者之间的长方柱用黑色或实心绘出，称之为阴线，其上影线的最高点为最高价，下影线的最低点为最低价。

（二）K 线的分类

1. 根据 K 线的计算周期，可将其分为日 K 线、周 K 线、月 K 线、年 K 线

周 K 线是指以周一的开盘价，周五的收盘价，全周最高价和全周最低价来画的 K 线图。月 K 线则以一个月的第一个交易日的开盘价，最后一个交易日的收盘价和全月最高价与全月最低价来画的 K 线图，同理可以推得年 K 线定义。周 K 线，月 K 线常用于研判中期行情。对于短线操作者来说，众多分析软件提供的 5 分钟 K 线、15 分钟 K 线、30 分钟 K 线和 60 分钟 K 线也具有重要的参考价值。

2. 根据开盘价与收盘价的波动范围，可将 K 线分为极阴、极阳，小阴、小阳，中阴中阳和大阴、大阳等线型

它们一般的波动范围见图 3－2。

极阴线和极阳线的波动范围在 0.5% 左右；小阴线和小阳线的波动范围一般在 0.6% ~ 1.5%；中阴线和中阳线的波动范围一般在 1.6% ~3.5%；大阴线和大阳线的波动范围在 3.6% 以上。

（三）K 线的含义

下面以带有成交量的分时走势图，分别说明数种典型的单个日 K 线图的形成过程和不同含义。分时走势图记录了股价的全天走势，不同的走势形成了不同种类的 K 线，而同一种 K 线却因股价走势不同而各具不同的含义。K 线含义如下：①“一看阴阳”，阴阳代表趋

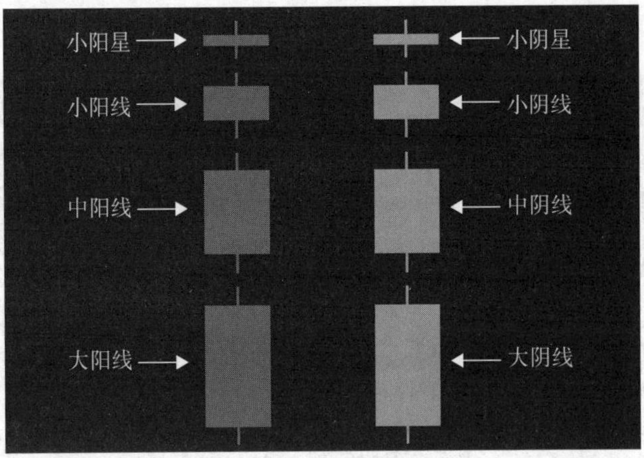

图 3－2 K 线波动范围

势方向。阳线预示继续上涨、阴线预示继续下跌。②“二看实体大小”，实体大小代表内在动力，实体越大，上涨或下跌的趋势越明显。③“三看影线长短”：影线代表转折信号，向一个方向的影线越长，越不利于股价向此方向变动。即上影线越长，越不利于股价上涨，下影线越长，越不利于股价下跌。

1. 小阳星（见图 3－3）

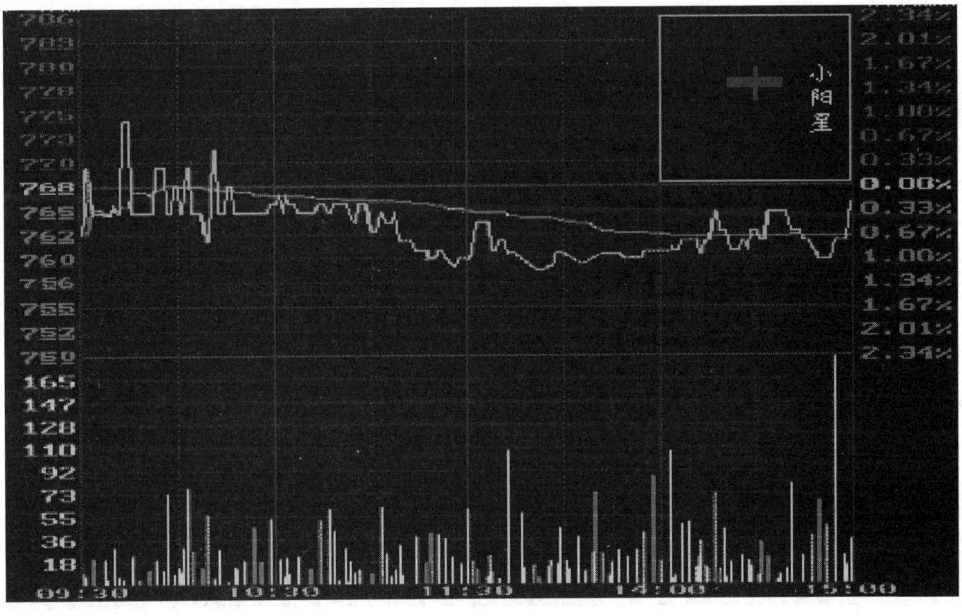

图 3－3 小阳星

全日中股价波动很小，开盘价与收盘价极其接近，收盘价略高于开盘价。小阳星的出现，表明行情正处于混乱不明的阶段，后市的涨跌无法预测，此时要根据其前期 K 线组合的形状以及当时所处的价位区域综合判断。

2. 小阴星（见图 3－4）

小阴星的分时走势图与小阳星相似，只是收盘价格略低于开盘价格。表明行情疲软，发展方向不明。

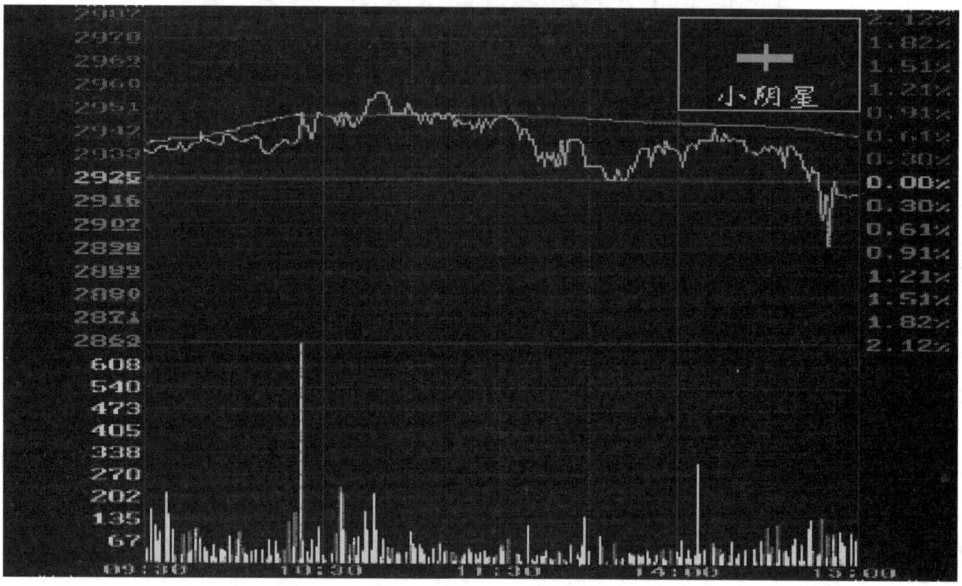

图 3－4　小阴星

3. 小阳线（见图 3－5）

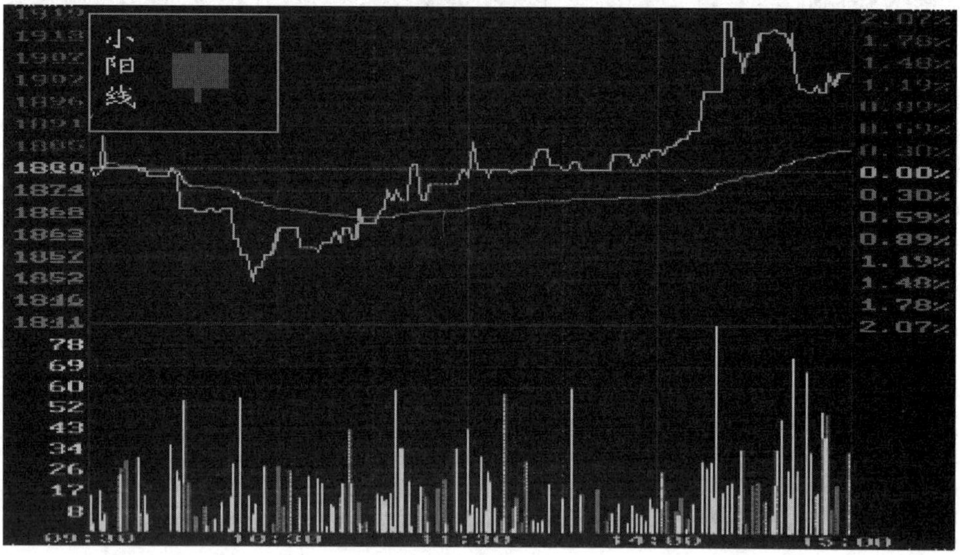

图 3－5　小阳线

其波动范围较小阳星增大，多头稍占上风，但上攻乏力，表明行情发展扑朔迷离。

4. 下影阳线（见图 3－6）

它的出现，表明多空交战中多方的攻击沉稳有力，股价先跌后涨，行情有进一步上涨的潜力。

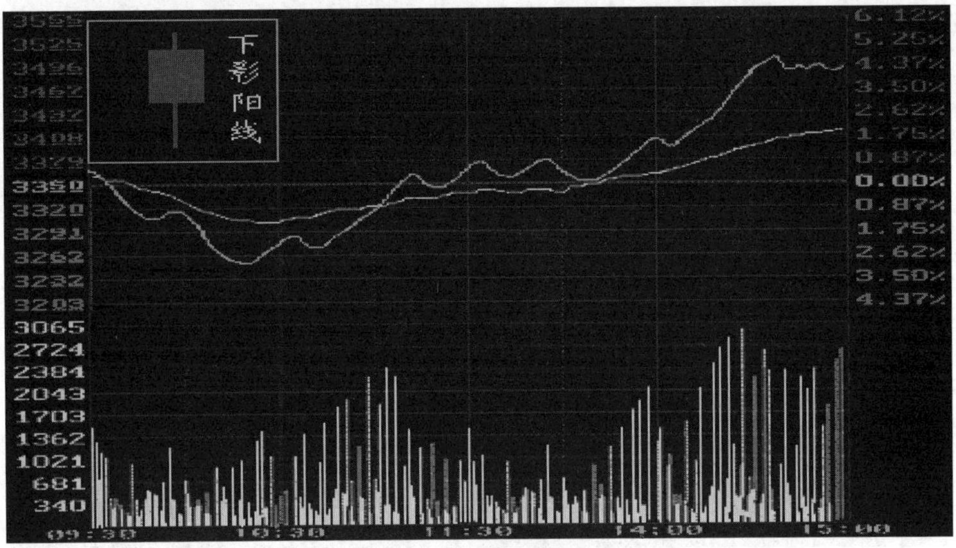

图 3-6　下影阳线

5. 上影阳线（见图 3-7）

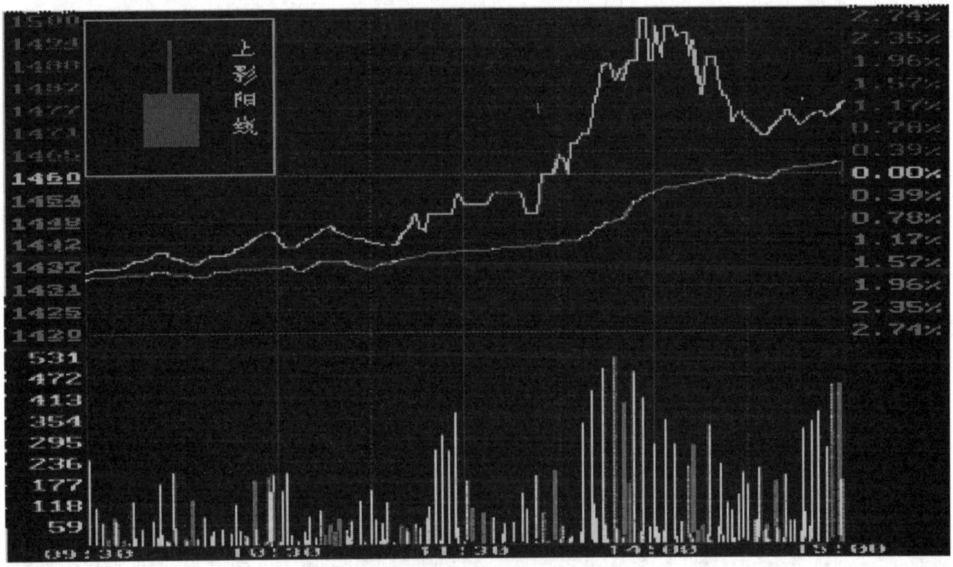

图 3-7　上影阳线

表示多方上攻受阻回落，上挡抛盘较重。能否继续上升局势尚不明朗。

6. 穿头破脚阳线

股价走出如图 3-8 所示的图形说明多方已占据优势，并出现逐波上攻行情，股价在成交量的配合下稳步升高，预示后市看涨。

同样为穿头破脚阳线，股价走势若表现出在全日多数时间内横盘或者盘跌而尾市突然拉高时，预示次日可能跳空高开后低走。

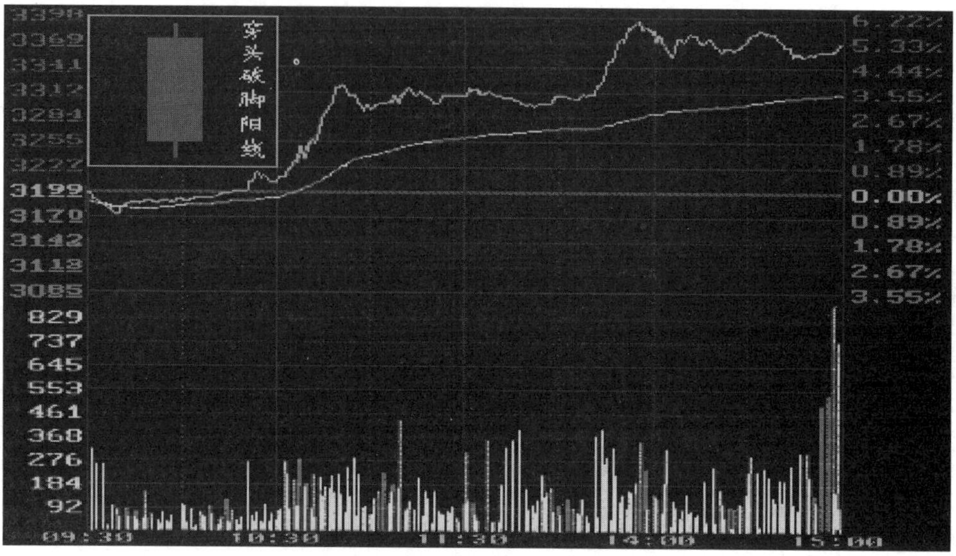

图 3-8　穿头破脚阳线 1

还有一种情况，股价走势若表现为全日宽幅振荡尾市放量拉升收阳时，可能是当日主力通过振荡洗盘驱赶坐轿客，然后轻松拉高，后市可能继续看涨（见图 3-9）。

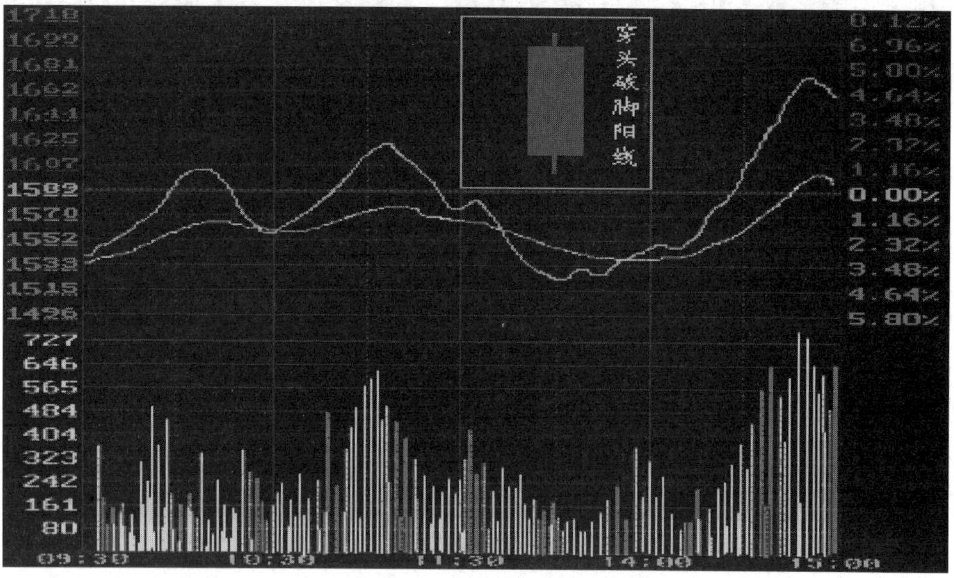

图 3-9　穿头破脚阳线 2

7. 光头阳线（见图 3-10）

光头阳线若出现在低价位区域，在分时走势图上表现为股价探底后逐浪走高且成交量同时放大，预示为一轮上升行情的开始。如果出现在上升行情途中，表明后市继续看好。

8. 光脚阳线（见图 3-11）

表示上升势头很强，但在高价位处多空双方有分歧，购买时应谨慎。

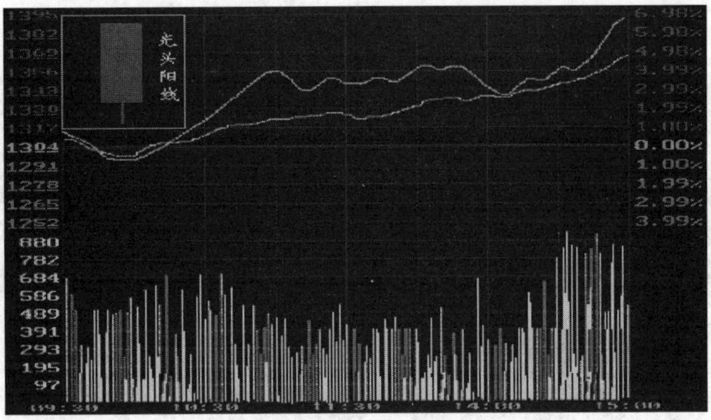

图 3－10　光头阳线

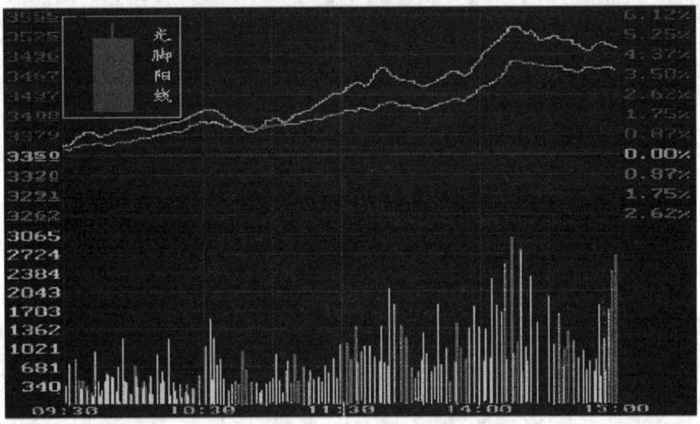

图 3－11　光脚阳线

9. 光头光脚阳线（见图 3－12）

表明多方已经牢固控制盘面，逐浪上攻，步步逼空，涨势强烈。

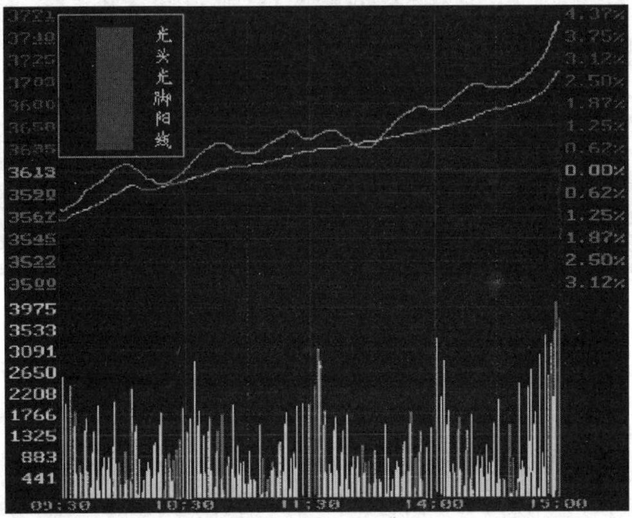

图 3－12　光头光脚阳线

10. 光头阴线（见图 3-13）

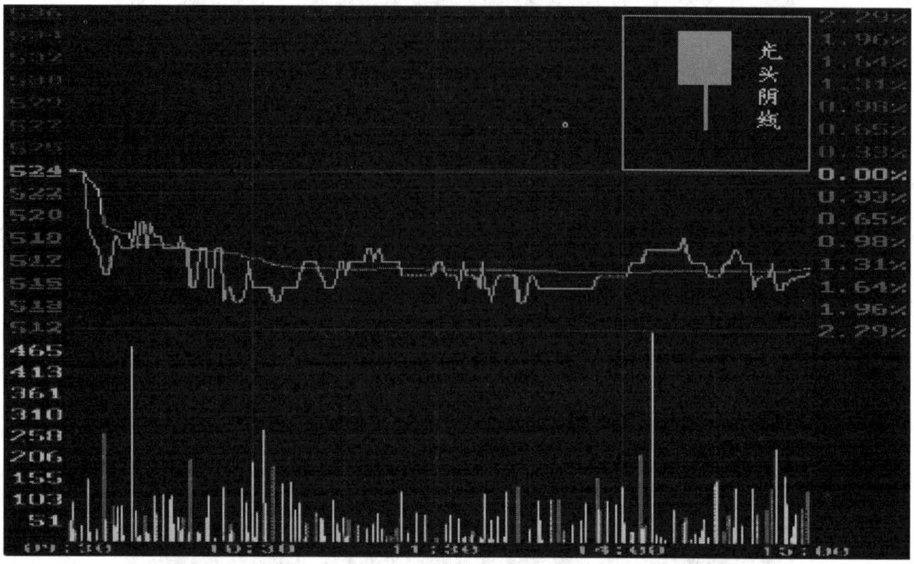

图 3-13　光头阴线

11. 下影十字星、下影阴线、T 形线（见图 3-14）

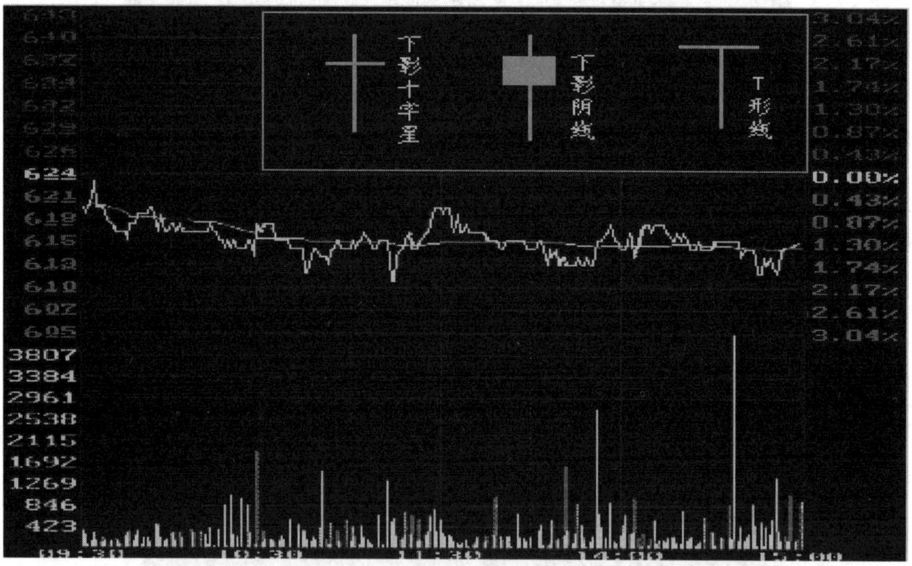

图 3-14　下影十字星、下影阴线、T 形线

这三种线型中的任何一种出现在低价位区时，都说明下档承接力较强，股价有反弹的可能。

12. 上影阴线、倒 T 形线（见图 3-15）

这两种线型中的任何一种出现在高价位区时，说明上档抛压严重，行情疲软，股价有反转下跌的可能；如果出现在中价位区的上升途中，则表明后市仍有上升空间。

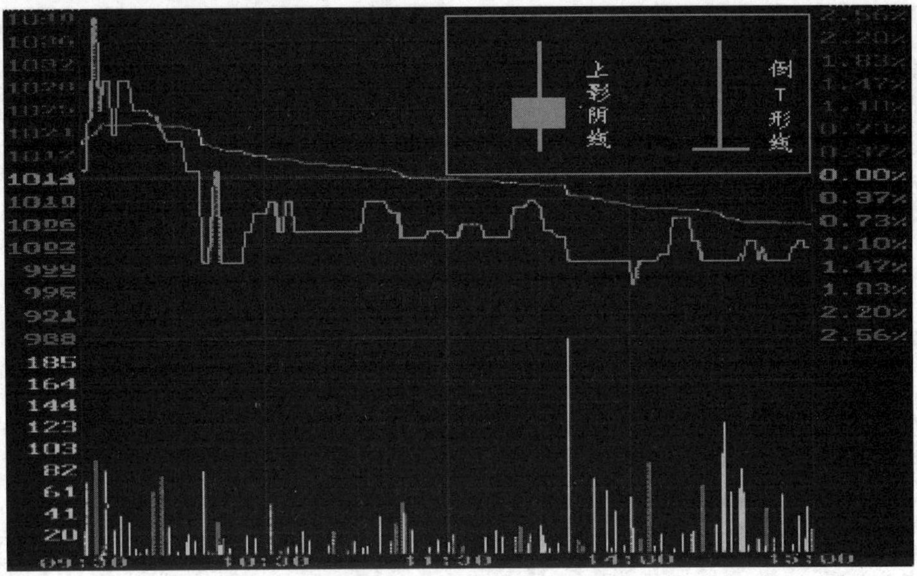

图 3－15　上影阴线、倒 T 形线

13. 十字星（见图 3－16）

这种线型常称为变盘十字星，无论出现在高价位区或低价位区，都可视为顶部或底部信号，预示大势即将改变原来的走向。

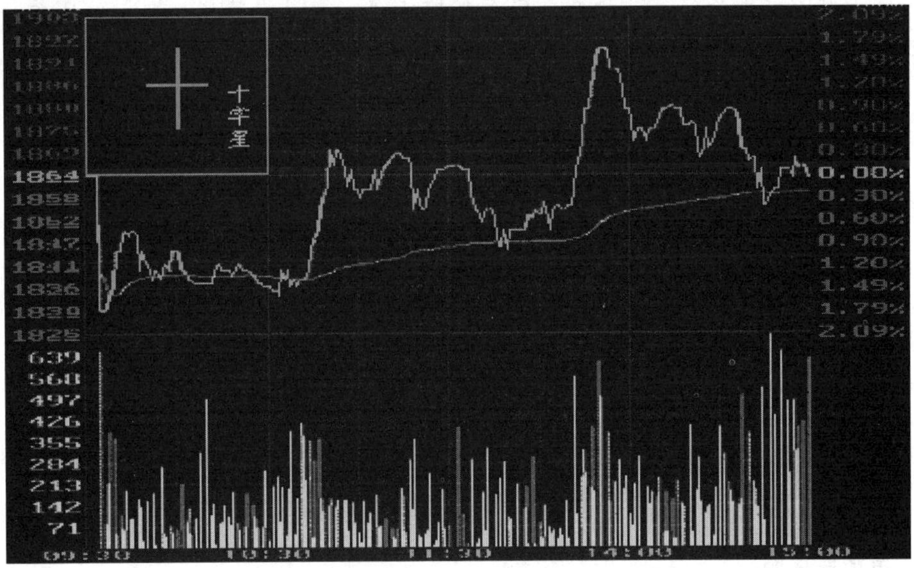

图 3－16　十字星

14. 光头光脚阴线（见图 3－17）

股价横盘一日，尾盘突然放量下攻，表明空方在一日交战中最终占据了主导优势，次日低开的可能性较大。如果股价走出如图所示的逐波下跌的行情，这说明空方已占尽优势，多方无力抵抗，股价被逐步打低，后市看淡。

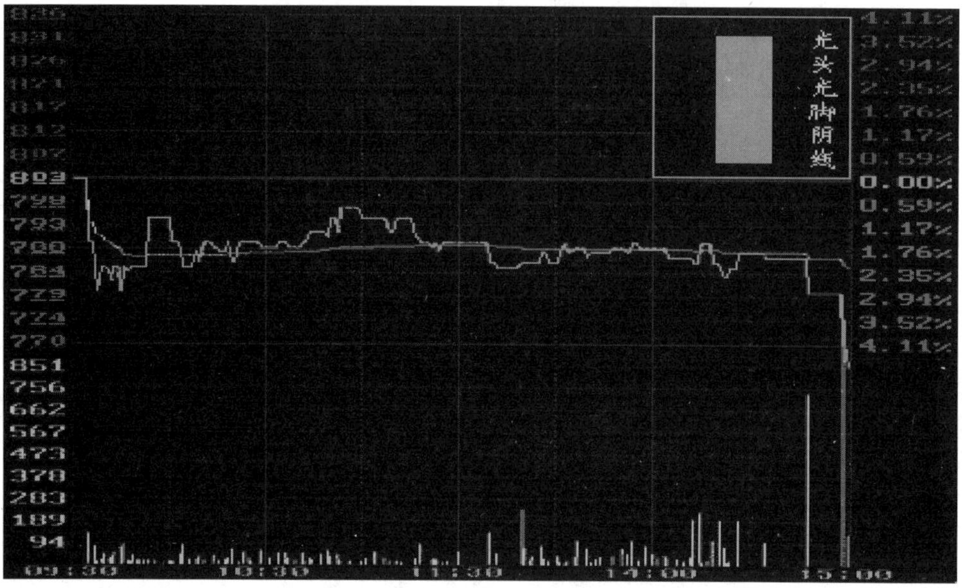

图 3－17　光头光脚阴线

项目小结

1. “第三方存管业务”是指委存管银行按照法律、法规的要求，负责客户资金的存取与资金交收，证券交易操作保持不变。证券公司客户证券交易结算资金交由银行存管。

2. 理解 K 线的含义：

“一看阴阳”，阴阳代表趋势方向；

“二看实体大小”，实体大小代表内在动力；

“三看影线长短”，影线代表转折信号。

3. 分时走势图也叫即时走势图，它是把股票市场的交易信息实时地用曲线在座标图上加以显示的技术图形。坐标的横轴是开市的时间，纵轴的上半部分是股价或指数，下半部分显示的是成交量。分时走势图是股市现场交易的即时资料。分时走势图分为指数分时走势图和个股分时走势图。

项目检测

一、单项选择题

1. (　　) K 线的上涨可能性最大。

A. 光头光脚阳线　　B. 上影阳线　　C. 下影阳线　　D. 小阳线

2. (　　) 是指委托存管银行按照法律、法规的要求，负责客户资金的存取与资金交收，证券交易操作保持不变。证券公司客户证券交易结算资金交由银行存管。

A. 集合竞价制度　　B. 连续竞价制度　　C. 第三方存管制度　　D. 风险揭示制度

3. 大盘分时走势图的白色的线代表（　　）。

A. 上证综合指数　　B. 上证领先指数　　C. 上证成分指数　　D. 以上都不对

4. 以下哪个指标是买一到买五的购买数量之和（　　）。

A. 买盘　　B. 卖盘　　C. 委买手数　　D. 委卖手数

5. 成交价是卖出价时成交的手数总和称为（　　）。

A. 内盘　　B. 外盘　　C. 买盘　　D. 卖盘

6. 股票交割一般采用（　　）制度。

A. T+0　　B. T+1　　C. T+2　　D. T+3

7. 我国目前实行涨跌停制度，科创板和创业板股票一般涨跌停幅度为（　　）。

A. 10%　　B. 20%　　C. 15%　　D. 30%

8. 上海主板市场证券交易中，一手股票代表了（　　）。

A. 1 股　　B. 10 股　　C. 100 股　　D. 200 股

9. 某股票刚开盘就出现了涨停，那么此时 K 线的走势为（　　）。

A. 一字线　　B. 十字星　　C. T 字线　　D. 上影 K 线

10. 某股票今年的每股收益为 0.1 元，市盈率为 10 倍，那么此时的股价为（　　）。

A. 100 元　　B. 10 元　　C. 1 元　　D. 1 000 元

二、多项选择题

1. 交易所交易原则为（　　）。

A. 时间优先　　B. 价格优先　　C. 数量优先　　D. 会员优先

E. 行业优先

2. 以下属于个股行情数据的有（　　）。

A. 周转率　　B. 委买手数　　C. 外盘　　D. 内盘

E. 上证领先指数

3. 符合集合竞价原则的是（　　）。

A. 成交量最大　　B. 数量优先　　C. 价格优先　　D. 时间优先

E. 价格最低

4. 以下属于大盘行情数据的是（　　）。

A. 上涨家数　　B. 下跌家数　　C. 内盘　　D. 外盘

E. 上证领先指数

5. 科创板某股票上个交易日的收盘价是 10 元，本交易日的有效申报价格为（　　）。

A. 11 元　　B. 12 元　　C. 13 元　　D. 9 元

E. 8 元

三、判断题

1. 开盘价都是由连续竞价形成的　　（　　）

2. 道·琼斯指数是采用加权平均法计算的。　　（　　）

3. 内盘越大代表个股未来下跌的可能性越大。　　（　　）

4. ST 股票的涨跌幅度为 10%。　　（　　）

5. 科创板由于在上海证券交易所，所以股票一手是100股。 (　　)

四、简答题

1. 简述K线的含义。
2. 简述股票开户和交易的流程。
3. 简述集合竞价和连续竞价的原则。
4. 简述动态市盈率和静态市盈率的区别。
5. 简述分时走势图有哪些指标。

实训项目

实训一

【目的】绘制K线图。

【资料】

单位：元

价格	星期一	星期二	星期三	星期四	星期五
开盘价	21.63	21.70	21.62	21.98	21.68
最高价	22.09	21.85	22.08	21.99	21.70
最低价	21.60	21.55	21.56	21.65	21.36
收盘价	21.70	21.62	21.90	21.67	21.44

【要求】请根据以上表格完成K线图的绘制。

实训二

【目的】计算股票的价格指数。

【资料】假设某证券市场计算股价指数时包含4种股票，报告期价格分别为每股10元、15元、20元、25元，基期股价平均为每股7元，基期指数为100，它们在报告期的权数分别为250、200、150、100。

【要求】请根据以上资料用加权平均法计算股价指数。

实训三　行情软件的使用和操作

【目的】熟悉行情软件的应用

【资料】

1. 行情软件下载

要求：从网络上下载同花顺软件，并安装。

标准：从同花顺官方网站上下载2010标准版，安装并注册。

2. 熟悉行情软件相关操作

【要求】请熟悉操作同花顺软件，并下载另一款行情软件，如大智慧，比较两款软件的异同，学会用帮助菜单来熟悉相关软件。

实训四 大盘行情研读

【目的】研读大盘分时走势图

【资料】请在同花顺软件中调出上证综指的分时走势，分析以下指标：①委比；②量比；③现手；④总手；⑤换手；⑥市净率；⑦昨收；⑧涨跌；⑨涨幅；⑩最高、最低、开盘、最新；⑪振幅；⑫上涨家数、下跌家数、平盘家数。

【要求】

1. 列出两个指数当天的开盘，收盘，最高和最低价位。

2. 分析白线和黄线的关系，分析当天大盘股和小盘股的总体走势。

3. 列出当天两个指数的委比和量比值，并列出计算过程加以分析。

4. 预测下一个交易日的走势。

实训五 个股行情研读

【目的】个股分时走势图解读

【资料】

主要分析指标有：代码、名称、涨幅、现价、总手、现手、昨收、开盘、最高、最低、市净率。

特殊分析指标有：振幅、外盘与内盘、委比、换手、涨跌停。

【要求】

1. 查询该股的股东人数及人均流通股数，并分析与股价变动的关系。

2. 公司所属行业，主营业务。

3. 公司的股本构成概况。

实训六 模拟炒股

【目的】利用同花顺软件的模拟炒股功能进行模拟操盘

【要求】

1. 解读完成当天的中国石油的收盘行情，预测下一交易日的价格走势。

2. 以今天中国银行股票为例，解读一下与该股票相关的各个指标的内涵。

3. 选定一只股票，利用相关指标。

实训七 证券经纪营销业务实训

【目的】

1. 学生明白如何寻找准客户，做好拜访前的准备工作，电话预约客户，与客户进行面对面交流。

2. 对自己公司证券类产品进行展示、说明，促成客户签约。

3. 妥善处理客户异议，特别是机构客户，拓展营销渠道。

4. 检测并提高实际应变能力、缩短将来入职磨合期。

5. 熟练运用营销礼仪。

【要求】

1. 营销礼仪训练。掌握电话礼仪、面谈礼仪，在实际情境中练习。

2. 模拟电话营销，分组进行，每组选两人作为客户经理对另一组两个“客户”进行电话营销，然后互换角色。由老师和“客户”进行点评。完毕后每人写出电话营销注意事项。(每组两次，即角色互换)

3. 模拟开户营销，分组进行，每组自由选出选手作为客户经理团队（至少两人）或客户。进行当场演练。由“客户”以及老师临时点出的学生对客户经理的表现进行点评。点评包括：面对该客户时经理客户的感受是什么？旁观者的感受是什么？该投资顾问团队的配合存在哪些问题以及可取之处？完毕后每人当场完成“客户喜欢/讨厌什么样的客户经理”。(每组一次)

4. 模拟开户（客户准备开户后所做的工作）

目标：学生熟悉开户流程并解答客户所提问题；强化电话拜访注意事项。

训前准备：开户流程以及开户注意事项。

实训方法：客户营销成功，面临开户，再次进行电话拜访，对开户事宜予以落实并对开户流程进行讲解，同时约客户来办理开户时间。分组进行，每组一次。完毕后当场完成开户流程。

4 项目四 掌握基本分析

项目四 PPT

学习目标

知识目标

1. 了解基本分析的概念。
2. 了解宏观经济分析的意义和相关指标等。
3. 掌握行业分析的各种方法。
4. 掌握公司分析的各种指标。

技能目标

1. 能够运用宏观经济分析方法判断经济运行趋势。
2. 能够运用行业分析方法分析行业前景或者区域优势。
3. 能够公司财务分析方法对公司未来的盈利能力、偿债能力等进行判断。
4. 能够综合运用基本分析各类方法做出理性的投资分析。

案例导入

贵州茅台市值突破 3 万亿元

2018 年 1 月 15 日，贵州茅台市值首度突破 1 万亿元大关，成功跻身 A 股市场万亿市值行列中。

2020 年 7 月 6 日，贵州茅台市值突破 2 万亿元大关。

可以看出，随着股价越来越高，贵州茅台市值的增长也在加速。1 万亿元到 2 万亿元的跨越历时近 2 年半，2 万亿元到 3 万亿元的跨越仅仅用了 7 个月的时间。

毫无疑问，作为 A 股股王，贵州茅台股价的加速上涨离不开各路机构的看好和增持。

安信策略统计，在四季度机构集中持股背景下，2020 年第四季度白酒股依然是各大主动型基金的宠儿，贵州茅台和五粮液分别为第一、第二大重仓，持股市值占基金净值比分别达 2.93% 和 2.45%。

中信证券在研报中指出，茅台在元旦及春节期间加大投放力度，需求旺盛持续供不应求，散茅 2400 元左右、箱茅 3100 元左右，引领行业景气。近期，渠道调研反馈，茅台对定制酒产品提价 50% 左右，预计该部分酒占总体销量 4% ~5%，提价将增厚收入 3% ~4%，因此在不考虑普飞提价下，预计2021年公司将实现收入近15%增长。普飞散瓶销售有效释放开瓶饮用需求，释放价格压力，为后续提价做好铺垫，期待时机成熟出厂价提升带来的报表弹性。

资料来源：中国经济网。

请思考：为什么贵州茅台成为我国市值最高的公司？

任务一 基本分析介绍

一、证券投资分析的定义

证券投资分析是指通过各种专业分析，对影响证券价值或价格的各种信息进行综合分析，以判断证券价值或价格及其变动的行为，是证券投资过程中不可或缺的一个重要环节。

证券投资分析有利于提高投资决策的科学性；有利于正确评估证券的投资价值；有利于降低投资者的投资风险；科学的证券投资分析是投资者获得投资成功的关键。

二、证券投资分析的信息来源

（一）政府部门

政府部门是国家宏观经济政策的制定者，是信息发布的主体，是一国证券市场上有关信息的主要来源。在我国相关的政府部门有以下几个：国务院、中国证券监督管理委员会、财政部、中国人民银行、国家发展和改革委员会、商务部、国家统计局、国务院国有资产监督管理委员会等。

（二）证券交易所

我国沪、深证券交易所是不以营利为目的的会员制事业法人。

证券交易所向社会公布的证券行情、按日制作的证券行情表以及就市场内成交情况编制的日报表、周报表、月报表与年报表等成为技术分析中的首要信息来源。

（三）上市公司

上市公司主要提供的是财务报表和临时公告。上市公司作为经营主体，其经营状况的好坏直接影响投资者对其价值的判断，从而影响其股价水平的高低。作为信息发布的主体，它所公布的有关信息是投资者对其证券进行价值判断最重要来源。

（四）中介机构

证券中介机构是指为证券市场参与者如发行人、投资者等提供各种服务的专职机构，主要包括证券经营机构、证券投资咨询机构、证券登记结算机构以及从事证券相关业务的会计师事务所、资产评估事务所、律师事务所、信用评级机构等。

（五）媒体

媒体是信息发布的主体之一，同时也是信息发布的主要渠道，具体内容包括书籍、报纸、杂志，其他公开出版物以及电视、广播、互联网等媒体披露有关信息。

（六）其他来源

投资者还可以通过实地调研、专家访谈、市场调查等获得有关的信息，也可以通过家庭成员、朋友、邻居等获得有关信息，其他包括内幕的信息。

根据有关证券投资咨询业务行为的规定：证券分析师从事面向公众的证券投资咨询业务时，所引用的信息仅限于完整、翔实地公开披露的信息资料。不得以虚假信息、内幕信息或者市场传言为依据向客户或投资者提供、分析、建议、预测等。所以证券分析师应当非常谨慎地处理所获得的非公开信息。

三、证券投资分析的主要方法

证券分析的主要分析方法有基本分析法和技术分析法。证券分析师进行证券投资分析时，应当注意每种方法的适用范围及各种方法的结合使用。

基本分析法又称为经济因素分析法，是根据经济学、金融学、财务管理学及投资学的基本原理，通过对决定证券投资价值的基本要素如宏观经济指标、经济政策走势、行业发展状况、公司经营及财务状况等的分析，对证券内在价值及证券价格未来变化方向作出评估判断的一种分析方法。基本分析强调股票的基本价值，认为公司基本价值决定了股票在市场上的价格。从长期来看，股票的价格总是围绕着其基本价值上下波动。

基本分析法的优点主要是能够比较全面地把握证券价格的基本走势，应用起来也相对简单。其缺点主要是对短线投资者的指导作用比较弱，预测的精确度相对较低。因此，基本分析法主要适用于周期相对比较长的证券价格预测以及相对成熟的证券市场和预测精确度要求不高的领域。

与基本分析相比，技术分析对市场的反映比较直观，分析的结论时效性较强。技术分析是以市场过去和现在的行为作为研究对象，运用一系列数学和逻辑方法进行归纳和总结，概括出一些典型的变化规律，并据此预测证券市场的未来变化。因此，就我国现实市场条件来说，技术分析更适用于短期的行情预测。当然，为使分析结论更具可靠性，应根据两种方法所得出的结论作出综合的判断。

四、基本分析主要理论介绍

谈到基本分析，就不得不提起价值投资，提到价值投资，就不得不提起“价值投资之父”本杰明·格雷厄姆（B. Graham）。他用专业的理论观点和富有逻辑的分析力度改变了人们对股票市场的偏见。格雷厄姆首次将富有逻辑的分析原理引入股票市场的投资，改变了人们过去只根据直觉和感性认识进行投资的思想状况。他是西方证券投资理论的发展历史上第一次用理论观点分析股票市场的学者，打破了人们对于“股票市场是投机市场”的认识，同时形成了一套完整的价值投资理论框架，被誉为“价值投资之父”。格雷厄姆的主要著作有1934年出版的《证券分析》、1935年出版的《上市公司财务报表解读》和1949年出版的

《聪明的投资者》，这些思想也发展成了日后在华尔街普遍采用的股票投资方法。格雷厄姆在出版的这些著作中阐述了自己的价值投资思想，主要有：①股票的价格是由其“内在价值”决定的，“内在价值”是股票投资的基础和基准；②对公司价值的评估应重视公司持有资产的现值；③投资和投机是完全不同的两个概念；④投资的时候要进行长线投资，同时要注重分散的投资。

格雷厄姆认为在投资中不应进行过多的预测（这一点是和成长投资学派的分歧，成长投资学派认为应对未来的收益进行预测）。

后来，费雪在格雷厄姆研究的基础上，避开了严密的数学模型，从一个全新的角度阐述了公司的成长价值。他于1958年发表的《普通股的非凡利润》[①] 中认为对公司股票价值的分析不应只注重公司的未来收益，更要注重公司新产品的开发、公司的竞争优势、公司的管理创新、公司经理人的诚信等“软件”方面的因素。费雪从一个全新的角度试图帮助投资者更好地把握公司成长的内在原因。

将上述两种理论观点进行融合的著名投资分析师就是沃伦·巴菲特（W. Buffett）。巴菲特是一位著名的投资天才，他以格雷厄姆的价值投资思想和费雪的成长投资思想理论为基础，融入了自己对股票市场的理解，成功地展示了自己在股票投资领域的才能，并提出了发展的成长投资理论。巴菲特综合以上几位学者的理论思想，认为应从公司的经营角度进行投资分析。他认为成功的投资者就是把购买股票看作公司的合伙人，这样投资者就可以参与公司的经营决策，同时投资者也会注重长期的收益状况。在格雷厄姆的理论方面，巴菲特继承了他的“安全边际理论”，认为公司的实质价值和购买价格之间的差距只有在足够大的情况下才能保证投资的收益性和安全性，购买价格才是投资活动中最重要的[②]。巴菲特认为，应致力于寻找具有强烈扩张实质价值潜质的公司，同时认为价格低于实质价值的股票并不是具有投资价值的股票，理想的、具有投资价值的股票应当同时满足以下两个条件，即市场价格低于内在价值和公司的内在价值具有扩张的潜质，也就是说除了股票的市场价格要低于内在价值，公司的价值也要不断地增加，因此巴菲特从股票价格与内在价值的对比以及公司价值的增长状况两方面来对公司的股票进行分析，认为应购买一流公司的股票。具有扩张价值的公司才是有价值的公司。

五、证券投资基本分析的主要内容

基本分析主要包括宏观经济分析、行业分析以及公司分析，证券投资基本分析主要是从这三个方面对股票的价值进行分析和判断。

（一）宏观经济分析

宏观经济分析主要是探讨各类宏观经济指标和宏观经济政策对证券内在价值和价格变化及走向的影响，包括宏观经济指标分析、经济政策分析等。

宏观经济指标主要分为三类：①先行性指标（Leading Indicator），是指可以对将来的经济变化状况提供预测性信息的指标，比如货币供给、利率水平、主要的生产资料价格、企业

---

① （美）费雪著．普通股的非凡利润［M］．海南：海南出版社，1999.

② （美）巴菲特著．巴菲特从100元到160亿元［M］．北京：中国财政经济出版社，2002.

的投资规模等。②同步性指标（Concurrent Indicator），是指基本上与总体经济状况同步变化的指标，比如个人的收入水平、企业的工资收入、工厂开工率、GDP 水平、社会商品销售额等。③滞后性指标（Lagging Indicator），是指滞后于国民经济变化的指标。比如银行未收回的贷款规模、失业率、库存量等。

而宏观经济政策主要包括财政政策、税收政策、货币政策、信贷政策、利率与汇率政策、收入分配政策以及产业政策等。

（二）行业分析

行业分析是介于宏观经济与微观经济分析之间的中观层次的分析。我们通过宏观经济分析能够把握宏观环境以及市场的整体走势，但是宏观经济分析并不能够提供具体的投资领域与投资对象的决策参考。由于不同行业在一个国家不同的经济发展阶段以及在经济周期不同阶段的表现是不同的，因此我们就需要进行行业分析。

行业分析是公司分析的前提，通过行业分析我们可以发现近期增长最快的行业，这些行业内的龙头公司如果没有被高估，显然就是我们未来投资的理想品种。此外，我们可以通过行业分析发现目前没有被市场认识，但是未来相当长一段时间能够保持高速稳步增长的行业，这就是我们可以考虑长期投资的行业。

（三）公司分析

公司分析是基本分析的重点。在投资分析中，如果没有对发行证券的公司状况进行全面和细致的分析，就不可能准确地预测和判断其证券价格的走势。基本分析流派中的公司分析主要包括对公司的竞争能力、经营管理能力、发展潜力、盈利能力、财务状况、经营业绩以及公司潜在风险的分析，从这些指标上综合分析和判断公司证券的投资价值、价格及其未来的变化趋势。

总之，基本分析方法的优点在于其可以比较全面地把握证券价格的长期走势，应用起来也比较简单方便。其缺点是对短线投资者的指导作用比较弱，预测的精确度也很低。因此，这些分析方法主要适用于对周期比较长的证券进行价格预测，同时也适用于相对成熟的证券市场以及预测精确度不高的领域。

任务二
掌握宏观经济分析

一、宏观经济分析的意义和方法

（一）宏观经济分析的意义

证券市场有经济“晴雨表”之称。这表明证券市场是宏观经济的先行指标，也表明宏观经济的走向决定证券市场长期趋势。影响证券价格的宏观因素有很多，例如自然因素、文化因素、政治因素等，但是这些因素都是通过影响宏观经济因素来影响证券价格的。可以看出宏观经济因素对证券市场的影响不仅是基础性的，而且还是全局性的，因此，宏观经济因素是影响证券市场长期走势的唯一因素。

通过宏观经济分析有利于把握证券市场的总体变动趋势；判断整个证券市场的投资价值；掌握宏观经济政策对证券市场的影响力度与方向。

（二）宏观经济分析的基本方法及资料搜集

1. 总量分析法

总量分析法是指影响宏观经济运行总量指标的因素及其变动规律的分析。总量分析主要是动态分析，同时，也包括静态分析。总量是反映整个社会经济活动状态的经济变量。

2. 结构分析法

结构分析法指对经济系统中各组成部分及其对比关系变动规律的分析，其主要是静态分析。

总量分析和结构分析是相互联系的。总量分析侧重于动态（速度），结构分析侧重于静态（相互关系）。

3. 宏观分析资料的搜集与处理

宏观分析所需的有效资料一般包括政府的重点经济政策与措施、一般生产统计资料、金融物价统计资料、贸易统计资料、每年国民收入统计与景气动向、突发性非经济因素等。

二、评价宏观经济形势的基本变量

（一）国民经济总体指标

1. 国内生产总值（GDP）

国内生产总值（GDP）是指一个国家或地区所有常住居民在一定时期内（一般按年统计）生产活动的最终成果。国内生产总值的增长速度一般用来衡量经济增长率（也称“经济增长速度”），它不仅是反映一定时期经济发展水平变化程度的动态指标，也是反映一个国家经济是否具有活力的基本指标。对于发达国家来说，其经济发展总水平已经达到相当的高度，经济发展速度的提高相对来说比较困难；对经济尚处于较低水平的发展中国家而言，由于发展潜力大，其经济发展速度可能达到高速甚至超高速增长。这时就要警惕可能由此带来的诸如通货膨胀、泡沫经济等问题，以避免造成宏观经济的过热。因此，在宏观经济分析中，国内生产总值指标占有非常重要的地位，具有十分广泛的用途。国内生产总值的持续稳定增长是政府追求目标之一。计算公式如下：

GDP = GNP - 本国居民在国外的收入 + 外国居民在本国的收入 = GNP - 国外要素收入净额

国内生产总值有三种表现形态：价值形态、收入形态和产品形态。从价值形态看，它是所有常住居民在一定时期内生产的全部货物和服务价值超过同期中间投入的全部非固定资产货物和服务价值的差额。从收入形态看，它是所有常住居民在一定时期内创造并分配给常住居民和非常住居民的初次收入分配之和。从产品形态看，它是所有常住居民在一定时期内最终使用的货物和服务价值与货物和服务净出口价值之和。

在实际核算中，国内生产总值有三种计算方法，即生产法、收入法和支出法。常用的是支出法。其公式为：

$$GDP = C + I + G + (X - M)$$

其中：C代表消费；I代表投资；G代表政府支出；X代表出口；M代表进口；（X－M）代表净出口。

国内生产总值（GDP）是一国经济成就的根本反映，从长期看，在上市公司的行业结构与该国产业结构基本一致的情况下，股票平均价格的变动与GDP的变化趋势是相吻合的。

证券市场一般提前对GDP变动做出反应，也就是说，证券市场是反映预期的GDP变动，而GDP的实际变动被公布时，证券市场只反映实际变动与预期变动的差别，因而对GDP变动进行分析时必须着眼于未来，这是最基本的原则。通过以上分析可以看出，追求一国经济持续稳定的增长是非常重要的，只有持续稳定的经济增长才能带给股票市场一个合理的预期，引导股票市场的长期繁荣。

2. 经济周期

经济周期是一个连续不断的过程，表现为扩张和收缩的交替出现，分为繁荣、衰退、萧条和复苏四个阶段。证券市场综合了人们对于经济形势的预期，这种预期较全面地反映了人们对经济发展过程中表现出的有关信息的切身感受，因而会表现出证券市场的波动必定领先于宏观经济波动的实际表现。

在经济衰退时，企业产品需求减少，利润被迫降低，促使企业减少产量，使股息、红利被迫减少，股民持股热情降低，抛售股票行为逐渐增多，导致股价下跌；当经济衰退已经达到经济危机时，整个经济生活处于瘫痪状况，大量的企业倒闭，股价相应的到达低谷阶段；相反，当经济开始复苏时，企业产品需求增加，利润提升，企业加大产量，股息、红利相应增加，股民持股热情高，购买股票行为逐渐增多，股价上涨。当经济接近繁荣峰值时，股民持股热情达到高潮，股价相应的达到峰值阶段，有先见之明的投资者们，已经开始停止大量购入，股价达到峰值。

由此可见，经济周期影响股价变动，但两者的变动周期又不是完全同步的。通常的情况是，不管在经济周期的哪一阶段，股价变动总是比实际的经济周期变动要领先一步。即在衰退以前，股价已开始下跌；在复苏之前，股价已经回升；经济周期未步入高峰阶段时，股价已经见顶；经济仍处于衰退期间，股市已开始从谷底回升。这是因为股市股价的涨落包含着投资者对经济走势变动的预期和投资者的心理反应等因素。

3. 失业率

失业率是指劳动力人口中失业人数占的百分比。劳动人口是指年龄在16岁以上具有劳动能力的人的全体。失业率上升与下降是以国内生产总值（GDP）相对于潜在GDP的变动为背景的，而其本身则是现代社会的一个主要问题。当失业率很高时，资源被浪费，人们收入减少，此时，经济问题还可能影响人们的情绪和家庭生活进而引发一系列的社会问题，从而导致股价下跌。

4. 通货膨胀

通货膨胀是指因货币供给大于货币实际需求，也即现实购买力大于产出供给，导致货币贬值，从而引起一段时间内物价持续而普遍的上涨现象。通货膨胀是指一般物价水平持续普遍明显地上涨。它一般以两种方式影响到经济：通过收入和财产的再分配以及通过改变产品产量与类型影响经济。具体来说，通货膨胀对社会经济产生的影响主要有：引起收入和财富的再分配，扭曲商品相对价格，降低资源配置效率，引发泡沫经济乃至损害一国的经济基础和政权基础。正因为通货膨胀对经济运行有巨大的影响，投资者要进行投资就必须对通货膨胀产生的可能及其程度有一个大约的预测。同时，还要正确把握通货膨胀可能的发展变化，还必须把它与经济增长的动态比较结合起来考虑，并考虑各种对通货膨胀产生影响的重要冲击因素，如政治经济体制改革、经济结构转变、战争、国际收支状况以及一些突发的不确定性事件等。

通货膨胀初期由于货币幻觉的存在，会有利于股票市场的上涨，但是恶性通货膨胀的产生将损害消费者和投资者的积极性，造成货币资金大量离开股票市场进入商品市场，使股票市场大幅下跌。

5. 国际收支

国际收支一般是一国居民在一定时期内与非本国居民在政治、经济、军事、文化及其他往来中所产生的全部交易的系统记录。进口和出口是国际收支中最主要的部分。进口量是指一个国家（或地区）所有常住居民向非常住居民购买或无偿得到的各种货物和服务的价值。反之，出口量则指一个国家（或地区）所有常住居民向非常住居民出售或无偿转让的各种货物和服务的价值。进出口总量及其增长是衡量一国经济开放程度的重要指标，且进口和出口的数量与结构直接对国内总供需产生重大的影响。实现国际收支平衡需要避免国际收支的过度逆差或顺差，可以维持适当的国际储备水平和相对稳定的汇率水平。一般情况下，当一国出口增加时，提供出口产品的行业和产业相应比较景气，与其配套的相关企业的产出和效益也相对比较兴旺。如果一个国家在某一时期能保持较好的贸易顺差水平，则该国的国内生产总值往往能有比较明显的增长，公众的收入相应有较大的提高，证券市场的价格也能稳步上涨。

（二）投资指标

投资规模是指一定时期内在国民经济各部门、各行业再生产中投入资金数量。投资是否适度，是影响经济稳定与增长的一个决定因素。投资规模过小，不利于为经济的进一步发展奠定物质技术基础；投资规模安排过大，超出了一定时期人力、物力和财力的可能，又会造成国民经济比例的失调，导致经济大起大落。全社会固定资产投资是衡量投资规模的主要变量。按投资主体划分，全社会固定资产投资可分为政府投资、企业投资和外商投资。

1. 政府投资

政府投资是政府以财政资金投资经济建设，其目的是改变长期失衡的经济结构，完成私人部门不能或不愿从事但对国民经济发展却至关重要的投资项目，如大型水利设施、公路建设和生态保护等。同时，政府投资也是扩大投资需求、促进经济增长的重要手段。

2. 企业投资

企业投资是指企业直接进行的投资。随着我国现代企业制度的建立，企业逐渐成为了投资主体是之一，企业投融资的权力不断扩大随着我国市场化改革的不断深入，企业投资需求将成为国内投资需求的主要部分，企业投资的规模和方向影响着一国经济未来的走向。

3. 外商投资

外商投资包括外商直接投资和外商间接投资。外商直接投资是指外国企业和经济组织或个人（包括华侨、港澳台胞以及我国在境外注册的企业）按我国有关政策、法规，用现汇、实物、技术等在我国境内开办外商独资企业，与我国境内的企业或经济组织共同举办中外合资经营企业、合作经营企业或合作开发资源的投资（包括外商投资收益的再投资）以及经政府有关部门批准的项目投资总额内企业从境外借入的资金等。外商间接投资是指除对外借款（外国政府贷款、国际金融组织贷款、商业银行商业贷款、出口信贷以及对外发行债券等）和外商直接投资以外的各种利用外资的形式。

（三）消费指标

1. 社会消费品零售总额

社会消费品零售总额是指国民经济各行业通过多种商品流通渠道向城乡居民和社会集团供应消费品总额。它是研究国内零售市场变动情况，反映经济景气程度的重要指标。社会消费品零售总额的大小和增长速度也反映了城乡居民与社会集团消费水平的高低和居民消费意愿的强弱。社会消费品需求是国内需求的重要组成部分，对一国经济增长具有巨大促进作用。

2. 城乡居民储蓄存款余额

城乡居民储蓄存款余额是指某时点城乡居民存入银行及农村信用社储蓄金额，包括城镇居民储蓄存款和农民个人储蓄存款。在可支配收入一定时，消费支出多了，储蓄就会减少，是此多彼少的关系。当市场上人们的消费意愿增强时，储蓄相应缩小；市场消费量愿减弱时，储蓄相应增加。居民储蓄增加以后，银行的资金来源扩大了，如果存贷比率不变，银行贷款投放也会相应地增加，这就扩大了企业的资金使用，正常情况下就会扩大国内投资需求。所以，储蓄扩大的直接效果就是投资需求扩大和消费需求减少。

（四）金融指标

1. 货币供应量

货币供应量是单位和居民个人在银行各项存款和手持现金之和，其变化反映了中央银行货币政策的变化，对企业生产经营、金融市场尤其是证券市场的运行和居民个人的投资行为有着重大的影响。中央银行可以通过增加或减少货币供应量调节货币市场，实现对经济的干预。货币供应量的变动会影响利率。中央银行可以通过对货币供应量的管理来调节信贷供给和利率，从而影响货币需求并使其与货币供给相一致，对宏观经济施加影响。根据我国现行货币统计制度将货币供应量划分为四个层次：①流通中现金（M0），流通中的现金；②狭义货币供应量（M1），M0 + 企业活期存款 + 机关、团体、部队存款 + 农村存款 + 个人持有的信用卡类存款；③广义货币供应量（M2），M1 + 城乡居民储蓄存款 + 企业存款中具有定期性质的存款 + 外币存款 + 信托类存款；④M3，M2 + 金融债券 + 商业票据 + 大额可转让存单等。

在我国，货币供应量主要是指 M2 的数量，可以从中国人民银行的网站上查询。M2 与证券市场价格呈正相关关系。

2. 利率

利率是指在借贷期内所形成利息额与本金的比率。利率直接反映的信用关系中债务人使用资金的代价，也是债权人出让资金使用权的报酬。从宏观经济分析的角度看，利率的波动反映出市场资金供求的变动状况。在经济发展的不同阶段，市场利率有不同的表现。在经济持续繁荣增长时期，资金供不应求，利率上升；当经济萧条市场疲软时，利率会随着资金需求的减少而下降。除了与整体经济状况密切相关，利率还影响着人们的储蓄、投资和消费行为；利率结构也影响着居民金融资产的选择，影响着证券的持有结构。其中，再贴现率和同业拆借利率是基准利率。再贴现率是商业银行由于资金周转的需要，以未到期的合格票据再向中央银行贴现时所适用的利率。同业拆借利率是指银行同业之间的短期资金借贷利率。SHIBOR 已经成为我国的基准利率，其变动真实反映了货币供求的变化，是货币供给量变动的敏感指标。

3. 汇率

汇率是外汇市场上一国货币与他国货币相互交换的比率。一般来说，国际金融市场上的外汇汇率是由一国货币所代表的实际社会购买力平价和自由市场对外汇的供求关系决定的。汇率变动是国际市场商品和货币供求关系的综合反映。

汇率对证券市场的影响是多方面的。一般来说，一国的经济越开放，证券市场的国际化程度越高，证券市场受汇率的影响越大。这里汇率用直接标价法来表示，以外币为基准，汇率上升，本币贬值，本国产品竞争力强，出口型企业将增加收益，因而企业的股票和债券价格将上涨；相反，依赖于进口的企业成本增加，利润受损，股票和债券的价格将下跌。同时，汇率上升，本币贬值，将导致资本流出本国，资本的流失将使得本国证券市场需求减少，从而市场价格下跌。另外，汇率上升时，本币表示的进口商品价格提高，进而带动国内物价水平上涨，引起通货膨胀。通货膨胀对证券市场的影响需根据当时的经济形势和具体企业以及政策行为进行分析。

一国的汇率会因该国的国际收支状况、通货膨胀率、利率、经济增长率等的变化而波动。同样，汇率波动又会影响一国的进出口额和资本流动，并影响一国的经济发展。特别是在当前国际分工异常发达、各国间经济联系十分密切的情况下，汇率的变动对一国的国内经济、对外经济以及国家间的经济联系都产生着重大影响。

4. 外汇储备

外汇储备是一国对外债权的总和，用于偿还外债和支付进口，是国际储备的一种。一国持有的外汇储备是以前各时期一直到现期为止的国际收支顺差的累计结果。当国际收支发生顺差时，流入国内的外汇量大于流出的外汇量，外汇储备就会增加；当发生逆差时，外汇储备减少。当外汇流入国内时，拥有外汇的企业或其他单位可能会把它兑换成本币，比如用来在国内市场购买原材料等，这样就形成了对国内市场的需求。因而，扩大外汇储备会相应增加国内需求，从而带来股票价格的上涨。

（五）财政指标

财政指标主要由财政收入、财政支出、赤字或结余等三个单项指标构成。

1. 财政收入

财政收入指国家财政参与社会产品分配所取得的收入，是实现国家职能的财力保证。财政收入所包括的内容几经变化，目前主要包括：各项税收、专项收入、其他收入、国有企业计划亏损补贴。

2. 财政支出

财政支出是指国家财政将筹集起来的资金进行分配使用，以满足经济建设和各项事业需要。在财政收支平衡条件下，财政支出的总量并不能扩大和缩小总需求。但财政支出的结构会改变消费需求和投资需求的结构。经常性支出的扩大可以扩大消费需求，其中既有个人消费需求，也有公共物品的消费需求。资本性支出的扩大则扩大投资需求。在总量不变的条件下，两者是此多彼少的关系，扩大了投资，消费就必须减少；扩大了消费，投资就必须减少。所以在需求结构调整时，适当调整财政的支出结构就能很显著地产生效应。

3. 赤字或结余

财政收入与财政支出的差额即为赤字（差值为负时）或结余（差值为正时）。核算财政收支总额主要是为了进行财政收支状况的对比。财政收入大于支出表现为结余，财政收不抵支则出现赤字。如果财政赤字过大，就会引起社会总需求的膨胀和社会总供求的失衡。同时，财政赤字或结余也是宏观调控中应用最普遍的一个经济变量。

三、影响宏观经济分析的主要政策

宏观经济政策主要包括财政政策、货币政策、收入政策等。下面依次分析这些宏观经济政策对证券市场的影响。

（一）财政政策

财政政策的调整对证券市场具有持久但较为缓慢的影响。财政政策是通过财政收入和财政支出的变动来影响宏观经济活动水平。

1. 财政政策的手段

财政政策主要包括：国家预算、税收、国债、财政补贴、财政管理体制、转移支付制度。这些手段可以单独使用，也可以配合协调使用。

（1）国家预算。国家预算是指经法定程序审核批准的国家年度集中性财政收支计划。它规定国家财政收入的来源和数量、财政支出的各项用途和数量，可反映整个国家政策、政府活动的范围和方向。国家预算是财政政策的主要手段。

（2）税收。税收是国家凭借政治权力参与社会产品分配的重要形式。税收具有强制性、无偿性和固定性的特征。

（3）国债。如果一段时间内，国债发行量较大且具有一定的吸引力，将会分流证券市场的资金。

（4）财政补贴。财政补贴是国家为了某种特定需要，将一部分财政资金无偿补助给企业和居民的一种再分配形式。我国财政补贴主要包括价格补贴、企业亏损补贴、财政贴息、房租补贴、职工生活补贴和外贸补贴等。

（5）财政管理体制。财政管理体制是中央与地方、地方各级政府之间以及国家与企事业单位之间资金管理权限和财力划分的一种根本制度，其主要功能是调节各地区、各部门之间的财力分配。

（6）转移支付制度。转移支付制度是中央财政将集中的一部分财政资金，按一定的标准拨付给地方财政的一项制度。其主要功能是调整中央政府与地方政府之间的财力纵向不平衡，调整地区间财力横向不平衡。

2. 财政政策的种类及其对证券市场的影响

财政作为国家宏观调控的重要手段，根据财政政策对经济运行的不同影响，可分为扩张性财政政策和紧缩性财政政策。在经济衰退时期，通过发行国债，增加财政支出和减少税收，以刺激总需求增长，降低失业率，使经济尽快复苏，这称为扩张性财政政策。相反，在经济增长强劲、价格水平持续上涨时采用紧缩性财政政策，紧缩性财政政策是指通过增加财政收入或减少财政支出以抑制社会总需求增长的政策。由于增收减支的结果集中表现为财政结余，因此，紧缩性财政政策也称盈余性财政政策。

（1）财政赤字具有扩张社会总需求的功能，可以让证券市场的资金供给相对充裕从而促进证券市场的繁荣发展。但是，如果过度使用财政赤字政策，在财政支出出现巨额赤字时，虽然进一步扩大了需求，但却进而增加了经济的不稳定因素，通货膨胀加剧，物价上涨，有可能使得投资者对经济的预期不乐观反而造成股价下跌。

（2）税收主要通过企业和消费者这两方面影响证券市场。

如果一国的税负增加，将会影响企业经营的积极性，影响居民的投资热情，进而影响证券市场的发展。

如果一国的税负减少，直接引起证券市场价格上涨，增加投资需求和消费支出，又会拉动社会总需求，而总需求增加又反过来刺激投资需求，从而使企业扩大生产规模，增加企业利润；利润增加，又将刺激企业扩大生产规模的积极性，进一步增加利润总额，从而促进股票价格上涨。

因此，税收政策的制定需要在这些影响之间寻求平衡。政府应该充分衡量财政收入与企业消费者积极性之间的关系。

（3）国债可以调节国民收入的使用结构和产业结构，用于农业、能源、交通和基础设施建设等国民经济的薄弱部门和瓶颈产业的发展，调整固定资产投资结构，促进经济结构的合理化。政府还可以通过发行国债调节资金供求和货币流通量。

另外，国债的发行对证券市场资金的流向格局也有较大的影响。国债是证券市场上重要的交易券种，国债发行规模的缩减使市场供给量减少，从而对证券市场原有的供求平衡发生影响，导致更多的资金转向股票，推动证券市场上扬。

3. 分析财政政策对证券市场影响应注意的问题

（1）关注有关的统计资料信息，认清经济形势。

（2）通过各种媒介了解经济界人士对当前经济形势的看法；关心政府有关部门主要负责人的日常讲话，分析其经济观点主张，从而预见政府可能采取的经济措施和采取措施的时机。

（3）分析过去类似形势下的政府行为及其经济影响，据此预期政策倾向和相应的经济影响。

（4）关注年度财政预算，从而把握财政收支问题的变化趋势，更重要的是对财政收支结构及其重点做出分析，以便了解政府的财政投资重点和倾斜政策。

（5）在预见和分析财政政策的基础上，进一步分析相应政策对经济形势的综合影响（比如通货膨胀、利率等），结合行业分析和公司分析做出投资选择。

（二）货币政策

货币政策，是指政府为实现一定的宏观经济目标所制定的关于货币供应和货币流通组织管理的基本方针和基本准则，包括宏观经济目标、政策工具、操作目标、中间目标及货币政策操作等内容。货币政策是国家经济政策的重要组成部分，是为经济政策服务的。货币政策的调整会直接、迅速地影响证券市场。

1. 货币政策工具

货币政策工具，又称货币政策手段，是指中央银行为实现货币政策目标所采用的政策手段。货币政策工具可分为一般性政策工具和选择性政策工具（包括直接信用控制、间接信用指导等）。

（1）一般包括存款准备金政策、再贴现政策、公开市场业务。

①存款准备金政策是指中央银行在法律所赋予的权力范围内，通过调整商业银行交存中央银行的存款准备金比率，以改变货币乘数，控制商业银行的信用创造能力，间接地控制社会货币供应量的活动。

②再贴现政策是指中央银行对商业银行用持有的未到期票据向中央银行融资所做的政策规定。

③公开市场业务是指中央银行在金融市场上公开买卖有价证券，以此来调节市场货币供应量的政策行为。

（2）选择性货币政策工具主要有两类：直接信用控制和间接信用指导。

①直接信用控制，是指以行政命令或其他方式，直接对金融机构尤其是商业银行的信用活动进行控制。其具体手段包括：规定利率限额与信用配额、信用条件限制、规定金融机构流动性比率和直接干预等。

②间接信用指导，是指中央银行通过道义劝告、窗口指导等办法来间接影响商业银行等金融机构行为的做法。

2. 货币政策的运作

货币政策的运作是指中央银行根据客观经济形势采取适当的政策措施调控货币量和信用规模，使之达到预定的货币政策目标，并以此影响整体经济的运行。

货币政策分为紧缩的货币政策和宽松的货币政策。当通货膨胀压力比较大时，采用紧缩的货币政策。其主要手段有：提高再贴现利率，提高法定存款准备金率，公开市场上卖出证券。当经济衰退，为了刺激经济增长，需要采用宽松的货币政策。其主要手段有：降低再贴现利率，降低法定存款准备金率，公开市场上买进证券。

3. 货币政策对证券市场的影响

（1）通过存款准备金政策对证券市场的影响。存款准备金政策是威力较大的政策工具，法定准备金的调整一般会产生很大的影响：一是对货币乘数的影响。根据信用创造原理，准备率越高，银行存款创造信用的规模就越小，存款准备金所能支持的派生存款数量就越小。二是对超额准备金的影响，表现为决定超额准备的多少，影响商业银行创造信用的基础。调整准备率，若基础货币和准备金总额不变，则超额准备金发生变化，货币乘数扩张或缩小。由于货币乘数的效应，商业银行可以派生发放相当于初始存款金额的若干倍的贷款，并维持相当于初始存款金额若干倍的存款。因此，降低法定准备率，导致货币乘数提高，就能放松银根，增加货币供应量，从而扩张经济导致股票市场价格上涨；而提高法定准备率，货币乘数缩小，就可紧缩银根，减少货币供应量，从而收缩经济导致股票市场价格下跌。

（2）通过再贴现政策对证券市场的影响。中央银行提高再贴现率，就是不鼓励商业银行向中央银行借款，限制商业银行的借款愿望，这就影响到商业银行的资金成本和超额准备金的持有量，从而影响商业银行的融资决策。同时，商业银行就会因融资成本上升而提高对企业放款的资金成本，从而减少企业对借款的需求，就会导致企业的利润减少，从而带来公司股票价格的下跌。反之，中央银行降低再贴现率，就会通过降低企业的资金成本从而提高企业对借款的需求，就会导致企业的利润增加，从而带来公司股票价格的上涨。

（3）通过公开市场业务对证券市场的影响。当政府倾向于实施较为宽松的货币政策时，中央银行就会大量购进有价证券，从而使市场上货币供给量增加。这会推动利率下调，资金成本降低，从而企业和个人的投资和消费热情高涨，生产扩张，利润增加，这又会推动股票价格上涨；反之，股票价格将下跌。我们之所以特别强调公开市场业务对证券市场的影响，还在于中央银行的公开市场业务的运作是直接以国债为操作对象，从而直接关系到国债市场的供求变动，影响国债行市的波动。

（4）选择性货币政策工具对证券市场的影响。为了实现国家的产业政策和区域经济政策，我国在中央银行货币政策通过贷款计划实行总量控制的前提下，对不同行业和区域采取区别对待的方针。一般来说，该项政策会对证券市场行情整体走势产生影响，而且还会因为板块效应对证券市场产生结构性影响。当直接信用控制或间接信用指导降低贷款限额、压缩信贷规模时，从紧的货币政策使证券市场行情呈下跌走势；但如果在从紧的货币政策前提下，实行总量控制，通过直接信用控制或间接信用指导区别对待，紧中有松，那么一些优先发展的产业和国家支柱产业以及农业、能源、交通、通信等基础产业及优先重点发展的地区的证券价格则可能不受影响，甚至逆势而上。总体来说，此时贷款流向反映当时的产业政策与区域政策，并引起证券市场价格的比价关系做出结构性的调整。

（三）收入政策

1. 收入政策概述

收入政策是国家为实现宏观调控总目标和总任务，针对居民收入水平高低、收入差距大小在分配方面制定的原则和方针。

收入政策目标包括收入总量目标和收入结构目标。收入总量目标着眼于近期的宏观经济总量平衡，着重处理积累和消费、人们近期生活水平改善和国家长远经济发展的关系以及失业和通货膨胀的问题。收入结构目标则着眼于处理各种收入的比例，以解决公共消费和私人消费、收入差距等问题。收入总量调控政策主要通过财政、货币机制来实施，还可以通过行政干预和法律调整等机制来实施。

2. 我国收入政策的变化及其对证券市场的影响

我国个人收入分配实行以按劳分配为主体、多种分配方式并存的收入分配政策。在以劳动收入为主体的前提下，国家依法保护法人和居民的一切合法收入和财产，鼓励城乡居民储蓄和投资，允许属于个人的资本等生产要素参与分配。我国现在正在朝着共同富裕的方向努力，共同富裕必将带来人们收入的普遍提高，中产阶级的比例会逐步扩大，伴随着人们收入的提高，会有更多的财富进入股票市场。有利于我国股票市场的发展和上涨。

拓展阅读

不可忽略：“共同富裕”取向对股市的深远影响

8 月 17 日中财委会议对“共同富裕”的表述将对 A 股产生深远影响，并改变今后对各个板块的预期。世界不存在不讲政治的金融市场，也不存在永远的“核心资产”，今后投资要认真把握这个取向，指导投资标的的选择。

（1）会议强调加快完善社会主义市场经济体制，增强区域发展的平衡性，强化行业发展的协调性，支持中小企业发展。

实际上现有的一些几乎“大而不能倒”的垄断型公司，如互联网、地产巨头等，由于“中概互联网 ETF（SH513050）”网络效应的极度扩张与对金融资源的过度占用，遏制了其他行业与中小企业的发展，现在这些巨头就处于被整顿的过程中，也就是“反垄断与防范资本无序扩张”，意在构建公平公正的市场竞争环境。今后阿里、腾讯尽管 moat 依然在，但在预期压制下，只能享有类似公用事业公司的市盈率。

（2）鼓励勤劳创新致富。

以前叫勤劳致富，现在加了“创新”两字，5 大新发展理念第一条就是创新。现在强调“补链强链”，真正的创新型企业国家是大力支持的。今后散户们要善于寻找“专精特新”的创新型中小企业，择其优者而投之。当然，对一些忽悠型科技公司必须回避。

（3）加强对高收入的规范和调节，鼓励高收入人群和企业更多回报社会。清理规范不合理收入，整顿收入分配秩序，坚决取缔非法收入。推动更多低收入人群迈入中等收入行列。

一句话，要通过“调高扩中提低”来建立合理的收入分配格局。这个对消费股投资将产生深远影响。当前中国面临很多挑战，一方面“三育”成本过高使生育意愿低下，总人口拐点即将出现；另一方面贫富差距偏大，内需不振，影响经济内循环。“共同富裕”的政策导向，会长期致力于帮助中低收入群体降低生活成本，释放消费活力。未来消费、传媒等领域要符合社会主义核心价值观，符合缩小贫富差距的大方向。

因此，对于一些过于高端的炫耀性消费股、挤压消费的地产产业链公司都要注意回避，要善于寻找“民牌”型消费股。

（4）促进基本公共服务均等化。加大普惠性人力资本投入，完善养老和医疗保障体系、兜底救助体系、住房供应和保障体系。

一句话，要降低教育、医疗、居住等成本。凡是校外教育股、集采医药股、地产银行股均需回避，当然，OTC 医药股、公共租赁住房配套股可以参与。如处方药集采的影响：8 月 19 日，恒瑞医药（SH600276）披露半年报，上半年实现净利润 26.68 亿元，同比增长 0.21%，香港中央结算持股由 12.26% 降至 11.97%，奥本海默基金退出前十大股东；高瓴资本持股 0.63%，新晋第十大股东。

正如国君研究所指出的，在股票市场上“核心资产”的投资，只是一个阶段性的现象，而非一个长期性的本质。在股票市场不存在一种资产，能够让人们对他的预期是长期上升的，因为人们预期变化的速度远远快于客观世界变化的速度，所以我们要学会用边际的“预期思维”看股票。

一句话，“共同富裕”的导向将改变今后 10～15 年的股市预期。

资料来源：https：//xueqiu.com/4922657485/194793518

任务三
掌握行业分析

一、行业的含义和行业分析的意义

（一）行业的含义

行业是指从事国民经济中同性质的生产或其他经济社会活动的经营单位和个体等构成的组织结构体系，如林业、汽车业、银行业和房地产业等。

（二）行业分析的意义

行业分析的主要任务包括：①解释行业本身所处的发展阶段及其在国民经济中的地位；②分析影响行业发展的各种因素以及判断对行业影响的力度；③预测并引导行业的未来发展趋势；④判断行业投资价值，揭示行业投资风险。

行业分析是对上市公司进行分析的前提，也是连接宏观经济分析和上市公司分析的桥梁，是基本分析的重要环节。行业分析和公司分析是相辅相成的。

二、行业划分的方法

（一）道·琼斯分类法

道·琼斯分类法是在19世纪末为选取在纽约证券交易所上市的有代表性的股票而对各公司进行的分类，是证券指数统计中最常用的分类法之一。其将股票分为：工业、运输业和公用事业三类。

在道·琼斯指数中，工业类股票取自工业部门的30家公司，包括了采掘业、制造业和商业；运输业类股票取自20家交通运输业公司，包括了航空、铁路、汽车运输与航运业；公用事业类股票取自6家公用事业公司，主要包括电话公司、煤气公司和电力公司等。

（二）标准行业分类法

标准行业分类法把国民经济划分为10个门类，每个门类再划分为大类、中类、小类。

（三）我国国民经济行业的分类

1985年，我国国家统计局明确划分三大产业：第一产业为农业；第二产业为工业和建筑业；第三产业为服务业。

2002年，我国推出国民经济行业的分类标准GB/T 4754—2002，行业门类20个，行业大类95个，行业中类396个，行业小类913个。

（四）我国上市公司的行业分类

最初上海证交所将上市公司分为工业、商业、地产业、公用事业和综合五类。深圳证交所将上市公司分为工业、商业、地产业、公用事业、金融业和综合六类。

原中国证监会2001年4月4日公布《上市公司行业分类指引》（以下简称《指引》）。《指引》是以中国国家统计局《国民经济行业分类与代码》（国家标准GB/T 4754—94）为主要依据，借鉴联合国家国际标准产业分类、北美行业分类体系有关内容的基础上制定而成的。

三、行业的一般特征分析

（一）行业的市场结构分析

市场结构是构成一定系统的诸要素之间的内在联系方式及其特征。在产业组织理论中，行业的市场结构是指企业市场关系（交易关系、竞争关系、合作关系）的特征和形式。作为市场构成主体的买卖双方相互间发生市场关系的情形包括4种情况：卖方（企业）之间的关系；买方（企业或消费者）之间的关系；买卖双方相互间的关系；市场内已有的买方和卖方与正在进入或可能进入市场的买方、卖方之间的关系。上述关系在现实市场中的综合反映就是市场的竞争和垄断关系。市场结构就是一个反映市场竞争和垄断关系的概念。市场结构是决定市场的价格形成方式，从而决定行业组织的竞争性质的基本因素。其包括4种结构分类：完全竞争、垄断竞争、寡头垄断和完全垄断。

1. 完全竞争

完全竞争型市场是指竞争不受任何阻碍和干扰的市场结构。

在现实经济中，完全竞争是4种市场类型中最少见的，初级产品的市场类型较接近于完全竞争。完全竞争型市场具有以下6个特点：①生产者众多，各种生产资料可完全流动；②产品不论有形或无形，都是同质的、无差别的；③没有一个企业能影响产品的价格，企业永远是价格的接受者而不是价格的制定者；④企业的盈利基本上是由市场对产品的需求来决定；⑤生产者可自由进入或退出这个市场；⑥市场信息对买卖双方都是畅通的，生产者和消费者对市场情况非常了解。

2. 垄断竞争

垄断竞争型市场是指既有垄断又有竞争的市场结构。在垄断竞争型市场上，每个企业都在市场上具有一定的垄断力，但它们之间又存在激烈的竞争。

（1）生产者众多，各种生产资料可以流动。

（2）生产的产品同种但不同质，即产品之间存在着差异。产品的差异性是指各种产品之间存在着实际或想象上的差异。这是垄断竞争与完全竞争的主要区别。

（3）由于产品差异性的存在，生产者可以树立自己产品的信誉，从而对其产品的价格有一定的控制能力。

在国民经济各行业中，制成品（纺织、服装等轻工业产品）的市场类型一般都属于垄断竞争。

3. 寡头垄断

寡头垄断型市场是指相对少量的生产者在某种产品的生产中占据很大市场份额，从而控制了这个行业的供给的市场结构。

寡头垄断型市场形成的两个原因：①该类行业初始投入资本较大，阻止了大量中小企业的进入。②这类产品只有在大规模生产时才能获得好的效益，这就会在竞争中自然淘汰大量的中小企业。

因此，在这个市场上，通常存在着一个起领导作用的企业，其他企业跟随该企业定价与经营方式的变化而相应地进行某些调整。资本密集型、技术密集型产品，如钢铁、汽车等重工业以及少数储量集中的矿产品如石油等的市场多属这种类型。

4. 完全垄断

完全垄断指独家企业生产某种特质产品的情形，即整个行业的市场完全处于一家企业所控制的市场结构。在当前的现实生活中没有真正的垄断型市场，有一些公共事业单位接近于垄断。完全垄断可分为政府完全垄断和私人完全垄断。政府完全垄断主要有铁路、邮电等部门。私人完全垄断是根据政府授予的特许专营或根据专利生产的独家经营，以及由于资本雄厚、技术先进而建立的排他性的私人垄断经营。

完全垄断的市场结构特点有：①市场被独家企业所控制，其他企业不可以或不可能进入该行业；②产品没有或者缺少相近的替代品；③垄断者能够根据市场的供需情况制订理想的价格和产量，在高价少销和低价多销之间进行选择，以获取最大的利润；④垄断者在制订产品的价格与生产数量方面的自由性是有限度的，要受到反垄断法和政府管治的约束。

公用事业（如发电厂、煤气公司、自来水公司和邮电通信等）和某些资本、技术高度密集型和稀有金属矿藏的开采等行业属于接近完全垄断的市场类型。

（二）经济周期与行业分析

根据行业与经济周期的关系，行业可分为增长型行业、周期型行业、防守型行业。

1. 增长型行业

产业的运动状态与经济活动总水平的周期及其振幅并不紧密。这些行业收入增长的速率并不会总是随着经济周期的变动而出现同步变动，因为它们主要依靠技术的进步、新产品推出及更优质的服务，从而使其经常呈现出增长形态。这些行业对经济周期的波动来说，提供了一种财富“套期保值”手段。例如 IT 行业、计算机、复印机。

2. 周期型行业

周期型行业的运动状态与经济周期紧密相关。周期型行业是伴随着经济周期的波动而波动，既可以呈现正相关关系，也可以是负相关关系。对于周期型行业要按照经济周期的变动方向来进行操作，如果投资方向反了，就会带来非常严重的后果。比较经典的周期型行业有金融行业、消费品行业、耐用品制造业及其他需求的收入弹性较高的行业。

3. 防守型行业

经营在经济周期的上升和下降阶段都很稳定。不受经济周期处于衰退状态的影响。这种运动形态的存在是因为该类型行业的产品需求相对稳定，需求弹性小，经济周期处于衰退阶段对这种行业的影响也比较小，例如：食品业和公用事业属于防守型行业。该类型行业的产品往往是生活必需品或是必要的公共服务。

（三）行业生命周期分析

生命周期可分为幼稚期、成长期、成熟期和衰退期四个阶段。典型行业周期生命表见表 4-1。

表 4-1　　典型行业生命周期表

行业类别	所属行业周期	投资的特点
遗传工程、太阳能行业	幼稚期	风险较大，也存在获得很高收益的可能。应该通过风险和收益的权衡来决定是否投资于该行业
电子信息（电子计算机及软件、通信）、生物医药行业	成长期	行业将会以很快的速度增长，但企业所面临的竞争风险也将不断增长
石油冶炼、超级市场和电力等行业	成熟期	行业将会继续增长，但速度要比前面各阶段的行业慢。成熟期的行业通常是盈利的，而且盈利水平比较稳定，投资的风险相对较小
煤炭开采、自行车、钟表等行业	衰退期	投资应当谨慎，如果是长期投资，这种投资可能存在较大的不安全性。当然，随着技术进步、经济全球化等因素的变化，某些处于衰退期的行业还会重新焕发成长的生机。证券投资分析界所奉行的“没有夕阳产业，只有夕阳企业”的论断也正缘于此

1. 幼稚期

一个行业的萌芽和形成，最基本和最重要的条件是人们的物质文化需求。一个行业形成的方式有分化、衍生和新生长三种。在这一阶段的企业，由于较高的产品成本和价格与较小的市场需求之间的矛盾使得创业公司面临很大的市场风险，这类企业更适合投机者和创业投资者。在幼稚期后期，随着行业生产技术的成熟、生产成本的降低和市场需求的扩大，新行业便逐步由高风险、低收益的幼稚期迈入高风险、高收益的成长期。例如生物医药、生物工程、海洋产业等。

2. 成长期

行业的成长实际上就是行业的扩大再生产。

行业成长能力可从 6 个方面判断：①需求弹性；②生产技术；③产业关联度；④市场容量与潜力；⑤行业在空间的转移活动；⑥产业组织变化活动。这时期的行业增长非常迅猛，部分优势企业脱颖而出，投资处于成长期企业的投资者往往获得较高的投资回报，所以成长期阶段有时被称为投资机会时期。其特点是高风险、高收益。

3. 成熟期

行业处于成熟期的标志有：技术成熟；产品成熟；生产工艺成熟；产业组织成熟。行业成熟首先表现为技术上的成熟，即行业内企业普遍采用的是适用的且至少有一定先进、稳定的技术。其次表现为产品的成熟。

一般而言，技术含量高的行业成熟期历时相对较短，而公用事业行业成熟期持续的时间较长。

行业处于成熟期的特点有：①企业规模空前，企业地位显赫，产品普及程度高；②行业生产能力接近饱和，市场需求也趋于饱和，买方市场出现；③构成支柱产业地位，其生产要素份额、产值、利税份额在国民经济中占有一席之地。

厂商之间的竞争手段逐渐从价格手段转身各种非价格手段，如提高质量、改善性能和加强保后服务等。

4. 衰退期

行业的衰退期往往比行业生命周期的其他三个阶段的总和还要长。大量的行业都是衰而不亡，甚至会与人类社会长期共存。例如，钢铁业、纺织业在衰退，但是人们却看不到它们的消亡。烟草业更是如此，难有终期。

证券分析师应当仔细研究公司所处的行业生命周期阶段，分析行业的投资价值和投资风险。针对不同偏好的投资者，选择不同的投资建议。比如，对于收益型的投资者，可以建议优先选择处于成熟期的行业，因为这些行业基础稳定，盈利丰厚，市场风险相对较小。

证券分析师判断某行业的阶段时，应考察行业规模、产出增长率、利润率水平、技术进步和技术成熟程度、开工率、从业人员的职业化水平和工资福利收入水平、资本进退。

行业周期阶段影响因素表见表4－2。

表4－2　行业周期阶段影响因素表

序号	影响因素	具体的影响
1	行业规模	随着行业兴衰，行业的市场容量有一个“小—大—小”的过程；行业的资产总规模也经历“小—大—萎缩”的过程
2	产出增长率	在成长期较高，在成熟期以后减低，经验数据一般以15%为界；到了衰退阶段，行业处于低速运行状态，有时甚至处于负增长状态
3	利润率水平	这是行业兴衰程度的一个综合反映，一般都有“低—高—稳定—低—严重亏损”的过程
4	技术进步和技术成熟程度	随着行业兴衰，行业的创新能力有一个强增长到逐步衰减的过程，技术成熟程度有一个“低—高—老化”的过程
5	开工率	长时期的开工充足反映了行业处在成长或成熟期间的景气状态；衰退期往往伴随着开工不足
6	从业人员的职业化水平和工资福利收入水平	从业人员的职业化水平和工资福利收入水平。随行业兴衰，从业人员的职业化和工资福利收入水平有一个“低—高—低”的过程
7	资本进退	在成熟期以前，进入的企业数量及资本量大于退出量；进入成熟期，进入的企业数量及资本量与退出量有一个均衡的过程；在衰退期，退出超过进入，行业规模逐渐萎缩，转产、倒闭多有发生

四、影响行业兴衰的主要因素

（一）技术进步

1. 当前技术进步的行业特征

（1）以信息通信技术为核心的高新技术成为21世纪国家产业竞争力的决定性因素之一。

（2）信息技术的扩散与应用引起相关行业的技术革命，并加速改造着传统产业。

（3）研发活动的投入强度成为划分高技术群类和衡量产业竞争力的标尺。

目前，多数国家和组织以R&D投入占产业或行业销售收入的比重来划分或定义技术产业群。

（4）技术进步速度加快，周期明显缩短，产品更新换代频繁。

信息产业中两个流行的定律“摩尔定律”和“吉尔德定律”。“摩尔定律”，即微处理器的速度会每18个月翻一番，同等价位的微处理器的计算速度会越来越快，同等速度的微处理器会越来越便宜。“吉尔德定律”，是指在未来25年，主干网的带宽将每6个月增加1倍。

2. 技术进步对行业的影响

未来优势行业将伴随新的技术创新而到来，处于技术尖端的基因技术、纳米技术等将催生新的优势行业。

当然，新、旧行业并存是未来全球行业发展的基本规律和特点，大部分行业都是国民经济不可缺少的。多数行业都会在竞争中发生变化，以新的增长方式为自己找到生存的空间。

（二）产业政策

政府对于行业的管理和调控主要是通过产业政策来实现的。

产业政策可以包括四种政策：产业结构政策、产业组织政策、产业技术政策、产业布局政策。其中，产业结构政策与产业组织政策是产业政策的核心。

1. 产业结构政策

产业结构政策是选择行业发展重点的优先顺序的政策措施，其目标是促使行业之间的关系更协调、社会资源配置更合理，使产业结构高级化。产业结构政策包括：①产业结构长期构想；②对战略产业的保护和扶植；战略产业一般是指具有较高需求弹性和收入弹性、能够带动国民经济其他部门发展的产业；③对衰退产业的调整和援助。

2. 产业组织政策

产业组织政策是调整市场结构和规范市场行为的政策。以“反对垄断、促进竞争、规范大型企业集团、扶持中小企业发展”为主要核心，其目的在于实现同一产业内企业组织形态和企业间关系的合理化。产业组织政策包括：①市场秩序政策，其目的在于鼓励竞争、限制垄断；②产业合理化政策，其目的在于确保规模经济的充分利用，防止过度竞争；③产业保护政策，其目的在于减小国外企业对本国幼稚产业的冲击。

3. 产业技术政策

产业技术政策包括：①产业技术结构的选择和技术发展政策；②促进资源向技术开发领域投入的政策。

文本：山东新旧动能转换再起势，高质量发展谋新篇

4. 产业布局政策

产业布局政策是产业存在和发展的空间形式。其主要包括：①经济性原则，即保证那些投资效率高、经济效益好、发展速度快的地区优先发展；②合理性原则，鼓励各地区根据自身资源、经济、技术条件，发展具有相对优势的产业；③协调性原则，促进地区间的经济、技术交流、形成合理的分工协作体系；④平衡性原则，在加快先进地区发展的同时，逐步缩小先进地区与落后地区的差距。

5. 我国目前的主要产业政策

我国目前的主要产业政策涉及5个方面：①坚持扩大对外开放，促进产业结构升级；②节约资源、保护环境，鼓励外商投资发展循环经济、清洁生产、可再生能源和生态环境保护，并在目录中新增了相关的鼓励类条目；③调整单纯鼓励出口的导向政策；④促进区域协调发展；⑤维护国家经济安全。

《谢尔曼反垄断法》主要是保护贸易与商业免受非法限制与垄断的影响。《克雷顿反垄断法》主要是禁止可能导致行业竞争大大减弱或行业限制的一家公司持有其他公司股票的行为。《罗宾逊·帕特曼法》则规定了某些类型的价格歧视是非法的，应当取缔。

（三）产业组织创新

产业组织是指同一产业企业内的组织形态和企业间的关系，包括市场结构、市场行为、市场绩效三个方面内容。

产业政策的调整和产业组织的创新，都有优化产业组织的功能，但产业政策在产业合理化过程中的作用是一种经济过程中的“被组织”力量；而产业组织创新则往往是产业及产业内企业的“自组织”过程。

产业组织创新的直接效应包括：实现规模经济、专业化分工与协作、提高产业集中度、促进技术进步和有效竞争等。

产业组织创新的间接效应包括：创造产业的增长机会、促进产业增长实现、构筑产业赶超效应、适应产业经济增长等多项功效。

技术创新是组织创新的某方面表现，组织创新是技术创新的有效载体。二者是相互促进的互动关系。

（四）社会习惯的改变

随着人们生活水平和受教育程度的提高，消费心理、消费习惯、文明程度和社会责任感会逐渐改变，从而引起对某些商品的需求变化并进一步影响行业的兴衰。

（五）经济全球化

所谓经济全球化，是通过国际分工，在世界市场范围内提高资源配置效率。使各国经济相互依赖程度日益加深。

导致经济全球化的直接原因是国际直接投资与贸易环境出现了新的变化。

1. 经济全球化的表现

（1）生产活动全球化，传统的国际分工正在演变成为世界性的分工。

（2）1995 年 1 月 1 日诞生的世界贸易组织标志着世界贸易进一步规范化，世界贸易体制开始形成。

（3）各国金融日益融合在一起。

（4）投资活动遍及全球，全球性投资规模框架开始形成。

（5）跨国公司作用进一步加强。

2. 经济全球化对各国产业发展的重大影响

（1）经济全球化导致产业的全球性转移。

全球产业分工和国际产业转移是开放经济条件下产业发展的必然规律，也是跨国公司在全球配置要素和资源，实现利润最大化且降低投资经营风险的重要方式。以贸易自由化、投资便利化、金融国际化和社会信息化为特征的经济全球化，极大提升了全球产业分工的速度和质量，催生了一大批新的跨国公司。

文本：“国产替代”被聚焦！半导体板块“王者归来”？

跨国公司通过利用其在价值链、产业链、技术链、创新链和供应链的主导地位在全球进行布局，也影响着国际产业分工的格局。

（2）国际分工出现重要变化。其主要表现在两方面：一是国际分工的基础出现重要变化；二是国际分工的模式也出现重要变化。

（3）经济全球化导致贸易理论与国际直接投资理论一体化。企业行为被分为两大类型：一是总部行为。总部行为包括工程、管理和金融服务以及信誉、商标等甚至可以无偿转让给远方生产区位的服务。这类行为有时被简化概括为研究与开发。二是实际生产行为。实际生产行为又可以分为上游生产（中间产品）和下游生产（终极产品）。

任务四 掌握公司分析

公司是指依法设立的从事经济活动并以营利为目的的企业法人。

我国《公司法》有关条款所揭示的公司本质特征，我国的公司应指全部资本由股东出资构成，股东以其出资额或所持股份为限对公司承担责任，公司以其全部资产对公司债务承担责任的依《公司法》成立的企业法人。

按是否上市流通划分，公司可分为上市公司和非上市公司。根据我国《公司法》规定，我国的上市公司是指其股票在证券交易所上市交易的股份有限公司。证券投资分析中公司分析的对象主要是指上市公司。

一、公司分析的意义

对于具体投资对象的选择最终都将落实在微观层面的上市公司分析上（市场指数投资除外）。

公司分析中最重要的是公司财务状况分析。财务报表通常被认为是最能够获取有关公司信息的工具。

就投资者个人而言，宏观面分析与中观面分析难度较大，不具备分析基础，而相对简单、直接且行之有效的就是公司分析。

二、公司行业地位分析

行业地位分析的目的是找出公司在所处行业中的竞争地位。衡量公司行业竞争地位的主要指标是行业综合排序和产品的市场占有率。通过行业地位分析我们可以找到每个行业中占据主导力量的公司，提高我们证券投资的胜率。

三、公司经济区位分析

经济区位是指地理范畴上的经济增长点及其辐射范围。具体来说，可以通过以下几个方面进行上市公司的区位分析。

（一）区位内的自然条件与基础条件

自然和基础条件包括矿产资源、水资源、能源、交通、通信设施等，它们在区位经济发展中起着重要作用，也对区位内上市公司的发展起着重要的限制或促进作用。

（二）区位内政府的产业政策

为了促进区位经济的发展，当地政府一般都会相应地制定经济发展的战略规划，提出相应的产业政策，确定区位优先发展和扶植的产业，并给予相应的财政、信贷及税收等诸多方面的优惠措施。

（三）区位内的经济特色

经济特色是指区位内经济与区位外经济的联系和互补性、龙头作用及其发展活力与潜力的比较优势。它包括区位的经济发展环境、条件与水平、经济发展现状等有别于其他区位的特色。

四、公司产品分析

产品分析包括：产品的竞争能力分析、产品的市场占有率分析和产品的品牌战略分析。在对上市公司的产品进行分析时，主要包括产品的竞争能力、产品的品牌战略、产品的市场占有情况。

（一）产品的竞争能力

产品的竞争能力主要从成本优势、技术优势、质量优势三个方面进行分析。成本优势是指公司的产品依靠低成本获得高于同行业其他企业的盈利能力。技术优势是指公司拥有的比同行业其他竞争对手更强的技术实力及其研究与开发新产品的能力。质量优势是指公司的产品以高于其他公司同类产品的质量赢得市场，从而取得竞争优势。在与竞争对手成本相等或成本近似的情况下，具有质量优势的公司往往在该行业中占据领先地位。

（二）产品的市场占有情况

产品的市场占有情况通常可以从两个方面进行分析：一是公司产品销售市场的地域分布情况；二是公司产品在同类产品市场上的占有率。

按照公司产品销售市场的地域分布情况，公司的销售市场划分为地区型、全国型和世界范围型。市场地域的范围能大致地估计一个公司的经营能力和实力。

市场占有率是指一个公司的产品销售量占该类产品整个市场销售总量的比例。市场占有率越高，表示公司的经营能力和竞争力越强，公司的销售和利润水平越好、越稳定。

（三）产品的品牌战略

品牌是一个商品名称和商标的总称，它可以用来辨别一个卖者或卖者集团的货物或劳务，以便同竞争者的产品相区别。品牌具有多种功能：一是具有创造市场的功能；二是具有联合市场的功能；三是具有巩固市场的功能。

五、公司经营能力分析

（一）公司法人治理结构

公司法人治理结构有狭义和广义两种定义，狭义上的公司法人治理结构是指有关公司董事会的功能、结构和股东的权利等方面的制度安排；广义上的公司法人治理结构是指有关企业控制权和剩余索取权分配的一整套法律、文化和制度安排，包括人力资源管理、收益分配和激励机制、财务制度、内部制度和管理等。健全的公司法人治理结构体现在以下七个方面。

1. 规范的股权结构

规范的股权结构包括三层含义：一是降低股权集中度，改变“一股独大”局面；二是流通股股权适度集中，发展机构投资者、战略投资者，发挥他们在公司治理中的积极作用；三是股权的流通性。

2. 有效的股东大会制度

股东大会制度是确保股东充分行使权利的最基础的制度安排，能否建立有效的股东大会制度是上市公司建立健全公司法人治理机制的关键。

3. 董事会权利的合理界定与约束

4. 完善的独立董事制度

5. 监事会的独立性和监督责任

6. 优秀的职业经理层

7. 相关利益者的共同治理

相关利益者包括员工、债权人、供应商和客户等主要利益相关者。

（二）公司经理层素质

企业经理人员应该具备：一是从事管理工作的愿望；二是专业技术能力；三是良好的道德品质修养；四是人际关系协调能力。

（三）公司从业人员素质和创新能力

公司从业人员应具有专业技术能力、对企业的忠诚度、责任感、团队合作精神和创新能力等。

拓展阅读

新篇章，宁德时代突破万亿元市值，曾毓群身价飙至 2 782 亿元

2021 年 6 月 28 日消息，宁德时代（300750）继续走强。截至发稿，其股价盘中涨至 5%，股价超 500 元，总市值达 1.16 万亿元。

随着宁德时代股价创新高，该公司董事长曾毓群的身价也水涨船高。根据福布斯实时富豪榜数据，曾毓群目前身价为 431 亿美元（约合人民币 2 781.89 亿元），仅次于拼多多创始人黄峥，排在第 30 位。

宁德时代成立于2011年，其核心技术为动力和储能电池领域，材料、电芯、电池系统、电池回收二次利用等全产业链研发及制造能力。

根据数据，2021年第一季度，宁德时代营收达到了191亿元，同比增长112%。

国信证券认为，宁德的业务进展和估值成为行业发展和投资风向标之一从2018年初登创业板的不足500亿元市值，到2021年5月末突破万亿元，市场预期逐步上调，3年近20倍增长，宁德乘新能源东风俨然成为行业标杆企业。与特斯拉类似的“锚定位”，其业务进展和估值成为新能源汽车发展和投资风向标之一。

复盘宁德成长之路，站上万亿元市值，核心驱动因素有四：一是卡位十年百倍的高景气赛道（动力电池产业为能源、交通、工业三大领域交汇点；新能源汽车未来5年30%～40%复合增速，其中占据4成成本的动力电池为三年内弹性最大的纯增量环节）；二是实现主流车企供应链全覆盖（国内半壁江山、海外占据两成的市占率预期）；三是纵向布局形成产业链战略版图（打通原材料、电池制造、运营服务、材料回收环节，持续降本）；四是技术持续迭代维持竞争力（CTP、高镍、燃料电池、钠离子电池等）。

资料来源：www.capwhale.com。

六、公司财务分析

（一）公司主要的财务报表

在财务报表中，最为重要的有资产负债表、利润表和现金流量表。

1. 资产负债表

资产负债表是反映公司在某一特定日期（往往是年末或年中）财务状况的静态报告，资产负债表反映公司资产负债之间的平衡关系。资产负债表由资产和负债两部分组成，每部分各项目的排列一般以流动性的高低为序。资产部分表示公司所拥有的或所掌握的，以及其他公司所欠的各种资源或财产。其负债部分（广义负债）包括负债（狭义负债）和股东权益两项，其负债表示公司所应支付的所有债务，股东权益表示公司的净值。资产、负债和股东权益的关系用公式可表示为：

资产＝负债（广义）＝负债（狭义）＋股东权益

2. 利润及利润分配表

利润及利润分配表是一定时期内（通常是1年或半年内）经营成果的反映，是关于收益和损耗情况的财务报表。利润及利润分配表是一个动态报告，它展示公司的损益账目，反映公司在一定时期的业务经营状况，直接明了地揭示公司获取利润能力的大小、潜力以及经营趋势。利润及利润分配表由四个主要部分构成：第一部分是营业收入；第二部分是与营业收入相关的生产性费用、销售费用和其他费用；第三部分是利润；第四部分是公司利润分配去向。有的公司公布财务资料时以损益表代替利润及利润分配表。在损益表的基础上加上利润分配的内容就是利润及利润分配表。

3. 现金流量表

以现金为基础编制的财务状况变动表，称为现金流量表。现金流量表是反映现金的来源及运用，以及不涉及现金的重大的投资和理财活动。它包括三个部分：一是经营活动产生的现金流量；二是投资活动产生的现金流量；三是筹资活动产生的现金流量。

（二）公司财务报表分析的目的与方法

1. 主要目的

公司财务报表是为向有关各方提供可以用来做出决策的信息。

财务报表分析的目的是为有关各方提供可以用来做出决策的信息。但对不同的使用主体，分析的目的也不完全相同见表4－3。

表4－3　公司财务报表分析目的一览表

序号	报表使用人	分析目的
1	公司的经理人员	判断公司的现状、可能存在的问题，以便进一步改善经营管理
2	公司的现有投资者及潜在投资者	主要关心公司的财务状况、盈利能力，比较该公司和其他公司的风险和收益，决定自己的投资策略
3	公司的债权人	主要关心自己的债权能否收回
财务报表分析的一般目的可以概括为：评价过去的经营业绩；衡量现在的财务状况；预测未来的发展趋势		

2. 分析方法与原则

（1）分析方法。分析方法主要包括比较分析法和因素分析法两大类。比较分析法是指对两个或几个有关的可比数据进行对比，揭示财务指标的差异和变动关系，是财务报表分析中最基本的方法。最常用的比较分析方法有单个年度的财务比率分析、不同时期的财务报表比较分析、与同行业其他公司之间的财务指标比较分析三种。因素分析法是指依据分析指标和影响因素的关系，从数量上确定各因素对财务指标的影响程度。

（2）分析原则。财务报表分析的原则主要包括：坚持全面原则和坚持考虑个性原则。

（三）公司财务比率分析

1. 变现能力分析

变现能力是公司产生现金的能力，它取决于可以在近期转变为现金的流动资产的多少，是考察公司短期偿债能力的关键。其主要包括流动比率和速动比率。

流动比率＝流动资产/流动负债

速动比率＝（流动资产－存货）/流动负债

保守速动比率＝（现金＋交易性金融资产＋应收账款净额＋应收票据）/流动负债

把存货从流动资产中剔除，主要因为：①在流动资产中，存货的变现能力最差；②由于某种原因，部分存货可能已损失报废，还没作处理；③部分存货已抵押给某债权人；④存货估价还存在着成本与当前市价相差悬殊的问题。

通常认为正常的速动比率是1，低于1的速动比率被认为是短期偿债能力偏低。

以下几种因素会增强公司的变现能力：①可动用的银行贷款指标。银行已同意、公司未办理贷款手续的银行贷款限额，可以随时增加公司的现金，提高支付能力。②准备很快变现的长期资产。由于某种原因，公司可以将一些长期资产很快出售变为现金，增强短期偿债能力。③偿债能力的声誉。如果公司的长期偿债能力一贯很好，有一定的声誉，在短期偿债方面出现困难时，可以通过发行债券和股票的方法解决资金的短缺问题，提高短期偿债能力。

这个增强变现能力的因素，取决于公司自身的信用声誉和当时的筹资环境。

以下几种因素会减弱公司的变现能力：一是未作记录的或有负债，二是担保责任引起的负债。

2. 营运能力分析

营运能力是指公司经营管理中利用资金运营的能力，一般通过公司资产管理比率来衡量，主要表现为资产管理及资产利用的效率。评价企业营运能力的指标主要有：存货周转天数（存货周转率）、应收账款周转天数（应收账款周转率）、流动资产周转率和总资产周转率等。

存货周转率 = 销货成本/平均存货

存货周转天数 = 360/存货周转率 = （平均存货 ×360/销货成本）

应收账款周转率 = 销售收入/平均应收账款

应收账款周转天数 = 360/应收账款周转率 = （平均应收账款 ×360）/销售收入

流动资产周转率 = 销售收入/平均流动资产总额

总资产周转率 = 销售收入/平均资产总额

3. 长期偿债能力分析

长期偿债能力是指公司偿付到期长期债务的能力，通常以反映债务与资产、净资产的关系的负债比率来衡量。负债比率主要包括：资产负债率、产权比率、有形资产净值债务率、已获利息倍数、长期债务与营运资金比率等。

产权比率 = （负债总额/股东权益总额） ×100%

资产负债比率 = （负债总额/资产总额） ×100%

有形资产净值债务率 = 债务总额/（股东权益 - 无形资产净值） ×100%

已获利息倍数 = 息税前利润/利息费用

影响长期偿债能力的其他因素有：长期租赁；担保责任；或有项目。

4. 盈利能力分析

盈利能力就是公司赚取利润的能力。一般来说，公司的盈利能力只涉及正常的营业状况。

反映公司盈利能力的指标很多，通常使用的主要有主营业务净利率、主营业务毛利率、资产净利率、净资产收益率等。

主营业务毛利率 = （主营业务收入 - 主营业务成本）/主营业务收入 ×100%

主营业务净利率 = （净利/主营业务收入） ×100%

资产净利率 = （净利润/平均资产总额） ×100%

净资产收益率 = （净利润/年末净资产） ×100%

5. 投资收益分析

（1） 每股收益。

全面摊薄每股收益 = 净利润/期末发行在外的年末普通股总数

每股收益是衡量上市公司盈利能力最重要的财务指标，它反映普通股的获利水平。

应注意以下问题：①每股收益不反映股票所含有的风险；②不同股票的每一股在经济上不等量，它们所含有的净资产和市价不同，即换取每股收益的投入量不同，限制了公司间每股收益的比较；③每股收益多，不一定意味着多分红，还要看公司的股利分配政策。

（2）市盈率。市盈率是（普通股）每股市价与每股收益的比率，亦称本益比。

市盈率＝每股市价/每股收益

该指标是衡量上市公司盈利能力的重要指标，一般来说，市盈率越高，表明市场对公司的未来越看好。

使用市盈率指标时应注意以下问题：①该指标不能用于不同行业公司的比较，成长性好的新兴行业的市盈率普遍较高，而传统行业的市盈率普遍较低，这并不说明后者的股票没有投资价值。②在每股收益很小或亏损时，由于市价不至于降为零，公司的市盈率会很高，如此情形下的高市盈率不能说明任何问题。③市盈率的高低受市价的影响，观察市盈率的长期趋势很重要。

（3）股利支付率。

股利支付率＝每股股利/每股收益×100%

该指标反映公司股利分配政策和支付股利的能力。

股票获利率＝普通股每股股利/普通股每股市价×100%

股利获利率主要应用于非上市公司的少数股权。目的在于获得稳定的股利收益。

（4）每股净资产（每股账面价值、每股权益）。

每股净资产＝年末净资产/发行在外的年末普通股股数

该指标反映发行在外的每股普通股所代表的净资产成本即账面权益。只能有限地使用这个指标。每股净资产在理论上提供了股票的最低价值。

（5）市净率。

市净率＝每股市价/每股净资产（倍）

市净率越小，说明股票的投资价值越高，股价的支撑越有保证。

6. 现金流量分析

现金流量分析是在现金流量表出现以后发展起来的。现金流量分析不仅要依靠现金流量表，还要结合资产负债表和利润表。

（1）流动性分析。所谓流动性，是指将资产迅速转变为现金的能力。

现金到期债务比＝经营现金净流量/本期到期的债务

现金流动负债比＝经营现金净流量/流动负债

现金债务总额比＝经营现金净流量/债务总额

（2）获取现金能力分析。获取现金的能力，是指经营现金净流入和投入资源的比值。投入资源可以是主营业务收入、总资产、营运资金、净资产或普通股股数等。

主营业务现金比率＝经营现金净流量/主营业务收入

每股营业现金净流量＝经营现金净流量/普通股股数

全部资产现金回收率＝经营现金净流量/资产总额×100%

（3）财务弹性分析。财务弹性是指公司适应经济环境变化和利用投资机会的能力。这种能力来源于现金流量和支付现金需要的比较。

现金满足投资比率＝近5年经营活动现金净流量/近5年资本支出、存货增加、现金股利之和

现金股利保障倍数＝每股营业现金净流量/每股现金股利

（4）收益质量分析。收益质量是指报告收益与公司业绩之间的关系。如果收益能如实

反映公司业绩，则认为收益的质量好；如果收益不能很好地反映公司业绩，则认为收益的质量不好。从现金流量表的角度来看，收益质量分析主要是分析会计收益与现金净流量的比率关系，其主要的财务比率是营运指数。

营运指数 = 经营现金净流量/经营所得现金

经营所得现金 = 经营净收益 + 非付现费用 = 净利润 - 非经营收益 + 非付现费用

（四）资产负债表分析

资产负债表是反映公司在特定时点财务状况的财务报表，我们可以通过七步分析法对资产负债表进行分析，在一定程度上判断公司质量的好坏。

1. 分析总资产，了解公司的实力和成长性

总资产我们重点看两点：一是总资产的规模；二是总资产的同比增长率。通过一家公司的总资产规模，在一定程度上可以看出这家公司在行业中的地位。某个行业中总资产排名第一的公司，虽然不一定就是这个行业中最好的公司，但一定是这个行业中很有影响力的公司。另外，总资产同比增长率大于10%的公司一般处于扩张之中，这样的公司成长性较好。如果一家公司的总资产同比负增长，那么这家公司很可能处于收缩或者衰退之中。当然，总资产规模最大，同比增长较快，也并不一定代表公司最强，因为总资产同比增长较快也可能是来自债务的扩张而不是公司净利润的增长，公司可能已经处于债务危机当中。这就要用到接下来的第二步分析。

2. 分析负债，了解公司的偿债风险

负债重点看两点：一是资产负债率；二是准货币资金减有息负债的差额。从这两个方面我们可以判断出公司的偿债风险。

资产负债率 = 总负债/总资产 × 100%

一般来说，资产负债率等于70%为警戒线，如果一家公司的资产负债率大于70%，这家公司发生债务危机的可能性就会变大。在投资实践中一般会把资产负债率大于60%的公司淘汰掉。资产负债率小于40%的公司，基本没有偿债风险。资产负债率大于40%小于60%的公司，偿债风险比较小，但在特殊情况下依然可能发生偿债危机。为了排除这类公司的偿债风险，我们需要看一下准货币资金减有息负债的差额是否大于0，如果大于0，公司没有偿债风险；如果小于0，公司依然有偿债风险，应被淘汰。

准货币资金 = 货币资金 + 交易性金融资产有息负债

= 短期借款 + 一年内到期的非流动负债 + 长期借款 + 应付债券 + 长期应付款

3. 计算“应付预收”减“应收预付”的差额，了解公司竞争优势

“应付”是指应付票据、应付账款；“预收”是指预收款项、合同负债。“应收”是指应收票据、应收账款、应收款项融资、合同资产；“预付”是指预付款项。“应收预付”款项的金额越小，代表公司对经销商和供应商的话语权越强，竞争优势越明显，行业地位越高。“应付预收”金额越大，代表公司对供应商和经销商的话语权越强，竞争优势越明显，行业地位越高。“应付预收”减去“应收预付”的差额大于0，说明公司在经营过程中无偿占用了供应商和经销商的资金，具有“两头吃”的能力。“应付预收”减去“应收预付”的差额小于0，说明公司的资金被上下游公司无偿占用了，公司的竞争力较弱，竞争优势不明显。在投资实践中，我们一般会把“应付预收”减去“应收预付”的差额小于0的公司

淘汰掉。

4. 分析应收账款、合同资产，了解公司的产品竞争力

应收账款、合同资产主要看其占总资产的比率，最好的公司，其“应收账款 + 合同资产”占总资产的比率小于 1%，优秀的公司一般小于 3%。“应收账款 + 合同资产”占总资产的比率本质反映的是公司产品的销售难易度。好公司的品牌影响力强，产品一般都很畅销，要想买好公司的产品往往需要一手交钱一手交货，有时甚至需要先付钱过一段时间才能收到货，所以最好的公司基本没有应收账款。应收账款多的公司，其品牌影响力往往较弱，产品竞争力不行。公司靠品牌或产品自身的影响力很难有好的销量，所以公司迫不得已才会采取先交货后收钱的销售方式。“应收账款 + 合同资产”占总资产的比率小于 1%，表明公司的产品很畅销；小于 3%，表明公司的产品畅销；大于 10%，表明公司的产品比较难销售；大于 20%，表明公司的产品很难销售。在投资实践中，我们一般会把“应收账款 + 合同资产”占总资产的比率大于 15% 的公司淘汰。在特别情况下，对于行业第一名并且同时具有 3 个或以上核心竞争力的公司可以放宽到 20%，大于 20% 的一律淘汰。

5. 分析固定资产，了解公司维持竞争力的成本

固定资产主要看（固定资产 + 在建工程）占总资产的比率，比率越高说明公司维持竞争力的成本越高。由于固定资产会变旧，公司为了保持竞争力就需要持续不断的在固定资产上进行大量投入。这样会影响公司的自由现金流，自然也会影响股东的分红。另外如果市场环境发生变化，已经投入的固定资产很难退出，这样就增大了公司的风险。在投资实践中，一般选择“固定资产 + 在建工程”与总资产比率小于 20% 的轻资产型公司，一般会把“固定资产 + 在建工程”与总资产比率大于 40% 的公司淘汰掉。在特别情况下，对于行业第一名并且同时具有 3 个或以上核心竞争力的公司可以放宽到 50%，大于 50% 的一律淘汰掉。在了解了公司维持竞争力的成本之后，我们还要看一下公司的专注度。专注于主业的公司，犯错的概率相对更小，更容易保持住竞争优势。

6. 分析投资类资产，了解公司的主业专注度

投资类资产主要包括：以公允价值计量且其变动计入当期损益的金融资产、债权投资、其他债权投资、可供出售金融资产、持有至到期投资、长期股权投资、其他权益工具投资、其他非流动金融资产、投资性房地产。投资类资产我们主要看投资类资产占总资产的比率。优秀的公司一定是专注于主业的公司，与主业无关的投资类资产占总资产的比率应当很低才对，最好为 0。如果某公司投资类资产占总资产的比率较大，就意味着这家公司在自己的行业内已经很难发现好的投资机会了。在投资实践中，一般会把投资类资产占总资产比率大于 10% 的公司淘汰掉。在了解了公司的实力、偿债风险、竞争力、维持竞争力的成本、主业专注度以后，最后还要了解一下公司未来业绩爆雷的风险。

7. 分析存货、商誉，了解公司未来业绩爆雷的风险

易爆雷资产主要包括应收账款、存货、长期股权投资、固定资产、商誉，这是最容易埋雷的地方，后期爆雷的时候会导致利润大幅减少甚至大幅亏损。由于我们在前六步中已经看过了应收账款、固定资产、长期股权投资科目，排除了这三个科目爆雷的风险。这里重点看一下存货和商誉。对于“应付预收”减“应收预付”差额大于 0 并且应收账款占总资产比率小于 1% 的公司来说，存货基本没有爆雷的风险。对于应收账款占总资产的比率大于 5% 并且存货占总资产的比率大于 15% 的公司，爆雷的风险比较大，需要淘汰掉。商誉是公司

对外收购所花的超出被收购公司净资产的那部分钱。收购来的公司企业文化不同，甚至行业也不同，很难经营成功，所以商誉是最容易爆雷的科目之一。在所有爆雷科目中商誉一直都是那个最耀眼的明星，堪称爆雷科目中的雷神。在A股的业绩爆雷案例中，10个爆雷的有5个来自商誉，1个来自应收账款，1个来自存货，1个来自长期股权投资，1个来自固定资产，还有1个来自其他所有可能爆雷的资产科目。可见商誉在爆雷界的地位如此巩固，未来也很难被超越。在投资实践中，一般会把商誉占总资产的比率超过10%的公司淘汰掉。

（五）利润表分析

公司利润是投资者特别重视的指标，高的利润是不是就意味着好的公司呢？其实未必，我们还要分析公司的利润质量。在没有资产负债表和现金流量表的情况下，只通过利润表去判断一家公司的好坏，还是比较困难的。但是即便如此，按照一定的步骤，我们依然能够快速了解一家公司的基本情况。下面我们通过7步分析法利润表了解一家公司的基本情况。

1. 分析营业收入，了解公司的行业地位及成长性

营业收入主要看规模和增长率。从营业收入的规模我们大概可以判断出公司的实力和行业地位，一般来说营业收入规模大的公司实力较强，行业地位较高。从营业收入增长率我们可以判断出公司的成长性：营业收入增长率大于10%，说明公司成长较快，前景较好；营业收入增长率低于10%，说明公司成长缓慢；营业收入增长率小于0，说明公司可能处于衰退之中。在投资实践中，选择营业收入增长率大于10%的公司，营业收入增长率小于10%的公司一般淘汰掉。

2. 分析毛利率，了解公司的产品竞争力及风险

毛利率主要看数值和波幅。毛利率大于40%为高毛利率，毛利率小于40%为中低毛利率。高毛利率说明公司的产品或服务的竞争力较强，中低毛利率说明公司的产品或服务的竞争力较差。毛利率低的公司要想获得高收益，就必须提高周转率或加杠杆，提高周转率需要强大的运营能力，经营难度较大，加杠杆会增大公司的财务风险。在投资实践中，一般把毛利率小于40%的公司淘汰掉。优秀公司的毛利率不但高还比较稳定，波动幅度比较小。一般来说优秀公司的毛利率每年的波动幅度小于10%。毛利率波动幅度太大的公司要么是公司经营的风险大，要么是公司财务造假的风险大。在投资实践中，毛利率波幅大于20%的公司一般淘汰掉。

3. 分析期间费用率，了解公司的成本管控能力

期间费用率主要看数值。期间费用率越低，公司的成本管控能力就越强。毛利率高，期间费用率低，净利润率才可能高。优秀公司的期间费用率与毛利率的比率一般小于40%。在投资实践中，一般把期间费用率与毛利率的比率大于60%的公司淘汰掉。

4. 分析销售费用率，了解公司产品的销售难易度

销售费用率主要看数值和变动趋势。一般来说，销售费用率小于15%的公司，其产品比较容易销售，销售风险相对较小。销售费用率大于30%的公司，其产品销售难度大，销售风险大。在投资实践中，一般把销售费用率大于30%的公司淘汰掉。

5. 分析主营利润，了解公司主业的盈利能力及利润质量

主营利润主要看主营利润率和主营利润与营业利润的比率。主业盈利能力强的公司的主营利润率至少要大于15%，小于15%的公司淘汰。利润质量高的公司的主营利润与营业利

润的比率至少要大于 80%，小于 80% 的公司一般淘汰。

6. 分析营业外收入净额，进一步了解公司的利润质量

营业外收入净额主要看与利润总额的比率。优秀公司的营业外收入净额与利润总额的比率一般都小于 5%，越小越好。营业外收入净额与利润总额的比率大于 5% 的公司利润质量较差，使用净利润数据时最好把营业外收入净额从净利润中减掉。

7. 分析归母净利润，了解公司的整体盈利能力及持续性

归母净利润主要看：一是规模，二是增长率。一般来说，归母净利润规模大的公司盈利能力更强。比如，归母净利润为 20 亿的公司盈利能力要强于 10 亿的公司。归母净利润的增长率也很重要，增长率大于 10%，说明公司的盈利能力不但强而且持续性较好。归母净利润规模较大但增长率小于 0 的公司，很可能意味公司已经处于衰落之中了，盈利能力的可持续性较差。在投资实践中，一般把归母净利润增长率小于 10% 的公司淘汰掉。在只看利润表的情况下，通过以上 7 步，可以把差公司淘汰掉，把相对较好的公司留下。当然这些被留下来的公司主要是看起来相对比较好的，如果想要更深入地了解一家公司，就必须要结合资产负债表和现金流量表。

（六）现金流量表分析

现金流量包括经营活动产生的现金流量、投资活动产生的现金流量、筹资活动产生的现金流量三大部分。经营活动是一家公司经营的核心，投资活动和筹资活动通常是因经营活动而发生的。因此，在现金流量表中，经营活动产生的现金流量是我们分析的重点。

1. 分析经营活动产生的现金流量净额，了解公司的造血能力

经营活动产生的现金流量净额反映公司的造血能力。我们主要从经营活动产生的现金流量净额的大小及其增长率两个方面分析。经营活动产生的现金流量净额首先必须要大于 0，小于 0 的公司没有造血能力，直接淘汰掉。经营活动产生的现金流量净额越大越好，金额越大，说明公司的造血能力越强。另外，经营活动产生的现金流量净额的增长率要大于 0，如果小于 0 则意味着公司的造血能力在下降，预示着公司在走下坡路。

2. 分析购建固定资产、无形资产和其他长期资产支付的现金，了解公司的增长潜力

购建固定资产、无形资产和其他长期资产支付的现金这个科目能反映公司未来的增长潜力。其主要看：一是与经营活动产生的现金流量净额的比率；二是能否带来销售商品、提供劳务收到的现金的增长。该比率应为 3% ~60%，这样的公司增长潜力较大并且风险相对较小。在投资实践中，一般会把比率大于 100% 或持续小于 3% 的公司淘汰掉。这两种类型的公司要么是太激进，要么是成长太慢。前者风险较大，后者回报较低。

3. 分析分配股利、利润或偿付利息支付的现金，了解公司的现金分红情况

分配股利、利润或偿付利息支付的现金科目反映公司每年的现金分红情况。分配股利、利润或偿付利息支付的现金重点分析与经营活动产生的现金流量净额的比率。优秀的公司每年的现金分红金额一般在经营活动产生的现金流量净额的 20% ~70%。低于 20% 的公司要么能力有问题，要么品质有问题；高于 70% 的公司，分红比例很难长期持续。

4. 分析经营、投资、筹资活动产生的现金流量净额，了解公司所属的类型

优秀的公司经营、投资、筹资活动产生的净现金流一般都是“正负负”和“正正负”型。投资过程中，我们一般只会选择“正负负”和“正正负”这两种类型的公司。

（七）会计报表附注分析

1. 会计报表附注项目

会计报表附注是为了便于会计报表使用者理解会计报表的内容而对会计报表的编制基础、编制依据、编制原则和方法及主要项目等所做的解释。

2. 对会计报表附注项目的分析

（1）重要会计政策和会计估计及其变更的说明。

会计政策是指导企业进行会计核算的基础。一般情况下企业会选择最恰当的会计政策反映其经营成果和财务状况。

会计估计是指企业对其结果不确定的交易或事项以最近可利用的信息为基础所做的判断。

会计政策和会计估计对于企业报表具有重大影响，证券分析师应详细分析企业所采纳的会计政策和会计估计，确定企业会计政策及会计估计方法的选择是否考虑了谨慎、实质重于形式和重要性三方面。

（2）或有事项。企业的或有事项指可能导致企业损益的不确定状态或情形。因为或有事项的后果尚需待未来该事项的发生或不发生才能予以证实，所以企业一般不应确认或有负债和或有资产，但必须在报表中披露。

（八）公司财务状况的综合分析

1. 沃尔评分法

财务状况综合评价的先驱者之一是亚历山大·沃尔，在 20 世纪初提出了信用能力指数的概念，把若干个财务比率用线性关系结合起来，以此评价公司的信用水平。它选择了 7 种财务比率，分别给定了其在总评价中所占的比重，总和为 100 分。

2. 综合评价方法

公司财务评价的内容主要是盈利能力，其次是偿债能力，此外还有成长能力。它们之间大致可按 5∶3∶2（行业平均数）来分配比重。

综合评价方法的关键技术是“标准评分值”的确定和“标准比率”的建立。

（九）EVA——业绩评价的新指标

EVA（Economic Value Added）或经济增加值最初由美国学者 Stewart 提出，并由美国著名咨询公司 Stern Stewart & Co. 在美国注册。它衡量了减去资本占用费用后企业经营产生的利润，是企业经营效率和资本使用效率的综合指标（也称“经济利润”）。

传统会计方法没有全面考虑资本的成本，而忽略了股权资本的成本。运用 EVA 指标衡量企业业绩和投资者价值是否增加的基本思路是：公司的投资者可以自由地将他们投资于公司的资本变现，并将其投资于其他资产，因此，投资者从公司至少应获得其投资的机会成本。这意味着，从经营利润中扣除按权益的经济价值计算的资本的机会成本之后，才是股东从经营活动中得到的增值收益。其计算公式为：

$$\text{EVA} = \text{税后净营业利润（NOPAT）} - \text{资本} \times \text{资本成本率}$$

市场增加值是公司为股东创造或毁坏了多少财富在资本市场上的体现，也是股票市值与累计资本投入之间的差额。即：它是企业变现价值（市值）与原投入资金之间的差额，直接表明了一家企业累计为其投资者创造了多少财富。

市场增加值 = 市值 - 资本

市值 = 股票价格 × 股票数量 + 债务资本市值

资本 = 权益资本账面值 + 债务资本账面值

MVA 是市场对公司未来获取经济增加值的预期反映。证券市场越有效，企业的内在价值和市场价值就越吻合，市场增加值就越能反映公司现在和未来获取经济增加值的能力。

EVA 在企业管理和价值评估有两方面的用途：①对于企业经营管理者来说，EVA 可以作为企业财务决策的工具、业绩考核和奖励依据。②对于证券分析人员和投资者来说，EVA 是对企业基本面进行定量分析，评估业绩水平和企业价值的最佳理论依据和分析工具之一。

（十）财务分析中应注意的问题

1. 财务报表数据的准确性、真实性与可靠性

财务报表是按会计准则编制的，它们合乎规范，但不一定反映该公司的客观实际，例如：①报表数据未按通货膨胀或物价水平调整；②非流动资产的余额，是按历史成本减折旧或摊销计算的，不代表现行成本或变现价值；③有许多项目，如科研开发支出和广告支出，从理论上看是资本支出，但发生时已列作了当期费用；④有些数据基本上是估计的，如无形资产摊销和开办费摊销，但这种估计未必正确；⑤发生了非常的或偶然的事项，如财产盘盈或坏账损失，可能歪曲本期的净收益，使之不能反映盈利的正常水平。

2. 财务分析结果的预测性调整

公司的经济环境和经营条件发生变化后，原有的财务数据与新情况下的财务数据不具有直接可比性。

3. 公司增资行为对财务结构的影响

（1）股票发行增资对财务结构的影响：①配股增资对财务结构的影响（股东风险增加）。配股融资后，由于净资产增加，而负债总额和负债结构都不会发生变化，因此公司的资产负债率和权益负债比率将降低，减少了债权人承担的风险，而股东所承担的风险将增加。②增发新股对财务结构的影响。增发新股后，公司净资产增加，负债总额和负债结构都不会发生变化，因此公司的资产负债率和权益负债比率将降低。

（2）债券发行增资对财务结构的影响。公司的负债总额将增加，同时总资产也增加，资产负债率将提高。

（3）其他增资行为对财务结构的影响。公司其他的增资方式还有向外借款，向外借款后公司的权益负债比率和资产负债率都将提高。

七、公司重大事项分析

（一）公司的资产重组

1. 资产重组方式

资产重组方式包括扩张型公司重组、调整型公司重组和控制权变更型公司重组。

（1）扩张型公司重组。公司的扩张通常指扩大公司经营规模和资产规模的重组行为。

主要包括以下方式：①购买资产，即购买房地产、债权、业务部门、生产线、商标等有形或无形的资产。其优点是：收购方不必承担与该部分资产有关联的债务和义务。其主要缺点是：以多元化发展为目标的扩张通常不采取收购资产而大都采取收购公司的方式来进行，因为缺乏有效组织的资产通常并不能为公司带来新的核心能力。②收购公司。收购公司通常是指获取目标公司全部股权，使其成为全资子公司或者获取大部分股权处于绝对控股或相对控股地位的重组行为。其特点是：不仅获得公司的产权与相应的法人财产，同时也是所有权利和义务的转让。其优点是：收购公司不仅可以获得目标公司拥有的某些专有权利，如专营权、经营特许权等，更能快速地获得由公司的特有组织资本而产生的核心能力。③收购股份。一般是指不获取目标公司控制权的股权收购行为，只处于参股地位。其特点主要有：收购股份通常是试探性的多元化经营的开始和策略性的投资，或是为了强化与上、下游企业之间的协作关联。④合资或联营组建子公司。其特点主要是：对于缺少某些特定能力或者资源的公司来说，合资或联营可以作为合作战略的最基本手段，它可以将公司与其他具有互补技能和资源的合作伙伴联系起来，获得共同的竞争优势。⑤公司的合并。公司合并是指两家以上的公司结合成一家公司，原有公司的资产、负债、权利和义务由新设或存续的公司承担。《中华人民共和国公司法》界定了两种形式的公司合并，即吸收合并和新设合并。

（2）调整型公司重组。公司的调整包括不改变控制权的股权置换、股权——资产置换、不改变公司资产规模的资产置换，以及缩小公司规模的资产出售、公司分立、资产配负债剥离等。

①股权置换。股权置换的目的通常在于引入战略投资者或合作伙伴，一般股权置换不涉及控股权的变更。其实现公司控股股东与战略伙伴之间的交叉持股，以建立利益关联。

②股权——资产置换。由公司原有股东以出让部分股权为代价，使公司获得其他公司或股东的优质资产，或是以增发新股的方式来获得其他公司或股东的优质资产，这实质上也是一种以股权方式收购资产的行为。其最大的优点是公司不用支付现金便可获得优质资产，扩大公司规模。

③资产置换。这是指公司重组中为了使资产处于最佳配置状态获取最大收益，或出于其他目的而对其资产进行交换。双方通过资产置换，能够获得与自己核心能力相协调、相匹配的资产。

④资产出售或剥离。这是指公司将其拥有的某些子公司、部门、产品生产线、固定资产等出售给其他的经济主体。其特点是：由于出售这些资产可以获得现金回报，因此从某种意义上来讲，资产剥离并未减少资产的规模，而只是公司资产形式的转化，即从实物资产转化为货币资产。

⑤公司的分立。公司将其资产与负债转移给新建立的公司，把新公司的股票按比例分配给母公司的股东，从而在法律上和组织上将部分业务从母公司中分离出去，形成一个与母公司有着相同股东的新公司。公司分立的方式有并股和裂股两种方式。

⑥资产配负债剥离。即将公司资产配上等额的负债一并剥离出公司母体，而接受主体一般为其控股母公司。该方式在甩掉劣质资产的同时能够迅速减小公司总资产规模，降低负债率，而公司的净资产不会发生改变。

（3）控制权变更型公司重组。公司的所有权与控制权变更是公司重组的最高形式。通常公司的所有权决定了公司的控制权，但两者不存在必然的联系。常见的公司控股权及控制权的转移方式有以下几种：股权的无偿划拨、股权的协议转让、公司股权托管和公司托管、表决权信托与委托书、交叉控股、股份回购。需要对以下两个概念进行特别说明。

①公司股权托管和公司托管。公司股东将其持有的股权以契约的形式，在一定条件和期限内委托给其他法人或自然人，由其代为行使对公司的表决权。当委托人为公司的控股股东时，公司股权托管就演化为公司的控制权托管，使受托人介入公司的管理和运作，成为整个公司的托管。

②表决权信托。表决权信托就是许多分散股东集合在一起设定信托，将自己拥有的表决权集中于受托人，使受托人可以通过集中原本分散的股权来实现对公司的控制。交叉控股产生的原因是母公司增资扩股时，子公司收购母公司新增发的股份。

2. 资产重组对公司的影响

重组后需要对资源整合。整合是重组的重要步骤，包括：企业资产的整合、人力资源配置和企业文化融合、企业组织的重构。

着眼于改善上市公司经营业绩、调整股权结构和治理结构的调整型公司重组和控制权变更型重组，是我国证券市场最常见的资产重组类型。

对于调整型资产重组而言，分析资产重组对公司业绩和经营的影响，首先需鉴别报表性重组和实质性重组。区分报表性重组和实质性重组的关键是看有没有进行大规模的资产置换或合并。实质性重组一般要将被并购企业50%以上的资产与并购企业的资产进行置换，或双方资产合并；而报表性重组一般都不进行大规模的资产置换或合并。

3. 资产重组常用的评估方法

（1）市场价值法。市场价值法假设公司股票的价值是某一估计指标乘以比率系数。估价可以是税后利润、现金流量、主营收入或者股票的账面价值。其优点是：①市场价值法是从统计的角度总结出相同类型公司的财务特征，得出结论有一定的可靠性；②市场价值法简单易懂，容易使用。其缺点是：缺乏明显的理论依据。

文本：东方甄选到底有多赚钱？6个月带货48亿元，俞敏洪翻红

（2）重置成本法。重置成本法也称“成本法”，是指在评估资产时按被评估资产的现时重置成本扣减其各项损耗价值来确定被评估资产价值的方法。其计算公式如下：

被评估资产评估值 = 重置成本 − 实体性贬值 − 功能性贬值 − 经济性贬值

重置成本的估算一般可以采用的方法有直接法、功能价值法和物价指数法。

重置成本法的优点有：比较充分地考虑了资产的损耗，评估结果更加公平合理，有利于单项资产和特定用途资产的评估，在不易计算资产未来收益或难以取得市场参照物条件下可广泛地应用，有利于企业资产保值。

重置成本法的缺点有：采用重置成本法的缺点是工作量巨大。它是以历史资料为依据确定目前价值。另外，经济性损耗（贬值）也不易全面准确计算。

（3）收益现值法。收益现值法是通过估算被评估资产未来预期收益并折算成现值，借以确定被评估资产价值的一种资产评估方法。

被评估资产必须是能用货币衡量其未来期望收益的单项或整体资产，其资产所有者所承担的风险必须是能用货币计量的。

收益现值法中的主要指标有三个：即收益额、折现率或本金化率、收益期限。

采用收益现值法评估资产的优点是：能真实和较准确地反映企业本金化的价格；与投资决策相结合，用此评估法评估资产的价格，易为买卖双方所接受。

采用收益现值法评估资产的缺点是：预期收益额预测难度较大，受较强的主观判断和未来不可预见因素的影响；在评估中适用范围较小，一般适用于企业整体资产和可预测未来收益的单项资产评估。

（二）公司的关联交易

关联方交易是指关联方之间发生转移资源、劳务或义务的行为，而不论是否收取价款。

关联方的界定：①一方控制、共同控制另一方或对另一方施加重大影响；②两方或多方同受一方控制、共同控制或重大影响。

我国上市公司的关联交易具有形式繁多、关系错综复杂、市场透明度较低的特点。

（1）常见的关联交易主要有：①关联购销。主要集中在资本密集型行业和市场集中度较高的行业。此类关联交易在众多上市公司中或多或少地存在，交易量在各类交易中居于首位。②资产租赁。③担保。④托管经营、承包经营等管理方面的合同。⑤关联方共同投资。

（2）关联交易对公司的影响。关联交易属于中性交易，它既不属于单纯的市场行为，也不属于内幕交易的范畴。其主要作用是降低交易成本，促进生产经营渠道的畅通，提供扩张所需的优质资产，有利于利润的最大化等。

在分析关联交易时，要注意关联交易可能给上市公司带来的隐患，如资金占用、信用担保、关联购销等。

（三）会计和税收政策的变化

1. 会计政策的变化及其对公司的影响

会计政策是指企业在会计确认、计量和报告中所采用的原则、基础和会计处理方法。如果采用追溯调整法进行会计处理，则会计政策的变更将影响公司年初及以前年度的利润、净资产、未分配利润等数据。

2. 税收政策的变化及其对公司的影响

税收政策的变化会对企业产生影响，如取消先征后返对上市公司的收益形成了较大的冲击。又如国家有关部门对增值税政策的频繁调整也会影响到有关行业乃至上市公司的效益。增值税作为价外税，其出口退税是指销售时免征增值税，同时将购进时支付的增值税进项税额退给企业，这就意味着产品是以不含税的价格进入国际市场的，因此从价格上提高了企业在国际市场上的竞争能力。

项目小结

1. 证券投资分析是指通过各种专业分析，对影响证券价值或价格的各种信息进行综合分析，以判断证券价值或价格及其变动的行为，是证券投资过程中不可或缺的一个重要环节。

2. 基本分析法又称为经济因素分析法。它是根据经济学、金融学、财务管理学及投资学的基本原理，通过对决定证券投资价值的基本要素如宏观经济指标、经济政策走势、行业发展状况、公司经营及财务状况等的分析，对证券内在价值及证券价格未来变化方向做出评估判断的一种分析方法。基本分析强调股票的基本价值，认为公司基本价值决定了股票在市场上的价格。从长期来看，股票的价格总是围绕着其基本价值上下波动。

3. 基本分析主要包括宏观经济分析、行业分析以及公司分析，证券投资基本分析主要是从这三个方面对股票的价值进行分析和判断。

项目检测

一、单项选择题

1. 我国货币政策的目标是（　　）。

A. 保持社会总供给与总需求的平衡

B. 调节国民收入中消费与储蓄的比重

C. 引导储蓄向投资的转化并实现资源的合理配置

D. 保持货币币值的稳定，并以此促进经济增长

2. 稳定增长是处于（　　）的产业的根本特征。

A. 初创阶段　　B. 成长阶段　　C. 成熟阶段　　D. 衰退阶段

3. 速动比率比流动比率更能真实地反映企业的短期偿债能力，是因为将（　　）排除在了流动资产之外。

A. 应收账款　　B. 应收票据　　C. 存货　　D. 短期债券

4. 以下哪些是宏观经济的先行指标（　　）。

A. 货币供给　　B. GDP　　C. 失业率　　D. 库存量

5. （　　）是指一个国家或地区所有常住居民在一定时期内（一般按年统计）生产活动的最终成果。

A. GNP　　B. GDP　　C. CPI　　D. PMI

6. 以下（　　）不是宏观经济的分析指标。

A. 失业率　　B. CPI　　C. 市盈率　　D. 经济周期

7. 以下货币供应量的范畴，流动性最强的是（　　）。

A. M0　　B. M1　　C. M2　　D. 以上都不是

8. 以下哪个不是三大货币政策工具（　　）。

A. 法定存款准备金率　　B. 再贴现政策

C. 公开市场业务　　D. 直接信用控制

9. 以下（　　）最接近完全竞争市场。

A. 种植业　　B. 服装业　　C. 金融业　　D. 高端制造

10. （　　）指独家企业生产某种特质产品的情形，即整个行业的市场完全处于一家企业所控制的市场结构。

A. 完全市场竞争　　B. 完全垄断　　C. 寡头垄断　　D. 垄断竞争

二、多项选择题

1. 财政政策手段主要包括（　　）。
A. 税收　　B. 财政支出　　C. 国债发行　　D. 再贴现
E. 直接控制
2. 货币政策手段主要包括（　　）。
A. 国债发行　　B. 财政补贴　　C. 再贴现　　D. 存款准备金
E. 公开市场业务
3. 证券投资基本分析的主要包括（　　）。
A. 宏观经济分析　　B. 行业分析　　C. 公司分析　　D. 技术指标分析
E. K 线分析
4. 以下（　　）属于公司分析的主要内容。
A. 宏观经济指标分析　　B. 财务报表分析
C. 公司行业地位分析　　D. 公司区位优势分析
E. K 线分析
5. 以下属于财务指标分析主要内容的是（　　）。
A. 盈利能力分析　　B. 投资收益分析　　C. 长期偿债能力分析
D. 营运能力分析　　E. 变现能力分析

三、判断题

1. 速动比率指标是从流动指标中扣除了应收账款。（　　）
2. 宏观经济政策包括财政政策、货币政策、收入政策。（　　）
3. 广义货币供应量（M1），指 M0 加上单位在银行的定期存款和城乡居民个人在银行的各项储蓄以及证券公司的客户保证金。（　　）
4. 周期型行业的运动状态与经济周期紧密相关。周期性行业是伴随着经济周期的波动而波动，呈现正相关关系。（　　）
5. 成长期行业的特点是高风险、高收益。（　　）

四、简答题

1. 简述宏观经济分析的指标。
2. 简述股票基本面分析的主要内容。
3. 简述寡头垄断行业分析的特点。
4. 简述行业分析的方法。
5. 简述公司分析的主要内容。

实训项目

实训一 宏观经济分析实训

【目的】掌握宏观经济分析。

【资料】了解主要宏观分析指标。

【要求】

1. 收集和分析相关宏观经济分析，结合大盘走势，撰写大盘日评和周评。

2. 登录全景网宏观研究频道 http：//www. p5w. net/stock/lzft/hgyj/，阅读几份宏观研究报告，形成本人关于近期大盘走势的观点与结论。

实训二 行业分析实训

【目的】掌握行业分析。

【资料】了解行业分析的相关内容。

【要求】

1. 选择一个行业，收集与其相关的信息，撰写行业日评和周评。

2. 登录全景网宏观研究频道 http：//www. p5w. net/stock/lzft/hyyj/，阅读几份你所选择行业的研究报告，形成本人关于该行业近期走势的观点和结论。

实训三 公司分析实训

【目的】掌握公司分析。

【资料】了解公司分析的相关指标。

【要求】

1. 选择一只你感兴趣股票的相关信息。撰写日评和周评。

2. 登录全景网宏观研究频道 http：//www. p5w. net/stock/lzft/gsyj/，查询并阅读两份所选择股票的研究报告，将其主要观点提炼出来，形成本人关于某只股票的观点和评论。

5 项目五 领会技术分析

项目五 PPT

学习目标

知识目标

1. 了解技术分析方法的概念及于基本分析方法的区别。
2. 掌握主要的技术分析方法：K线分析、切线分析、形态分析和指标分析等。
3. 理解技术分析方法的假设前提。

技能目标

1. 掌握证券投资技术分析的主要理论。
2. 能运用K线理论、移动平均线理论、切线理论和技术指标来分析投资标的的未来价格走势。
3. 能将各主要理论运用到实践分析中来进行预测和判断。

案例导入

一位基金经理写的关于对技术分析的理解

证券投资的领域里也有占星术，那就是技术分析。西方发达的资本市场经历了很多阶段，最终价值投资、基本面分析逐渐成为了主流，而技术分析已经被证明是无效的，成为了投资领域的占星术。我们绝大多数从业人员也一直是这样被教育的。但是，干了这行很多年之后，我才发现并不是这么一回事儿。

技术分析的要素包括价格、时间和成交量。其中价格和时间构成了股价走势的二维时空，而成交量我更愿意把它看作是价格的一种投影。不同技术分析方法的出发点都从这三个要素开始。我们就先来看看价格这个要素。

从价格出发，最简单的技术分析就是均线系统。当股价持续上涨时，最新的价格肯定是高于过去一段时间的平均价格的。所以可以把股价高于某均线定义为上升趋势，低于某均线定义为下降趋势。按照经验总结，有人把30日均线定义为牛熊线，股价涨过30日线就买入，跌破30日线就卖出，从回溯统计来看也能获得很好的回报。但是，这种策略在振荡市中会频繁转向，反复打脸，而且不同性质的股票也呈现不同的经验特征。

均线系统除了用于判断趋势，还有个很重要的作用是判断支撑位和压力位。均线其实就是过去多少天的平均交易成本，当股价回落触碰均线时，表示大家基本都没赚钱，获利了结的动力减弱，因此更有可能在这里止跌反转。一般牛股在上涨过程中都是回调不破5日、10日均线的，而120日线和240日线又叫作半年线和年线，反映的是半年和一年时间内的平均成本，因此是长期的重要支撑。

除了运用价格中的收盘价外，有的技术分析也进一步关注了更多类型的价格信号，比如日内的最高价、最低价、开盘价等。比较常见的比如KDJ指标，它就是用收盘价处于当日最高价和最低价之间的具体分位来定义走势的强弱，然后采用类似移动平均的方法加权平滑处理的结果。应用方法也和均线一样，权重设置更敏感的K线上穿相对不敏感的D线时买入。这个系统的优点是它完全以股价的日内运行来判断强弱，和一般关注的涨跌无关，所以算是一个独立的指标（用多个指标共同判断时，一定要使用相互独立的指标，否则达不到交叉验证的效果）。但缺点是价格分位并不能完全反映市场的强弱情绪，实践看来正确率也不高。

这几种技术分析指标都是使用快速线与慢速线交叉的方式来判断买卖时点。事实上这种类似于物理学里测量加速度的方法是绝大多数趋势性指标共同采用的方法。只有股价一天比一天高，快速线才会越来越快，并最终超越慢速线。也就是先发生了股价上涨，经过了一个过程指标才发出买卖信号。这个过程取决于你设置的敏感程度（一般就是日期的长短）。敏感度太高，就会反复变化；敏感度太低，会需要很长时间才确认趋势，错过最好的交易时点。特别是对于大量资金，需要更多的时间完成仓位调整。

请思考：基本分析和技术分析哪一个更重要？

资料来源：知乎网。

任务一 主要技术分析理论介绍

一、技术分析的概念

技术分析方法据考证最早产生于日本德川幕府时代的米市交易，经过200多年的发展，技术分析已形成了波浪分析、形态分析、K线分析、指标分析和切线分析5类主要方法，具体方法曾有人统计不下3 000种。

技术分析是以市场过去和现在的行为作为研究对象，运用一系列数学和逻辑方法进行归纳和总结，概括出一些典型的变化规律，并据此预测证券市场的未来变化。

其特征表现为：①运用历史资料对市场行为进行分析，市场行为主要包括价量时空四个方面：包括价格、成交量、完成变化所经过的时间、价格的升降所能够达到的空间。②大量采用统计指标和图形方法。历史资料毕竟是凌乱的，并带有一定的随机成分，通过一定方法对历史资料进行加工，可使其中揭示未来的成分更加昭彰。③许多技术分析方法包含着对人们心理活动的定量分析。

二、技术分析与基本分析的区别

技术分析是对股票价格变动趋势的分析，其目的是预测股价变动的方向和幅度；基本分析是对股票价值的分析，其目的是判断股票价格相对于价值的高低。技术分析是根据历史资料分析股票价格的未来变化，有人曾讥讽技术分析是看着后视镜往前开车；基本分析是根据预期股息和贴现率决定股票的价值。技术分析侧重于短期分析和个股分析；基本分析着重于长期分析和大势分析。

三、技术分析的假设条件

（一）市场行为包容一切信息

这一假定的基本思想是证券价格的每一个影响因素都完全、充分反映在证券价格之中。这一假定暗含的思想是，仅仅对证券价格的高低和变化进行分析就足以包括对影响证券市场所有因素的分析，而没有必要知晓究竟是什么因素在影响证券价格。这一点是技术分析方法成立的基础。

（二）价格沿趋势移动

这一假定的基本思想是，证券价格在一段时间内上涨或下跌，在将来一定时间内，如果没有足够的力量改变这一趋势，价格将沿袭过去的变化趋势。证券价格的变动是有一定规律的，即保持原来运动方向的惯性。因为，证券价格的运动方向是由供求关系决定的，供求关系一旦确定，证券价格的变化趋势就会一直持续下去。只要供求关系不发生根本改变，证券价格走势就不会发生反转。这一假定是技术分析方法成立的前提。

（三）历史会重演

这一假设的含义是投资者过去的经验是制定投资策略的参考。这一假定是技术分析方法合乎科学的条件。在证券市场上，过去某种市场环境下价格变动的结果，将会再现于当前或未来相类似的市场环境。因为在市场中是由人决定最终的交易行为，人的行为要受到心理因素的影响。只要投资者追求利润的目的不改变，市场交易行为将趋于一定的模式，由此导致过去出现过的价格趋势和变动方式，今后会不断出现。

在这三大假设的支持下，技术分析已经有了巨大的发展，并且生成了当今的各种分析方法和分析工具。

四、技术分析的市场行为要素和方法分类

（一）市场行为的要素——量、价、时、空

1. 价和量是市场行为最基本的表现

市场行为最基本的表现就是成交价和成交量。过去和现在的成交价、成交量是过去和现在的市场行为的主要表现。技术分析就是以过去和现在的成交价、成交量资料为基础预测未来市场趋势的，因而成交价、成交量就成为技术分析的基本要素。

2. 时间和空间是市场潜在能量的表现

时间是指完成某个过程所经过的时间长短，通常是指一个波段或一个升降周期所经过的时间。时间反映市场起伏和市场潜在的能量由小变大再变小的过程。空间是指价格的升降所能够达到的程度。空间反映市场发生变动程度的大小，也体现市场潜在的升降能量的大小。

3. 价量配合是成交量与价格趋势的一般关系

一般来说，买卖双方对价格的认同程度以成交量的大小确认。认同程度小，分歧大，成交量大；认同程度大，分歧小，成交量小。

“价升量增，价减量减”，若价格升高，成交量不增，则价格上升得不到买方确认，价格上升趋势将改变；若价格下降，成交量萎缩到一定程度不再萎缩，则卖方不再认同价格继续下降，价格下跌趋势将改变。

“价是虚的，量是实的”，成交量作为价格形态的确认，无成交量的确认，形态可靠性就差；量是价的先行者，量增时，价迟早会跟上来，价增量不增时，价迟早下跌。

4. 时间和空间与价格趋势有一定的关系

对于大周期，价格变动的时间长、空间大；对于小周期，价格变动的时间短、空间小。时间长、波动空间大的过程，对今后价格趋势的影响和预测作用大；时间短、波动空间小的过程，对今后价格趋势的影响和预测作用小。

（二）技术分析方法

技术分析方法分为5类：K线类、切线类、形态类、指标类和筹码类。

任务二
领会K线理论

一、K线的制作

K线也称日本线，据说起源于200多年前的日本。实际上，在日本的“K”并不是写成“K”字，而是写作“罫”（日本音读kei），K线是“罫线”的读音，K线图称为“罫线”，西方以其英文首字母“K”直译为“K”线，由此发展而来。

一条K线记录的是某一种股票一天的价格变动情况。将每天的K线按时间顺序排列在一起，就组成反映这只股票每天价格变动情况的K线图，这就叫日K线图，将每周、每月的K线按时间顺序排列起来，就是周、月K线图。

价格的变动主要体现在4个价格上，即开盘价（O）、最高价（H）、最低价（L）和收盘价（C），其中收盘价最为重要。

K线是一条柱状的线条，由影线和实体组成见图5－1。图5－1中，如果开盘价高于收盘价，则实体为阴线或黑线；反之，收盘价高于开盘价，则实体为阳线或红线。将四个价格在坐标纸上一一标出，然后按图5－1的方式即可画出。将每个交易日的K线连接在一起，就构成反映股票价格历史情况的K线图。

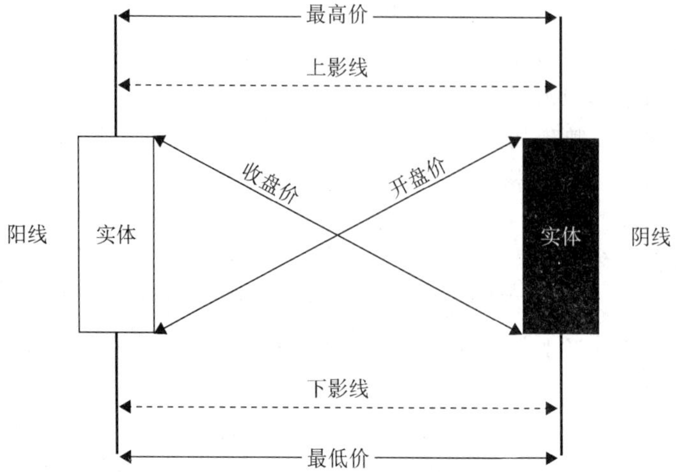

图 5－1　两个标准的 K 线形状

二、K 线组合的含义

在 K 线组合中，两根 K 线的组合情况非常多，只要掌握了几种特定的组合形态就可举一反三进行分析。

无论是两根 K 线还是多根 K 线，都是以两根 K 线的相对位置的高低和阴阳来推测行情的。将前两天的 K 线画出，然后，用数字将前天的 K 线划分成五个区域，见图 5－2。前天的 K 线是判断行情的基础，第二天的 K 线是判断行情的关键。简单来说，第二天多空双方争斗的区域越高，越有利于上涨；越低，越有利于下降，也就是从区域 1 到区域 5 是多方力量减少、空方力量增加的过程。

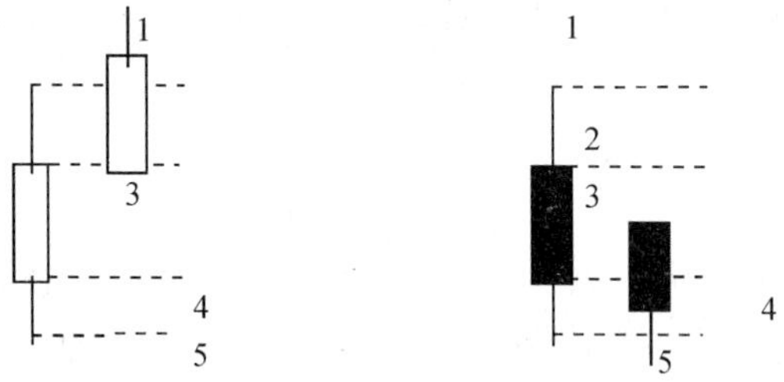

图 5－2　多空的力量对比

以下是几种具有代表性的 K 线组合情况。第一类为上升形态和见底形态，即当这种 K 线或 K 线组合出现，或是表示股价要上涨，或是表示股价已经见底。第二类为下跌形态，即当这种 K 线或 K 线组合出现，或是表示股票要下跌，或是表示股价上涨已经遇到强大阻力，短期内走势会转弱。

（一）上升形态

1. 早晨十字星（见图 5－3）

图 5－3　早晨十字星

（1）出现在下跌途中。

（2）由 3 根 K 线组成：第一根是阴线，第二根是十字线，第三根是阳线。第三根 K 线实体深入到第一根 K 线实体之内越深，后市看涨概率越大。

2. 好友反攻（见图 5－4）

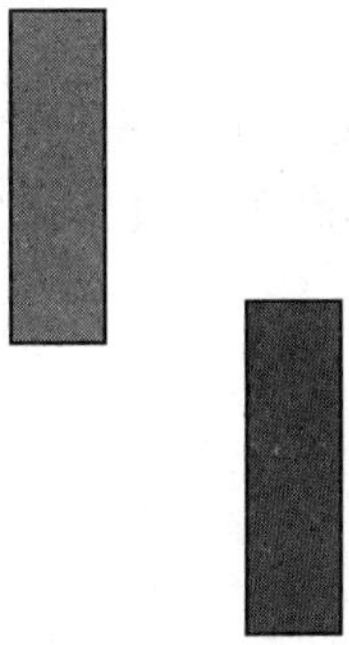

图 5－4　好友反攻

（1）出现在下跌行情中；

（2）由一阴一阳 2 根 K 线组成；

（3）先是一根大阴线，接着跳低开盘，结果收了一根中阳线或大阳线，并且收在前一根 K 线收盘价相同或相近的位置上。本形态为见底信号，后市看涨转势信号不如曙光初现强。

3. 曙光初现（见图 5－5）

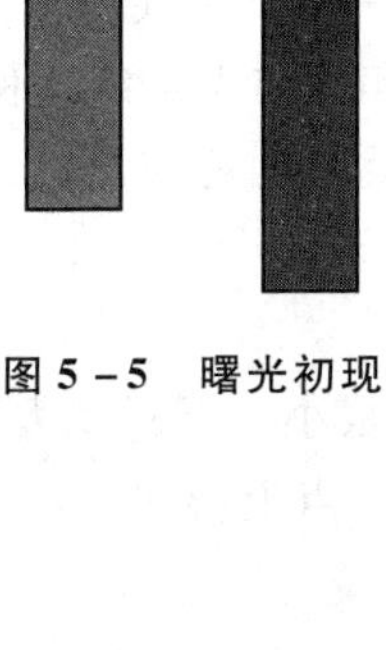

图 5－5　曙光初现

（1）出现在下列趋势中；

（2）由一阴一阳两根 K 线组成；

（3）先是一根大阴线或中阴线，接着出现一根大阳线或中阳线。阳线的实体深入到阴线实体的二分之一以上处。阳线实体深入阴线实体的部分越多，转势信号越强。

4. 旭日东升（见图 5－6）

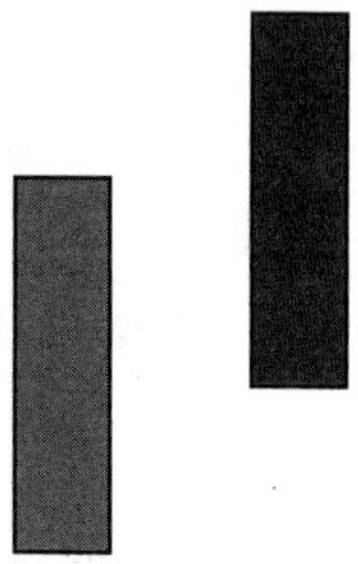

图 5－6 旭日东升

（1）出现在下列趋势中；

（2）由一阴一阳 2 根 K 线组成；

（3）先是一根大阴线或中阴线，接着出现一根高开的大阳线或中阳线，阳线的收盘价已高于前一根阴线的开盘价。阳线实体高于阴线实体部分越多，转势信号越强。转势信号强于曙光初现。

5. 倒锤头线（见图 5－7）

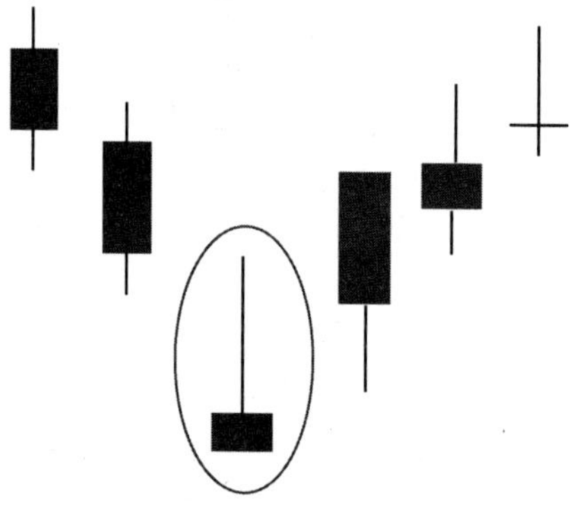

图 5－7 倒锤头线

（1）出现在下跌途中；

（2）阳线（亦可以是阴线）实体很小，上影线大于或等于实体的两倍；

（3）一般无下影线，少数会略有一点下影线。

此形态为见底信号，后市看涨。实体与上影线比例越悬殊，信号越有参考价值。如果倒锤头与早晨之星同时出现，见底信号就更加可靠。

6. 锤头线（见图 5－8）

（1）出现在跌途中；

（2）阳线（亦可以是阴线）实体很小，下影线大于或等于实体的两倍；

（3）一般无上影线，少数会略有一点上影线。

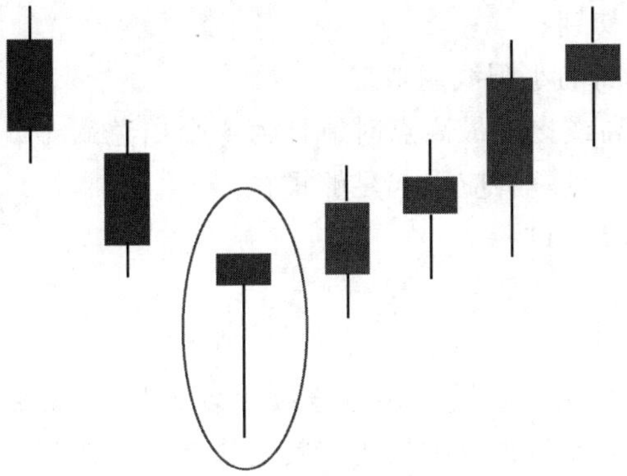

图 5－8　锤头线

此形态为见底信号，后市看涨。锤头实体与下影线比例越悬殊，越有参考价值。如锤头与早晨之星同时出现，见底信号就更加可靠。

7. 平底，又称钳子底（见图 5－9）

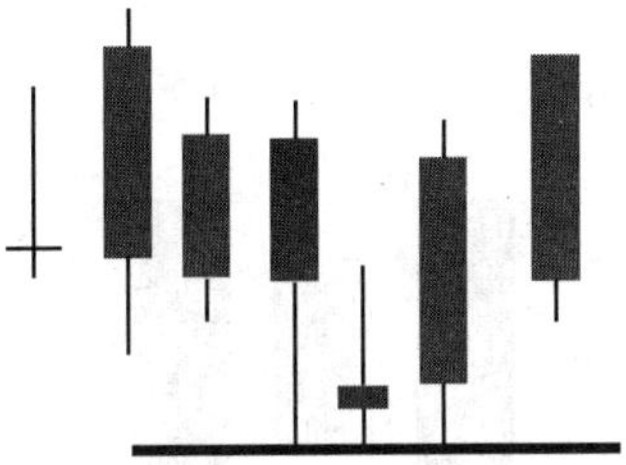

图 5－9　平底

（1）在下跌趋势中出现；

（2）由 2 根或 2 根以上的 K 线组成；

（3）最低价处在同一水平位置上。此形态为见底信号，后市看涨。

8. 红三兵（见图 5－10）

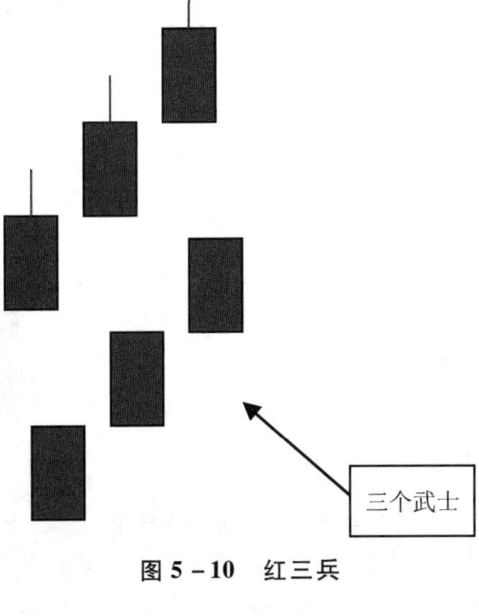

图 5－10　红三兵

（1）出现在上涨行情初期；

（2）由3根连续创新高的小阳线组成。

当3根小阳线收于最高或接近最高点时，称为3个白色武士，3个白色武士拉升股价的作用要强于普通的红三兵，投资者应引起足够重视。

9. 上升三部曲（见图5-11）

（1）出现在上涨途中；

（2）由大小不等的5根K线组成；

（3）先拉出一根大阳线或中阳线，接着连续出现3根小阴线，但都没有跌破前面阳线的开盘价，随后出现了一根大阳线或中阳线，其走势有点类似英文字母“N”继续看涨。

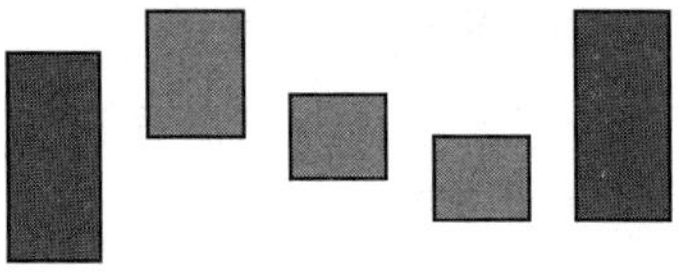

图5-11 上升三部曲

10. 两红夹一黑（见图5-12）

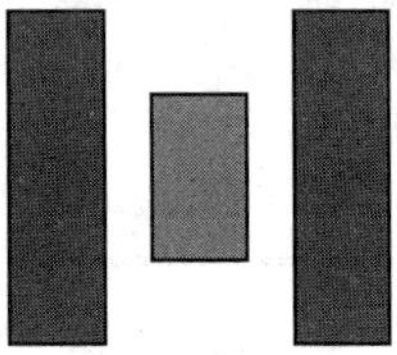

图5-12 两红夹一黑

（1）既可出现在涨势中，也可出现在跌势中；

（2）由2根较长的阳线和要根较短的阴线组成，阴线夹在阳线之中。

在涨势中出现，继续看涨；在跌势中出现，是见底信号。

（二）下跌形态

1. 黄昏十字星（见图5-13）

图5-13 黄昏十字星

（1）出现在涨势中；

（2）由3根K线组成，第一根为阳线，第二根为十字线，第三根为阴线；

（3）第三根K线实体深入到第一根K线之内越深，后市看跌概率越大。

2. 淡友反攻（见图5－14）

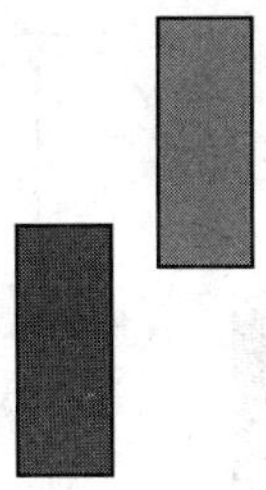

图5－14　淡友反攻

（1）出现在涨势中；

（2）由一阳一阴2根K线组成；

（3）先是出现一根大阳线接着跳高开盘，结果拉出一根中阴线或阴线，收在前一根K线收盘价相同或相近的位置上。转势信号不如乌云盖顶强。

3. 乌云盖顶（见图5－15）

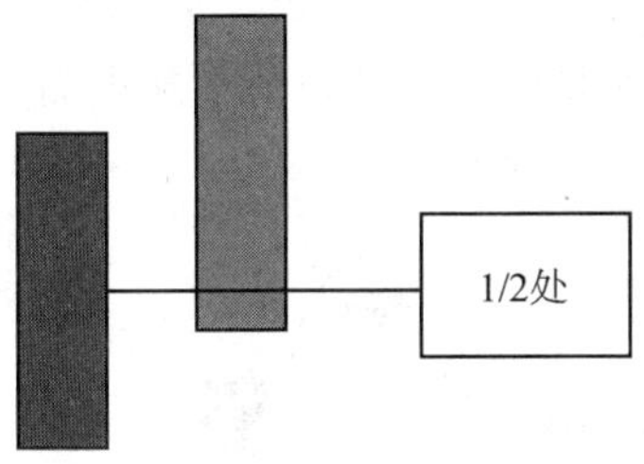

图5－15　乌云盖顶

（1）出现在涨势中；

（2）由一根中阳线或大阳线和一根中阴线或大阴线组成；

（3）阴线已深入到阳线实体1/2以下处。阴线深入阳线实体部分越多，转势信号越强。

4. 倾盆在雨（见图5－16）

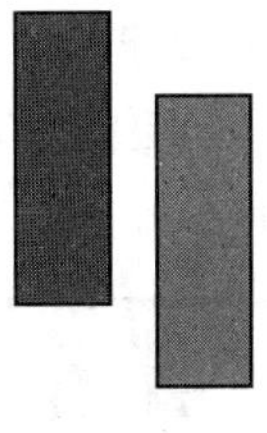

图5－16　乌云盖顶倾盆大雨

（1）出现在上涨趋势中；

（2）由一阳一阴2根K线组成；

(3) 先是一根大阳线或中阳线，接着出现一根低开的大阴线或中阴线，阴线的收盘价已低于前一根阳线的开盘价。阴线实体低于阳线实体部分越多，转势信号越强。见顶信号强于乌云盖顶。

5. 射击之星，又称流星、扫帚星（见图 5－17）

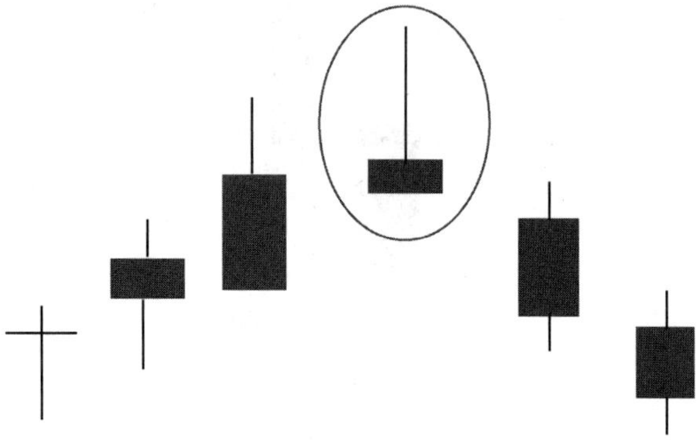

图 5－17 射击之星

(1) 出现在上涨趋势中；

(2) 阳线（亦可以是阴线）实体很小，上影线大于或等于实体的两倍；

(3) 一般无下影线，少数会略有一点下影线。实体与上影线比例越悬殊，信号越有参考价值。如射击之星与黄昏之星同时出现，见顶信号就更加可靠。

6. 吊颈线又称绞刑线（见图 5－18）

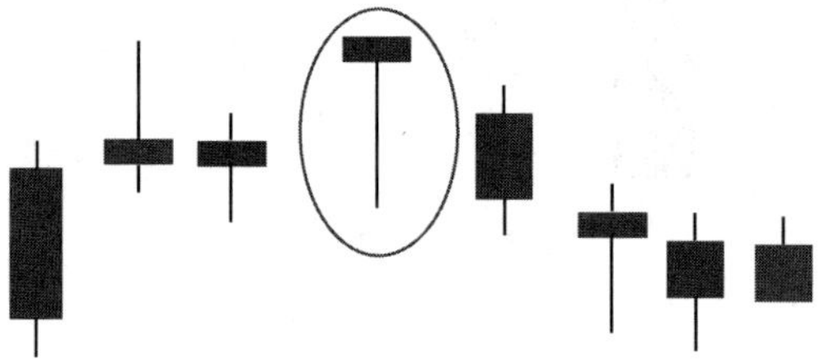

图 5－18 吊颈线

(1) 出现在涨势中；

(2) 阳线（亦可以是阴线）实体很小，下影线大于或先等于实体的两倍；

(3) 一般无上影线，少数略有一点上影线。实体与下影线比例越悬殊，越有参考价值。如吊颈线与黄昏之星同时出现，见顶信号就更加可靠。

7. 平顶，又称钳子顶（见图 5－19）

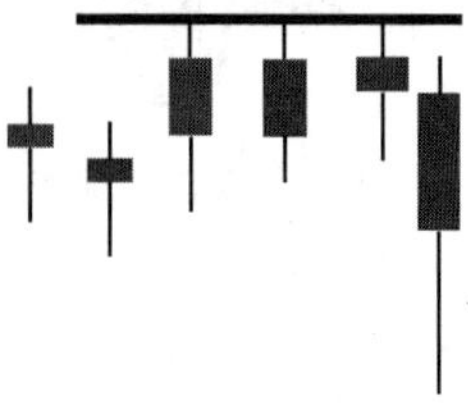

图 5－19 平顶

（1）在上涨趋势中出现；

（2）由 2 根或 2 根以上的 K 线组成；

（3）最高价处在同一水平位置上，见顶信号，后市看跌。

8. 黑三兵（见图 5－20）

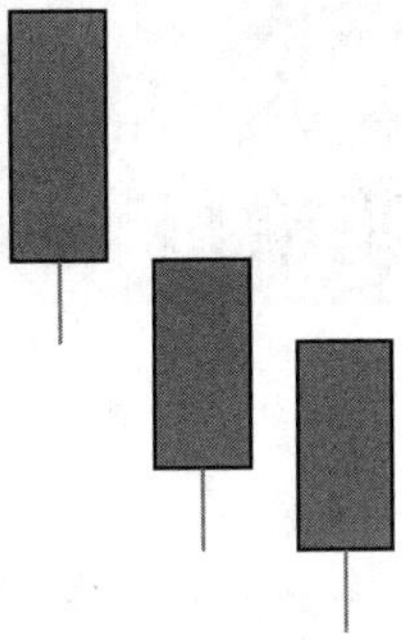

图 5－20　黑三兵

（1）既可在涨势中出现，也可在跌势中出现；

（2）由 3 根小阴线组成，最低价一根比一根低。此形态为卖出信号，后市看跌。

9. 下降三部曲（见图 5－21）

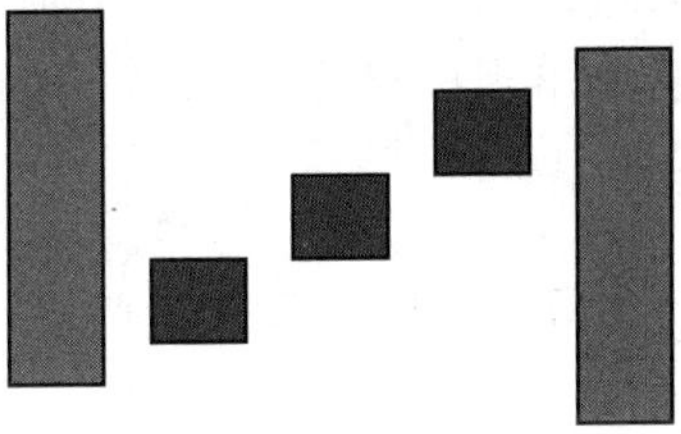

图 5－21　下降三部曲

（1）出现在下降趋势中；

（2）由 5 根大小不等的 K 线组成；

（3）先出现一根大阴线或中阴线，接着出现 3 根向上爬升的小阳线，但这 3 根小阳线都没有冲破第一根阳线开盘价，最后一根大阴线或中阴线又一下子全部或大部分吞吃了前面 3 根小阳线。

10. 两黑夹一红（见图 5－22）

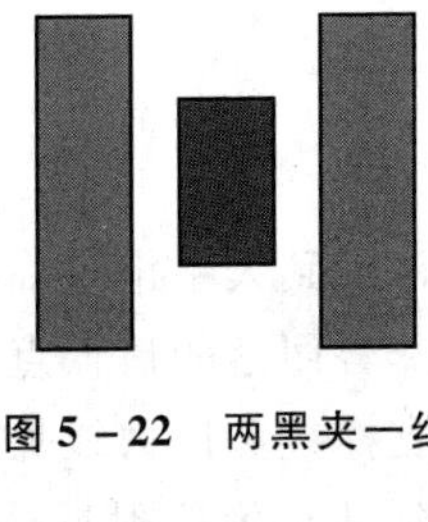

图 5－22　两黑夹一红

（1）既可出现在涨势中，也可出现在跌势中；

（2）由2根较长的阴线和一根较短的阳线组成，阳线夹在阴线之中。在涨势中出现，是见顶信号；在跌势中出现，继续看跌。

任务三 领会切线理论

一、趋势分析

趋势就是股票价格的波动方向。一般来说，市场价格变动不是朝一个方向直来直去，中间肯定有曲折，从图形上看就是一条蜿蜒的曲线，每个折点处形成一个峰或谷。由这些峰和谷的相对高度，我们可以看出趋势的方向。

趋势的方向有上升方向、下降方向和水平方向（见图5-23）。如果图形中每个后面的峰和谷都高于前面的峰和谷，则趋势就是上升方向。如果图形中每个后面的峰和谷都低于前面的峰和谷，则趋势就是下降方向。如果图形中后面的峰和谷与前面的峰和谷相比，没有明显的高低之分，几乎呈水平延伸，这时的趋势就是水平方向。水平方向趋势是被大多数人忽视的一种方向，这种方向在市场上出现的机会是相当多的。图5-23是三种趋势方向的图形。

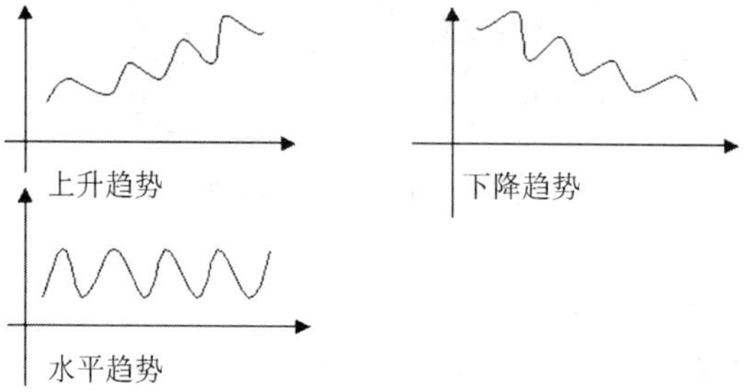

图5-23 三种趋势图

按道氏理论，趋势分为三种类型：一是主要趋势，其是股价波动的大方向，一般持续的时间比较长；二是次要趋势，是在主要趋势中进行的调整；三是短暂趋势，是在次要趋势中进行的调整。这三种类型的趋势的区别是时间的长短和波动幅度的大小。

二、支撑线与压力线

（一）支撑线与压力线定义

如果趋势已经确认了，比如我们认识到大牛市来临，那么自然打算入市，这时就面临选择入市时机的问题。我们总是希望在涨势回落的最低点买入，这个回落的低点在哪里呢？支撑线和压力线会给我们一定的帮助。支撑线和压力线见图5-24。

支撑线又称为抵抗线。当股价跌到某个价位附近时，股价停止下跌，甚至有可能回升，

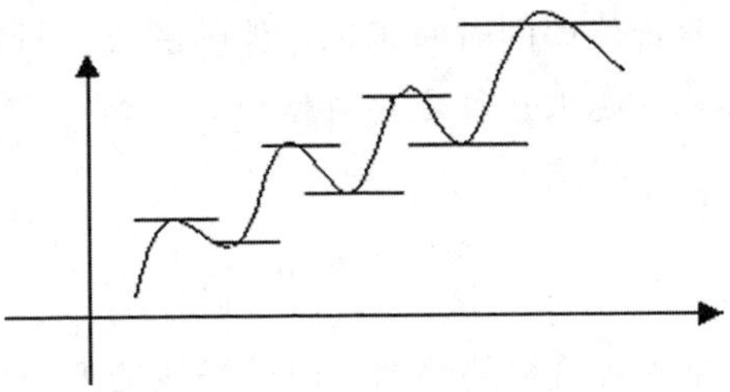

图 5－24　支撑线和压力线

这是因为多方在此买入造成的。支撑线起阻止股价继续下跌的作用，该价位就是支撑线所在的位置。压力线又称为阻力线。当股价上涨到某价位附近时，股价会停止上涨，甚至回落，这是因为空方在此抛售造成的。压力线起阻止股价继续上升的作用。这个起着阻止或暂时阻止股价继续上升的价位就是压力线所在的位置。

（二）支撑线与压力线的确认

每一条支撑线和压力线的确认都是人为的，主要是根据股价变动所画出的图表。一般来说，支撑线或压力线的重要性由三个方面因素决定：一是股价在这个区域停留时间的长短；二是股价在这个区域伴随的成交量大小；三是这个支撑区域或压力区域发生的时间距离当前这个时期的远近。

有时，由于股价的变动，会发现原来确认的支撑或压力可能不真正具有支撑或压力的作用，比如说，不完全符合上面所述的三条。这时，就有一个对支撑线和压力线进行调整的问题，这就是支撑线和压力线的修正。

（三）支撑线与压力线的突破及相互转变

股价的变动是有趋势的，要维持这种趋势，保持原来的变动方向，就必须冲破阻止其继续向前的障碍。支撑和压力线迟早会被突破。同时，支撑和压力线又有彻底阻止股价按原方向变动的可能。支撑线和压力线之所以能起支撑和压力作用，很大程度是由于心理方面的原因，历史会重复也是一个重要因素。

在上升趋势中，如果未创出新高，即未突破压力线，这个上升趋势就已处在很关键的位置了，如果其后股价又向下突破了这个上升趋势的支撑线，就发出了趋势有变的强烈信号，通常这意味着，这一轮上升趋势已经结束，下一步的走向是下跌。同样，在下降趋势中未创新低，即未突破支撑线，这个下降趋势就已经处于很关键的位置，如果其后股价向上突破了这个下降趋势的压力线，这就发出了下降趋势将要结束的强烈信号。

支撑和压力线也可能相互转变。一个支撑如果被跌破，那么这个支撑将成为压力；同理，一个压力被突破，这个压力将成为支撑。支撑和压力相互转化的重要依据是被突破，可以从三个方面判断是否被突破：①连续两天以上的突破，可视为有效突破。②长期趋势线被突破，说明反转的可能大。③价格向上突破下降趋势线时，成交量放大为有效突破；价格向下突破上升趋势线则不一定需要成交量的配合。

一条支撑线或压力线对当前影响的重要性有三个方面：①股价在这个区域停留时间的长短；②股价在这个区域伴随的成交量大小；③这个支撑区域或压力区域发生的时间距离当前

这个时期的远近。很显然，股价停留的时间越长、伴随的成交量越大、离目前越近，则这个支撑或压力区域对当前的影响就越大；反之，就越小。

三、趋势线与轨道线

（一）趋势线

趋势线（见图5－25）是衡量价格趋势的，由趋势线的方向可以明确地看出股价的运行趋势。在上升趋势中，将两个低点连成一条直线，就得到上升趋势线。在下降趋势中，将两个高点连成一条直线，就得到下降趋势线。

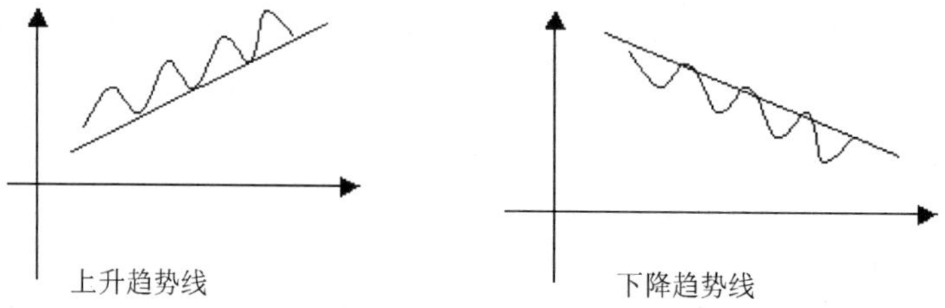

图5－25 趋势线

上升趋势线是支撑线的一种，下降趋势线是压力线的一种。

在实际中对用各种方法画出的趋势线进行挑选评判，得到一条真正起作用的趋势线：首先，必须确实有趋势存在。其次，画出直线后，还应得到第三个点的验证才能确认这条趋势线是有效的。另外，这条直线延续的时间越长，就越具有有效性。

怎样用这条趋势线对股价进行预测？一般来说，趋势线有两种作用：一是对股价今后的变动起约束作用，就是起支撑和压力作用。二是趋势线被突破后，说明股价下一步的走势将要反转。越重要越有效的趋势线被突破，其转势的信号越强烈。即原来是支撑线的，现在将起压力作用，原来是压力线的现在将起支撑作用。

（二）轨道线

轨道线（见图5－26）又称通道线或管道线。在已经得到了趋势线后，通过第一个峰和谷可作出这条趋势线的平行线，这条平行线就是轨道线，也就是常说的上升和下降轨道。轨道的作用是限制股价的变动范围。轨道一旦得到确认，那么价格将在这个通道里变动。轨道线的另一个作用是提供趋势转向的警报。如果在一次波动中未触及轨道线，离得很远就开始掉头，这往往是趋势将要改变的信号。

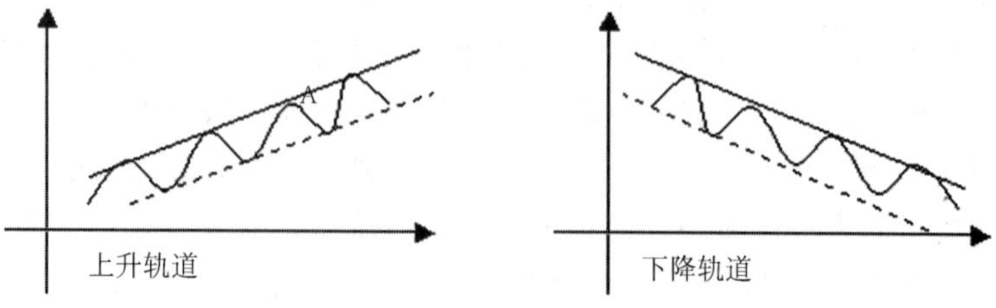

图5－26 轨道线

与突破趋势线不同，对轨道线的突破（见图 5－27）并不是趋势反转的开始，而是趋势加速的开始，即原来趋势线的斜率将会增加，趋势线将会更加陡峭。

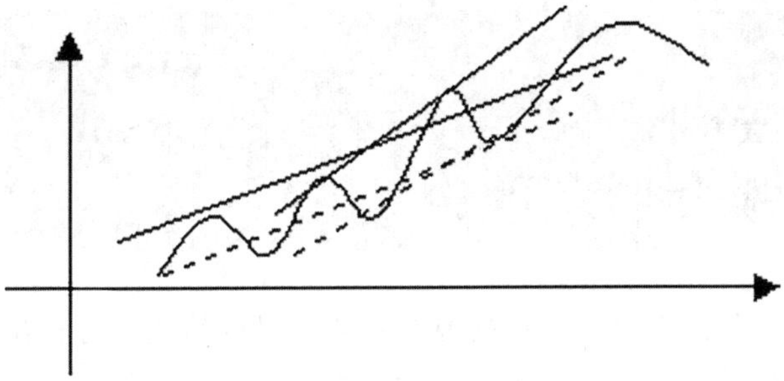

图 5－27 轨道线的突破

怎样确认轨道线？图 5－26 中的股价在 A 的位置如果的确受到压力而在此掉头，并一直走在趋势线上，那么这条轨道线就可以被认可了。轨道线被触及的次数越多，延续的时间越长，其被认可的程度和重要性就越高。

四、黄金分割线和百分比线

（一）黄金分割线

黄金分割线是依据黄金分割率原理而确定的一种支撑线或阻力线。它是一系列的水平直线，十分注重于支撑线和阻力线的价位，而对达到这个价位的时间则不太关心。确定黄金分割线通过下面三个步骤。

1. 记住以下两组数字

第一组：0.382，0.500，0.618，1.618，2.000，2.618，4.236。

第二组：0.191，0.809，1.191，1.382，1.809，2.191，2.382，6.854。

2. 找到一个极点价格

极点是上升行情结束调头向下的最高点，或者是下降行情结束调头向上的最低点。当然，这里的高点和低点都是相对的，是在一定范围内的。一般来说，只要能确认一个趋势（无论是上升还是下降）已经结束或暂时结束，则这个趋势的转折点就可以作为极点。

极点的价格分别乘以第一组的数字，从而得到一组价格，这些价格对应的水平直线，就是黄金分割线。

（二）百分比线

百分比线是利用百分比率的原理进行的分析，是将前一轮行情中重要的高点和低点之间的涨、跌幅按 1/8、2/8、1/3、3/8、4/8、5/8、2/3、6/8、7/8、8/8 的比率生成百分比线。在各比率中，4/8 最为重要，1/3、3/8 及 5/8、2/3 比率也往往起到重要的支撑与压力位作用。因此股价在一轮上升趋势结束以后，在回调的过程中我们需要重点关注的几个位置，就是前一轮上涨幅度的 33%、50% 和 66% 的价位，通常股价回调到这些位置的时候都会出现止跌或反弹。或是一轮下跌趋势以后，出现一波反弹。通常我们需要注意当股价反弹到前一轮下跌的 33%、50%、66% 的价位的时候，都是需要防范风险了。因为股价反弹到这些位置的时候，会产生一定的压力。因此我们可以应用百分比线来掌握股价回调或是反弹的目标位，使我们的操作更有前瞻性。

任务四 领会形态理论

形态理论这种技术分析方法是通过研究股价所走过的轨迹，分析出曲线告诉我们的一些多空双方力量的对比结果，进而指导投资活动。如果一方力量的增加是决定性的，股票价格走势将出现反转，我们将其称为反转突破形态；如果一方是暂时获得优势，多空双方将出现拉锯，我们将其称为整理形态。

一、反转突破形态

（一）双重顶底

双重顶（见图 5－28）和双重底因形似英文字母 M 和 W，所以又称 M 头和 W 底。双重顶共有两个顶和一个底，也就是两个相同高度的高点和一个低点。下面以 M 头为例说明双重顶底形成的过程。

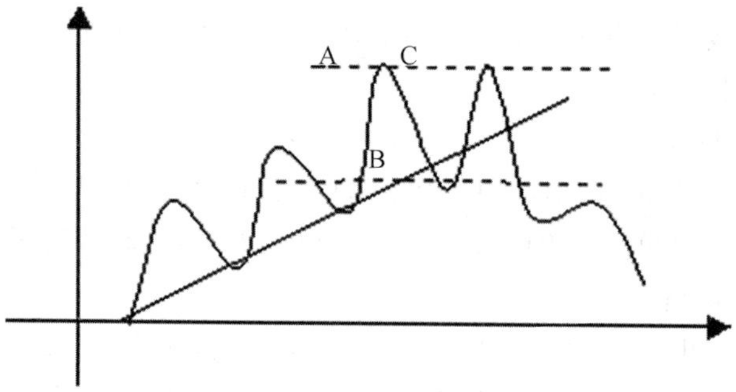

图 5－28 双重顶

在上升趋势的末期，价格在第一个高点 A 建立了新高点，之后进行正常的回档，受上升趋势线的支撑，这次回档在 B 点附近停止。往后是继续上升，但是力量不够，上升高度不足，在 C 点（与 A 点等高）遇到压力，股价向下，这样就形成 A 和 C 两个顶的形状。

M 头形成以后，有两种可能的情形：一是未突破 B 点的支撑位置，股价在 A、B 和 C 点形成的范围内上下波动，这是一个潜在的双重顶反转突破形态；二是突破 B 点的支撑位置继续向下，这种是双重顶反转突破形态。

以 B 点作平行于 A、C 连线的平行线（上面的一条虚线），就得到颈线。A、C 连线是趋势线，颈线是与这条趋势线对应的轨道线，这条轨道线在这里起支撑作用。

双重顶形态应重点掌握以下要点：①两个顶点高度应大致相同，以不超过 3% 为限；②形态形成时间可长可短，少则一个交易日，多则数年，时间越长，对后市的影响越大；③突破颈线是形态成立的标志，突破颈线就是突破轨道线；④突破颈线后，从突破点算起，股价将至少要跌到与形态高度相等的距离。形态高度就是从顶点到颈线的垂直距离。

以上是以双重顶为例，对双重顶底形态进行介绍，对于双重底，情形完全相反，原理完全相同。

（二）头肩顶底

头肩顶（见图 5－29）和头肩底是实际股价形态中出现得最多的形态，是最著名和最可靠的反转突破形态。头肩形形成的时间较长，少则 3～5 个月，长则数年之久。

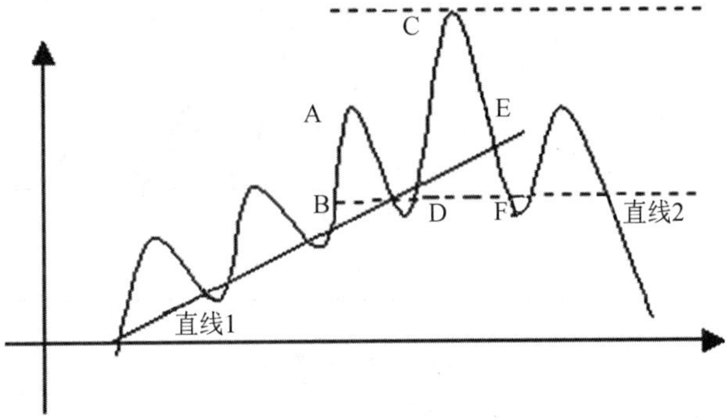

图 5－29　头肩顶

这种形态一共出现三个顶和两个底，中间的高点比另外两个都高，称为头，左右两个相对较低的高点称为肩。以下以头肩顶为例对头肩形态进行介绍。

在上升趋势中，不断升高的各个局部的高点和低点保持着上升趋势，然后在某一个地方趋势的上涨势头将放慢。图 5－29 中 A 和 B 点还没有放慢的迹象，但在 C 和 D 点已经有了势头受阻的信号，这说明这一轮上涨趋势可能已经出了问题。最后，股价走到了 E 和 F 点，这时反转向下的趋势已势不可挡。图中的直线 1 和直线 2 是两条明显的支撑线。在 C 点和 D 点突破直线 1 说明上升趋势的势头已经遇到了阻力，E 点和 F 点之间的突破则是趋势的转向。另外，E 点的反弹高度没有超过 C 点，F 点的回落已经低于 D 点，都是上升趋势出了问题的信号。

图 5－29 中的直线 2 是头肩顶底形态中极为重要的颈线，在头肩顶底形态中，它是支撑线，起支撑作用。头肩顶底形态走到了 E 点并调头向下，只能说是原有的上升趋势已经转化成了横向延伸，还不能说已经反转向下了。只有当图形走到了 F 点，即股价向下突破了颈线，才能说头肩底反转形态已经形成。确认突破颈线的原则有收盘价原则、百分比原则和时间原则。

颈线突破后，股价运动的方向是下跌，下跌的深度从突破点算起，股价将至少要跌到与形态高度相等的距离，即从头到颈线的距离，也就是头肩顶形态的高度。

以上是以头肩顶为例，对头肩顶底形态进行了介绍。对头肩底而言，情形完全相反，原理完全相同。

（三）三重顶底

它与头肩形类似，只是其中三个峰（底）都处在同一水平。三重顶（底）见图 5－30

是头肩形态的特例，头肩形态的分析也适用。在这里不再赘述。

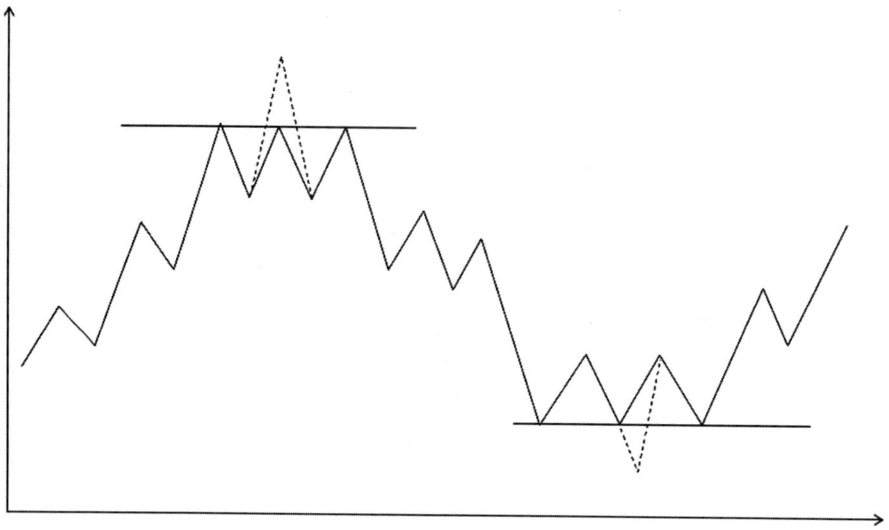

图 5－30　三重顶

（四）圆弧顶（底）

圆弧形态（见图 5－31），又称碟形、圆形、弧形、碗形等。事实上，圆弧形态与其他形态相比，它的顶或底没有明显的头肩的感觉。一般而言，圆弧形态可以分为圆弧顶与圆弧底。圆弧形形成过程有如下要点：①圆弧形的形成是主力操纵股价的结果；②在形态形成过程中，成交量要经历一个由大到小再放大的过程，突破时量必须放大；③形态突破后的价格涨跌多具有爆发性，中间极少出现回档或反弹；④圆弧形态的形成所花时间越长，今后价格反转的力度就越强，买卖信号就越强烈。

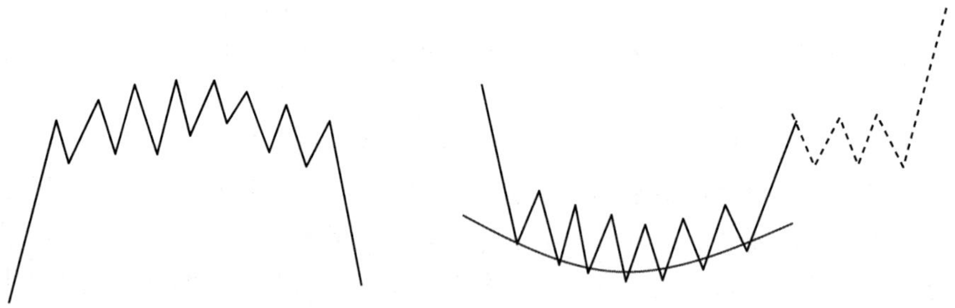

图 5－31　圆弧顶

二、持续整理形态

（一）三角形态

1. 对称三角形（见图 5－32）

对称三角形大多发生在一个大趋势进行的途中，它表示原有的趋势暂时处于休整阶段，之后还要沿着原有趋势继续运行。

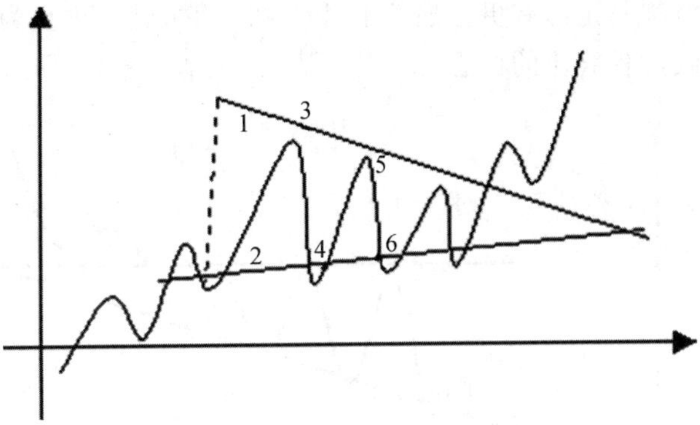

图 5－32 对称三角形

上图是对称三角形的一个简化图形，这里的原有趋势是上升，所以，三角形态完成以后是突破向上。对称三角形有两条聚拢的直线，上面的向下倾斜，起压力作用；下面的向上倾斜，起支撑作用。两条直线的交点称为顶点。

根据多年的经验，突破的位置一般应在三角形的横向宽度的1/2到3/4的某个地点。如果股价不在预定的位置突破三角形，那么这个对称三角形态可能转化成别的形态。突破的确认可以采用百分比原则、时间原则或收盘价原则。三角形的横向宽度指的是图中顶点到虚线的距离。

对称三角形被突破后，有两种测算目标价位的方法（见图 5－33）：一是从 C 点向上的带箭头的直线高度，是未来股价至少要达到的高度，箭头直线长度与 AB 连线长度相等。AB 连线的长度称为对称三角形形态的高度，从突破点算起，股价至少要运行到与形态高度相等的距离。二是过 A 作平行于下边直线的平行线，图中的斜虚线，是股价今后至少要达到的位置。

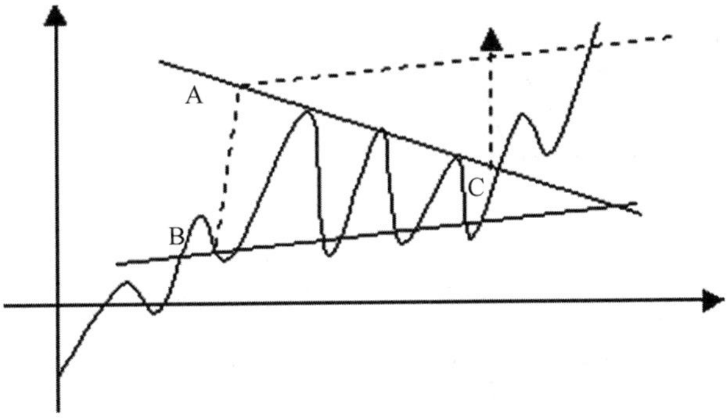

图 5－33 对称三角形的突破

2. 上升/下降三角形

上升三角形（见图 5－34）是对称三角形的变形。对称三角形有上下两条直线，将上面的直线由向下倾斜变成水平方向就得到上升三角形。

在对称三角形中，压力和支撑都是逐步加强的。一方是越压越低，另一方是越撑越高，看不出谁强谁弱。在上升三角形中，压力是水平的，没有变化，而支撑都是越来越高。由此可见，上升三角形比对称三角形有更强烈的上升欲望，多方比空方更为积极，通常以三角形向上突破作为这个持续过程终止的标志。

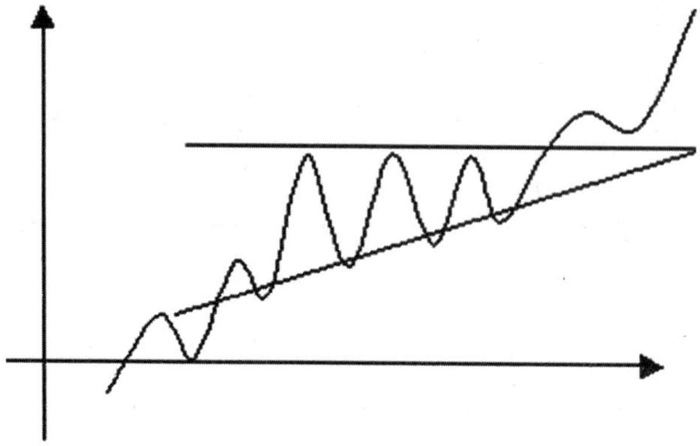

图 5－34 上升三角形

下降三角形同上升三角形正好反向，是看跌的形态。情形完全相反，原理完全相同。

（二）矩形形态

矩形又叫箱形，是一种典型的整理形态（见图 5－35）。股票价格在两条水平直线之间上下波动，做横向延伸的运动。矩形在形成之初，多空双方全力投入，各不相让。空方在价格涨到某个位置就抛出，多方在股价下跌到某个价位就买入，时间一长就形成两条明显的上下界线。随着时间的推移，双方的战斗热情会逐步减弱，市场趋于平淡。

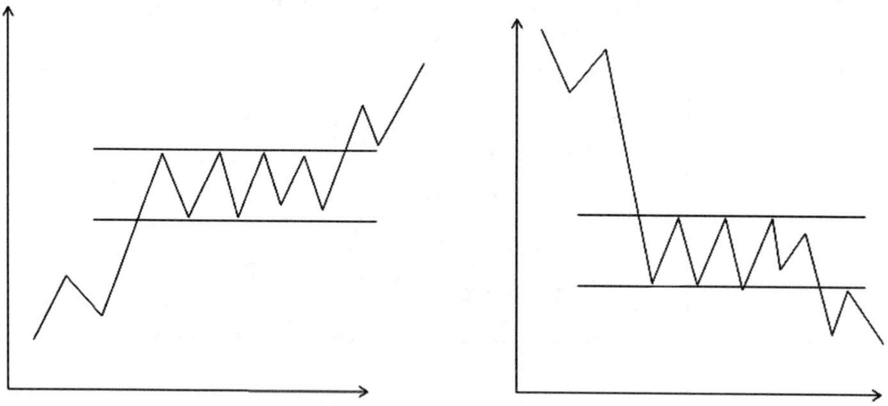

图 5－35 矩形形态

该形态可以从以下几方面进行识别：①形态的高点连线与低点连线是两条相互平行的直线；②在形态形成过程中成交量逐渐缩小；③形态形成的时间不宜过长，否则可能是反转形态，其可能性为四分之一。

当矩形形态突破后，其涨跌幅可以按照以下要求进行度量：从突破点算起，股价将至少上涨或下跌到与形态高度相等的距离。

（三）旗形形态

旗形的形态（见图 5－36）就像一面挂在旗顶上的旗帜，通常在急速而又大幅的市场波动中出现。价格经过一连串紧密的短期波动后，形成一个稍微与原来趋势呈相反方向倾斜的方长形，这就是旗形走势。旗形走势分为上升旗形和下降旗形。旗形走势的型态就像一面挂在旗杆顶上的旗帜，这型态通常在急速而又大幅的市场波动中出现，股价经过一连串紧密的短期波动后，形成一个稍微与原来趋势呈相反方向倾斜的长方形，这就是旗形走势。旗形走势又可分作上升旗形和下降旗形。

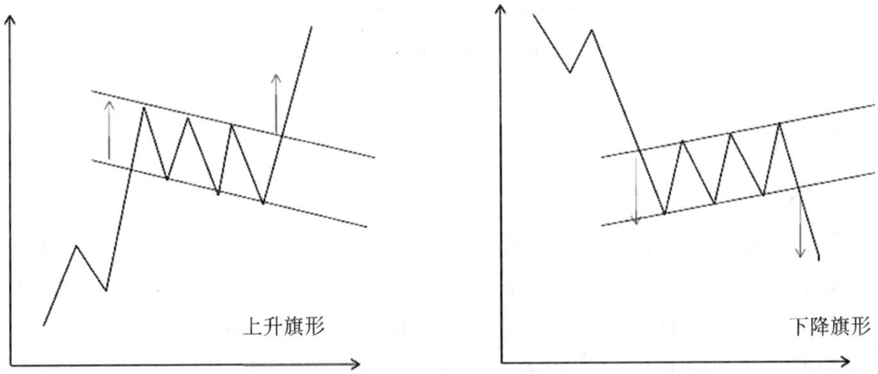

图 5－36　旗形形态

上升旗形的形成过程是：股价经过陡峭的飙升后，接着形成一个紧密，狭窄和稍微向下倾斜的价格密集区域，把这密集区域的高点和低点分别连接起来，就可以画出两条平行而又下倾的直线，这就是上升旗形。

下降旗形则刚刚相反，当股价出现急速或垂直的下跌后，接着形成一个波动狭窄而又紧密，稍微上倾的价格密集区域，像是一条上升通道，这就是下降旗形。

该形态可以从以下几方面进行识别：①旗形出现之前应有一个旗杆，这是由于价格作直线运动形成的；②旗形的形态方向与股价的运行方向相反；③旗形形成前后，成交量往往很大，在旗形形成过程中，成交量从左到右逐渐减少；④旗形的形成时间应短于三周，时间一长保持原来趋势方向的能力会下降；⑤旗形突破后，涨跌幅度相当于旗杆的高度或形态的宽度。

（四）楔形形态

楔形和旗形很相似（见图 5－37），有上升楔形和下降楔形两种类型。楔形有时也称第二旗形。旗形的原理同样适合楔形，但两者又有不同：楔形偶尔也出现在顶部或底部而作为反转形态，这种情况一定是发生在一个趋势经过了很长时间、接近于尾声的时候；与旗形的另一个不同是，楔形形成所花费的时间较长，一般需要 2 周以上的时间方可完成。

该形态可以从以下几方面进行识别：①倾斜方向与流行趋势相反；②调整过程中，成交量呈萎缩状态；③楔形形成所花费的时间较长，一般需要 2 周以上的时间方可完成；④偶尔也出现在顶部或者底部而作为反转形态。

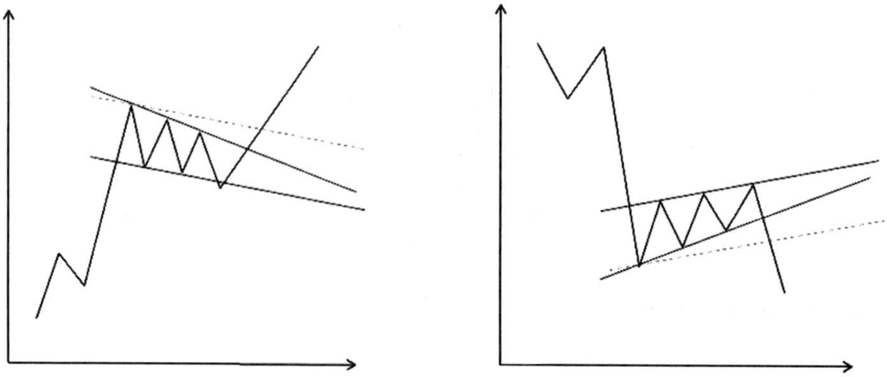

图 5－37 楔形形态

三、缺口理论

（一）缺口理论的定义

缺口，是指一段没有交易的价格区域，也就是价格交易的“真空地带”。如果某个交易日证券交易的最低价格高于前一个交易日的最高价格，就形成向上的缺口；如果某个交易日证券交易的最高价格低于前一个交易日的最低价格，就形成向下的缺口。

跳空，是指连续两根 K 线之间仅有上下影线相错、高低价相交，而不存在 K 线实体上价格交错的现象。根据跳空方向可分为跳空高开和跳空低开。

回补，是当缺口出现之后的一段时间，价格出现反向运动，将缺口位置留下的价格空档完全封闭。图 5－38 说明了缺口和跳空的区别。

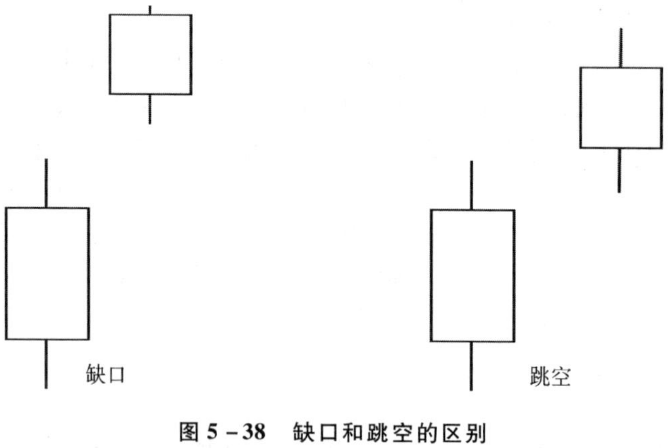

图 5－38 缺口和跳空的区别

（二）缺口的分类（见图 5－39）

缺口可分为普通缺口、突破性缺口、持续性缺口和衰竭性缺口，见图 5－39。

1. 普通缺口（又称普通缺口）

（1）位置：一般情况下在盘整区间出现次数多。

（2）判断标准：①并无成交量的配合；②一般会在三日到五日内进行回补。

（3）分析意义：该类缺口对后市的分析意义不是很大。

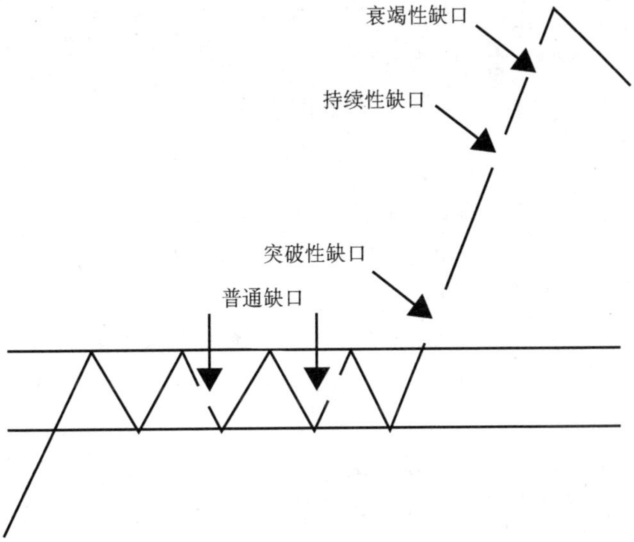

图 5－39　缺口的分类

2. 突破性缺口

（1）位置：一般情况出现在完成某种 K 线图形形态之后，属于突破型的跳空。

（2）判断标准：①出现在某种反转或整理形态结束的位置，突破了重要的支撑或强力的阻力位（如支撑线、阻力线、颈线、趋势线等）。②缺口出现当日或次日成交量会激增，尤其是向上的突破型缺口。③此缺口出现之后即三五天内不会回补，以此可判断其是否为突破型缺口的重要条件。

（3）分析意义：①显示转向形态已经形成，趋势已经发生改变，突破缺口越大，未来的变动越强烈；②此缺口将形成对股价后期走势有力的支撑或强力阻挡。

3. 持续性缺口

（1）位置：通常出现于中期或长期的升跌势的中间区域。

（2）判断标准：①缺口出现的位置离趋势启动点较远；②上升趋势中，该缺口当日成交量大增；③该缺口是由增量资金大量涌入或抛售引发的，所以在三日到五日也不会回补该缺口。

（3）分析意义：①原趋势仍未结束；②股价下跌阶段的升跌幅至少是趋势启动点到缺口的距离，即股价未来所走的距离，和过去已走的距离一样。

4. 衰竭性缺口

（1）位置：通常出现于中期或长期的升跌势的末尾位置，其表示多头或空头力量已经殆尽，表现出最后的疯狂。

（2）判断标准：①缺口出现的位置离趋势启动点较远，幅度高达 50% 以上，幅度越大其可靠性也就越强；②升势中，该缺口当日或次日成交量大增，甚至出现天量，且短期内不会再有如此大的量，跌势末期该缺口无须成交量来验证；③该缺口短期内必会被补。

（3）分析意义：确认原有趋势已经结束，市场即将转势。

拓展阅读

净利润断层选股法

一、净利润断层定义

净利润断层是指上市公司发布超预期的业绩公告后，股价出现跳空上涨的现象。净利润断层本身包含两大要素，要素之一是上市公司发布的业绩超预期，要素之二是上市公司股价在发布业绩后的首个交易日跳空上涨。

跳空上涨的具体表现是当日最低价超越前一交易日的最高价，形成一个向上跳空的缺口，在K线图上形成类似断层的走势。由于这种缺口是由业绩超预期引发的，因此称之为净利润断层。

业绩超预期的幅度越大，上涨的幅度越大，而且越有可能是跳空上涨。此外，当行业或上市公司进入景气度向上周期时，往往会连续多个季度业绩超预期，则相关标的可能多次出现净利润断层现象，即多次出现跳空上涨。

二、净利润断层指标的意义

通过行业内个股净利润断层相对数量占比的高低，多数年份都能筛选出具有超额收益的行业，说明净利润断层对行业配置也具有一定的指示作用。

行业内个股净利润断层相对数量占比较多，说明行业内有很多公司都出现了业绩超预期，那么往往意味着该行业景气度超预期。通过筛选行业内个股净利润断层数量相对较多的行业，可以找到基本面相对优秀的行业，这样的行业则很有可能在之后一段时间表现较好，具有一定持续性的超额收益。

三、净利润断层指标的有效性

广发证券发展研究中心曾通过历史回测检验了净利润断层策略的有效性，该策略能带来明显的超额收益。从过去十年情况看，净利润断层策略有80%的年份跑赢市场，只有20%的年份跑输市场，而且跑赢的幅度要明显大于跑输的幅度。

不过提示大家，这个策略在牛市会更有效。同时用来判断整个行业的景气度更合适，如果行业内多个个股出现净利润断层，可以判断该行业的景气度较好。

四、净利润断层指标的原理

净利润断层超额收益来源于基本面。净利润断层表明公司业绩超预期，对于处于景气度上行的公司或本身质地优秀的公司而言，可能会业绩持续地超预期。当进入行业景气度上行周期或者公司进入良性循环时，业绩往往可能连续几个季度持续超预期。则相关个股或行业可以持续获得超额收益。

资料来源：新浪财经。

任务五
领会技术指标理论

一、指标分析概述

指标分析是指按确定的方法对原始数据进行处理，制成图表，并用制成的图表对股市进行分析的方法。原始数据指的是开盘价、最高价、最低价、收盘价、成交量和成交金额，有时还包括成交笔数。

技术分析的应用主要通过以下几方面进行：①指标的背离；②指标的交叉；③指标的高位和低位；④指标的徘徊；⑤指标的转折；⑥指标的盲点。

每一个技术指标都是从某一特定方面对股市进行观察。技术指标可以进行定量的分析。在进行技术指标的分析和判断时，也经常用到别的技术分析方法的基本结论。技术指标是一种分析工具，每种工具都有自己的适用范围。各个指标在预测大势方面有准确程度的区别，一般不可能考虑到每一个技术指标。通常是以四五个技术指标为主，别的指标为辅。

二、移动平均数（MA）和平滑异同移动平均数（MACD）

（一）移动平均数（MA）

移动平均线（Moving Average Analysis）是利用统计学上的移动平均原理，对每天的股价资料，根据需要的天数进行平均化处理得到的平均线。即将过去一段时间的股价指数（个股股价）每日向后移动一个数据来计算股价平均值，并依次绘成一条线，该线就是所谓的移动平均线。

1. MA 的计算

移动平均数是统计学用以研究事物发展变化趋势的方法，假设有一反映事物发展变化某一方面特征的数字：$a_0, a_1, a_2 \cdots a_n$。

假定数列 a 存在某种趋势，上升、下降或上下变动，数列的这个趋势是受到某种主要因素影响的结果。但一些次要的、偶然的因素也在影响这个数列，使其呈现出不规则变动，我们可用逐项移动平均的办法消除这些次要的、偶然的变动，使其主要趋势呈现出来。假设移动项数是 3，移动项数常被称为移动平均数的参数，则移动平均数为：

$$b_0 = \frac{a_0 + a_1 + a_2}{3}, b_1 = \frac{a_1 + a_2 + a_3}{3}, b_{n-2} = \frac{a_{n-2} + a_{n-1} + a_n}{3}$$

我们也可以把移动平均数的参数设定为 5、10、20 等，分别求 5、10、20 日移动平均数，如果把这些数值标在坐标系中，连接这些点得到一条曲线，我们称这些曲线为 5、10、20 日移动平均线，记为 MA（5）、MA（10）、MA（20）。

2. MA 的特点

MA 的特点有：①趋势性；②滞后性；③真实性；④助涨跌性；⑤支撑线和压力线的

特性。

MA 的参数强化了 MA 的特征，参数选择得越大，上述特征就越显著。使用 MA 时通常选择不同的参数，一般包括长期、中期和短期三类 MA。在我国，短期一般是指 MA（5），中期是指 MA（10），长期是指 MA（20）。移动平均指标有快指标和慢指标之分，快慢是相对于收盘价的敏感性而言，对收盘价较敏感的称为快指标，对收盘价较不敏感的称为慢指标。参数较大的移动平均数被称为慢指标，参数较小的移动平均数被称为快指标。其他技术指标也有类似的区分。

3. MA 的测市法则

MA 在股价走势预测中的运用，经典的是格兰维尔法则。

（1）买入时机：①平均线从下降开始走平，且有向上抬头迹象，而股价从下向上穿平均线时；②股价跌至移动平均线下方，而平均线短期内仍继续上升趋势，是买入信号；③股价连续上升远离平均线，突然下跌而没有跌破平均线，再度上升时；④股价趋势跌破平均线，并连续暴跌，远离平均线，极有可能再趋向平均线时。

（2）卖出时机：①平均线从上升开始走平，股价从上向下穿平均线时，卖压渐重，为卖出时机；②股价连续下降远离平均线，突然上升，但在平均线附近再度下降，平均线也转向下移趋势时；③股价在平均线上徘徊，而且平均线继续下跌，则宜卖出；④股价在上升中，且走在平均线之上，并连续暴涨，远离平均线，风险激增，随时会出现回落时。

图 5－40 说明了格兰维尔法则的买卖时机的选择。

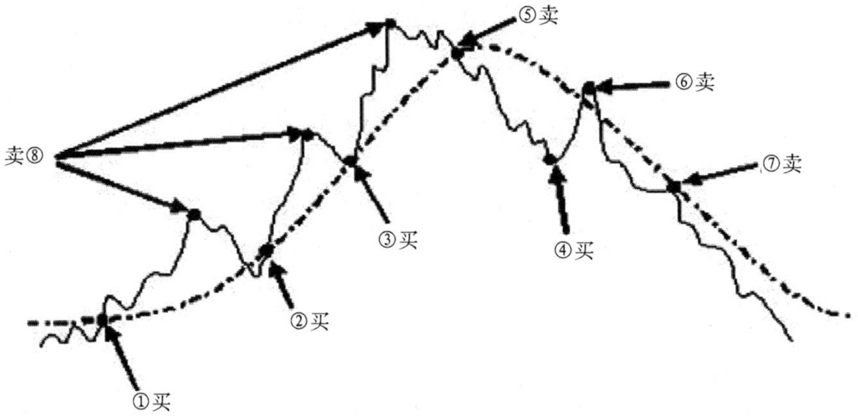

图 5－40　格兰维尔移动平均线八大法则

（3）移动平均线（MA）的组合分析。

①黄金交叉和死亡交叉（见图 5－41）。股价实际上是 1 日的 MA，股价相对于移动平均线实际上是短期 MA 相对于长期 MA。从这个意义上说，如果只有两个不同参数的 MA，则我们可以将相对短期的 MA 当成股价，将较长期的 MA 当成 MA，这样，上述股价相对于 MA 的所有法则，都可以换成快速相对于慢速的 MA。常说的死亡交叉和黄金交叉，实际上就是向上、向下突破压力或支撑的问题。

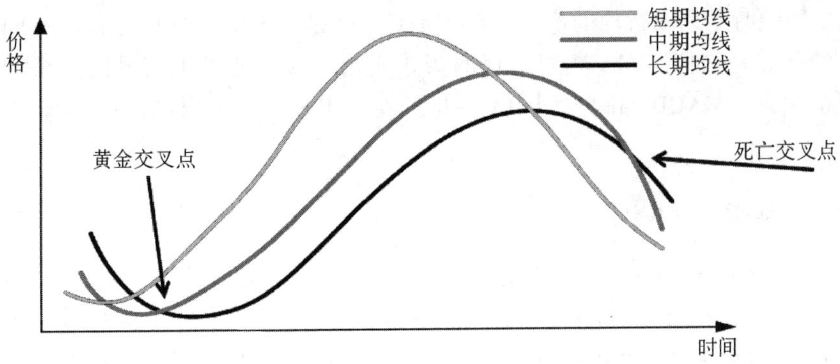

图 5-41　黄金交叉点和死亡交叉点

②多头排列和空头排列。当利用多个移动平均线进行股价预时，当股票价格处于上涨周期时，由于周期越长的移动平均线，其滞后性越强，所以就会出现短期移动平均线在上方，中长期移动平均线在下方的排列组合，这种均线的排列被称为多头排列，预示着股票价格处于上涨通道，还会继续上涨。当股票价格处于下跌周期时，由于周期越长的移动平均线，其滞后性越强，所以就会出现短期移动平均线在下方，中长期移动平均线在上方的排列组合，这种均线的排列被称为空头排列，预示着股票价格处于下跌通道，还会继续下跌。

最后谈一下 MA 的盲点。在盘整阶段、趋势形成后的中途休整阶段、局部的反弹和回档，MA 极易发出错误的信号，这是使用 MA 应该注意的。MA 是用于反映股价变动的趋势，只有当股价运动确实存在趋势时，才能使用这一方法。

（二）平滑异同移动平均数（MACD）

1. MACD 的计算

MACD 由正负差（DIF）和异同平均数（DEA）两部分组成，DIF 是核心，DEA 是辅助。

DIF 是快速平滑移动平均数与慢速平滑移动平均数之差，快速是短期的 *EMA*，慢速是长期的 EMA。以最常用的参数 12 和 26 为例。DIF 的计算过程是：

$$\text{当日 } EMA(12) = \frac{12}{12+1} \times \text{当日收盘价} + \frac{11}{12+1} \times \text{昨日 } EMA(12)$$

$$\text{当日 } EMA(26) = \frac{2}{26+1} \times \text{当日收盘价} + \frac{25}{26+1} \times \text{昨日 } EMA(26)$$

$$DIF = EMA(12) - EMA(26)$$

得到 DIF 后，对连续数日的 DIF 进行算术平均就得到 DEA。

2. MACD 的测市法则

利用 MACD 进行行情预测，主要是从两个方面进行。

（1）从 DIF 和 DEA 的取值和这两者之间的相对取值对行情进行预测。其应用法则如下：①DIF 和 DEA 均为正值时，属多头市场。DIF 向上突破 DEA 是买入信号；DIF 向下跌破 DEA 只能认为是回档。②DIF 和 DEA 均为负值时，属空头市场。DIF 向下突破 DEA 是卖出信号；DIF 向上穿破 DEA 只能认为是反弹，作暂时补空。

（2）利用 DIF 的形态进行行情分析，主要是采用指标背离原则。如果 DIF 的走向与股价走向相背离，则此时是采取行动的信号，至于是卖出还是买入要依 DIF 的上升和下降而定。

MACD 的优点是除掉了 MA 频繁出现的买入卖出信号，使发出信号的要求和限制增加，避免假信号的出现。MACD 的缺点同 MA 一样，在股市没有明显趋势而进入盘整时，失误的时候极多。

三、相对强弱指标（RSI）

（一）相对强弱指标（RSI）的含义

相对强弱指数（Relative Strength Index，RSI）是由美国技术分析大师威尔德（J. Welles Wilder）在 1978 年提出的。RSI 可应用于股票、期货和外汇等市场。相对强弱指标从市场价格变化观察买卖双方的力量变化，其中以价格上涨幅度代表买方力量，以价格下跌幅度代表卖方力量，以涨跌幅度代表买卖双方力量对比，通过对比预测未来股价的运行方向，这种对比值就是 RSI 数值。

RSI 将 N 日内每日收盘指数涨势（即当日收盘指数高于前日收盘指数）的总和作为买方总力量，而 N 日内每日收盘指数的跌势（即当日收盘指数低于前日收盘指数）的总和作为卖方总力量。

（二）相对强弱指标（RSI）的计算

计算公式为：

$$RSI(n) = \frac{A}{A+B} \times 100$$

其中：A 是 N 日内股市收盘指数（个股收盘股价）升幅累计值；B 是 N 日内股市收盘指数（个股收盘股价）跌幅累计值。

RSI 有两个极限值：一个是 N 日内股价全部下降，无一日上升，则上式的分子为 0，RSI 等于 0；另一个极限值是 N 日内股价全部上升，无一日下降，则分子、分母相等，RSI 等于 100。这两种情况较少出现，通常情况下 RSI（N）在 0～100 的范围内变化。RSI 选用的天数 N 可取 6 天、9 天、14 天等，天数越少曲线变化越频繁，天数越多曲线则变化相对平稳。

（三）相对强弱指标（RSI）的应用法则

1. 指标的取值（见表 5－1）

表 5－1　　RSI 指标的取值

RSI 值	市场特征	投资操作
80—100	极强	卖出
50—80	强	买入
20—50	弱	卖出
0—20	极弱	买入

强弱指标保持高于 50 表示为强势市场，反之低于 50 表示为弱势市场。

强弱指标多在 70 与 30 之间波动。当强弱指标上升到达 80 时，表示股市已有超买现象，如果一旦继续上升，超过 90 时，则表示已到严重超买的警戒区，股价已形成头部，极可能在短期内反转回转。

当强弱指标降至 20 时，表示股市有超卖现象，如果一旦继续降至 10 以下时则表示已到严重超卖区域，股价极可能有止跌回升的机会。

2. 指标曲线的交叉

当短期 RSI 在超卖区域内，由下向上突破长期 RSI 时为买入信号；当短期 RSI 在超买区内，由上向下跌破长期 RSI 时为卖出信号。从 RSI 的曲线形状判断行情。

3. 指标曲线的形态

当 RSI 在较高或较低位置形成头肩形或多重顶（底）形态，是采取行动的信号。这些形态一定要出现在较高位置和较低位置，离 50 越远越有效，越远结论越可靠。

4. 指标与股价的背离

当股价曲线逐波升高，而 RSI 曲线却逐波下降形成顶背离，价格很容易反转下跌；当股价曲线逐波下行，而 RSI 曲线却逐波上升形成底背离，股价则很容易反转上升。

四、威廉指标和 KD 指标

（一）威廉指标（WMS%）

1. WMS% 的计算

威廉指标是一种兼具超买超卖和强弱分界的指标，现已成为期货市场和股票市场最常用的技术测市工具。该指标通过分析过去一段时间内股票高、低价与收盘价之间的关系，借以说明当天的收盘价在过去的一段时日股价波幅内所处的相对位置，来度量股市的超买超卖状态，以此作为短期投资信号的一种技术指标。

这个指标由 Larry · Williams 于 1973 年首创，最初用在期货市场。WMS% 表示的是市场处于超买还是超卖状态。

WMS% 的计算公式：

$$WMS\%(N) = \frac{C_N - L_N}{H_N - L_N} \times 100$$

式中，CN 为当日收盘价；HN 和 LN 为 N 日内的最高价和最低价。

由公式可知，WMS% 的参数是天数 N，WMS% 的参数习惯上是取 10 或 20。WMS% 指标表示的含义是当日收盘价在 N 日内所处的相对位置。若 CN = HN，则 WMS% = 100，表明收盘价格处在最高位置；若 CN = LN，则 WMS% = 0，表明收盘价格处在最低位置；若 $C_N = L_N + \frac{H_N - L_N}{2}$，则 WMS% = 50，表明收盘价格处在中间位置。

威廉指标见图 5 - 42。

2. WMS% 的测市法则

WMS% 的运用包括两个方面：一是 WMS% 的数值；二是 WMS% 曲线的形状。

（1）WMS% 的取值。WMS% 的值介于 0 ~ 100，以 50 为中轴将其分为上下两个区域。当 WMS% 高于 80 时处于超买状态，行情即将见顶，应当考虑卖出。当 WMS% 低于 20 时处于超卖状态，行情即将见底，应当考虑买入。80 和 20 只是一个经验数字，不是绝对的，投资者可以根据各自的风险偏好选择不同的数值。

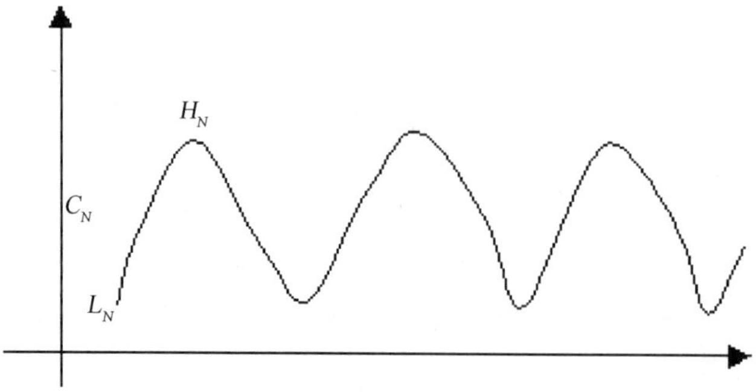

图 5－42　威廉指标描绘的状态

（2）WMS% 曲线的形状。WMS% 进入高位后一般要回头，如果这时股价继续上升，这就是顶背离，是卖出的信号。WMS% 进入低位后一般要反弹，如果这时股价继续下跌，这就是底背离，是买进的信号。

（二）KDJ 指标

KDJ 指标又称随机指数，是通过计算当日或最近数日价格波动的真实波幅来反映价格走势的强弱和超买超卖现象，在价格升降前发出买卖信号的一种技术指标。在实际应用时，常称 K 为快指标，D 为慢指标。K 指标反应敏捷却容易出错；D 指标反应稍慢却稳重可靠。J 指标反映的是 K 值与 D 值的乖离程度，能够领先 KD 值找出股价的头部和底部。

1. KDJ 指标的计算

KDJ 指标的计算分为三步，先计算未成熟随机值 RSV，计算公式为：

$$RSV(N) = \frac{C_N - L_N}{H_N - L_N} \times 100$$

RSV 实际上就是 WMS%，只是名称不同。对 RSV（WMS%）进行指数平滑，就得到 K 指标：

$$当日 K 值 = \frac{2}{3} \times 昨日 K 值 + \frac{1}{3} \times 当日 RSV$$

式中$\frac{1}{3}$是平滑因子，也可以选择别的数字，不过目前已经约定俗成。对 K 值进行指数平滑，就得到 D 值：

$$当日 D 值 = \frac{2}{3} \times 昨日 D 值 + \frac{1}{3} \times 当日 K 值$$

KDJ 指标是在 WMS% 指标基础上发展起来的，所以 KD 具有 WMS% 的一些特性。在反映股票价格变化时，WMS% 最快，K 其次，D 最慢。在使用 KD 指标时，我们往往称 K 指标为快指标，D 指标为慢指标。

$$当日 J 值 = 3D - 2K = D + 2(D - K)$$

2. KD 指标的测市法则

KD 指标是两条曲线，应用时主要从以下四个方面进行考虑。

（1）KD 的数值。KD 的取值范围是 0～100，可将其划分为几个区域：超买区、超卖区、徘徊区。按一般的划分法，80 以上为超买区，20 以下为超卖区，其余为徘徊区。KD 超过

80 就应该考虑卖出，低于 20 就应该考虑买入。

（2）KD 曲线的形态。当 KD 指标在较高或较低位置形成了头肩形和多重顶底时，是采取行动的信号。这些形态一定要在较高位置或较低位置出现，位置越高或越低，结论越可靠。

（3）KD 指标的交叉。K 上穿 D 是金叉，为买入信号，但出现金叉是否就应该买入，还要看别的条件。第一个条件是金叉的位置。应该是在超卖区的位置，越低越好。第二个条件是金叉的次数。有时在低位，K、D 要来回交叉几次，交叉的次数以 2 次为最少，越多越好。第三个条件是金叉的方向，即常说的“右侧相交”原则。

（4）KD 指标的背离。背离就是指标与价格走势不一致。当 KD 处在高位，并形成两个依次向下的峰，而此时股价还在一个劲地上涨，这叫顶背离，是卖出的信号；与之相反，KD 处在低位，并形成一底比一底高，而股价还在继续下跌，这叫底背离，是买入的信号。

（5）J 指标数值。J 指标是一种良好的短线操作指标，时常领先于 KD 显示曲线的头部和底部。J 值大于 100 为卖出信号，小于 0 为买入信号。

任务六 领会筹码分布理论

一、筹码分布的概念

筹码分布是通过计算一定时间范围内股票的：最高价、最低价、成交数，输出对应价格成交数占整个流通盘比值的分布图形。筹码分析即成本分析，基于流通盘是固定的，无论流通筹码在盘中如何分布，累计量必然等于总流通盘。

1. 筹码成本

筹码成本是筹码的核心问题，市场中主流资金或绝大部分的筹码的成本对股票的走势起决定性作用，这里引入成本均线的概念，主要是反映市场的平均持筹成本的成本均线。

成本均线在计算中考虑了成交量的作用，并用神经网络方法解决了在计算时间内短线客反复买卖的问题，可以真实地反映最后的持股人的成本。5 日、13 日、34 日成本均线分别代表 5 日、13 日、34 日的市场平均建仓成本。如某日 13 日成本均线为 10.2 元，表示 13 日以来买入该只股票的人平均成本为 10.2 元。无限长的成本均线则表示市场上所有的股票的平均建仓成本，是最重要的成本均线。

2. 密集分散

成交密集的区域，形成筹码峰，两峰之间的区域则形成谷，这是筹码分布的视觉形态，筹码的运动伴随筹码的集中与发散。必然伴随着筹码密集而形成峰。密集分为高位密集和低位密集。

任何一轮行情都将经历由低位换手到高位换手，再由高位换手到低位换手，筹码的运动过程是实现利润的过程。低位充分换手是完成吸筹阶段的标志，高位充分换手是派发阶段完成的标志。成本密集是下一个阶段行情的准备过程，成本发散是行情的展开过程。

3. 集中度

集中度表明主要筹码堆积的主要区域的幅度，数值越大表示筹码集中的幅度越大，筹码就越分散。筹码集中度高的股票（10 以下）的爆发力强，上涨或下跌的幅度比较大；筹码集中度低的股票（尤其是 20 以上）的上涨力度明显减弱；筹码的集中过程是下一阶段行情的准备过程，而发散过程是行情的展开过程。

需要注意的是：①不是只有集中，股票才会上涨；②达到集中，上涨的幅度增大；③不集中的股票，也会上涨。

4. 活跃筹码

活跃筹码就是反映股价附近的筹码占所有流通筹码的百分比。它的取值范围是从 0 到 100，数值越大表示股价附近的活跃筹码越多，数值越小表示股价附近的活跃筹码越少。活跃筹码的多少还可用来描述筹码的密集程度，如今天的活跃筹码的数值是 50，则表示在股价附近的筹码呈密集状态。如今天的活跃筹码的数值是 10，则表示在股价附近的筹码很少，大多数筹码都在远离股价的地方，获利很多或者亏损很多。

二、筹码分布的意义

根据筹码分布可以判断成交密集区的筹码分布和变化，判断行情发展中的重要阻力位与支撑位，并通过分析市场的变化，制定相应的操作策略。

筹码是股票博弈的核心，在牛市中筹码为王就是这个道理，谁能掌握更多的筹码，谁就将在未来的博弈中争取到主动权。

三、循环周期

股价走势循环周期的四个阶段：①无穷成本均线由向下到走平，俗称筑底阶段；②无穷成本均线由走平到向上，俗称拉升阶段，可称为上升阶段；③无穷成本均线由向上到走平，俗称作头（顶）阶段；④无穷成本均线由走平到向下，俗称派发阶段，可称作下降阶段。

项目小结

1. 了解了技术分析的基本知识。
2. 熟悉了各种技术分析的理论和技术指标的构成、特点及法则。
3. 掌握一些常用的技术分析手段在金融市场当中的应用原则和技巧。

项目检测

一、单项选择题

1. 技术分析是一种直接对证券的（　　）进行分析的方法。

A. 内在价值　　B. 市场行为　　C. 盈利性　　D. 风险性

2. （　　）K 线组合代表股市进入上涨趋势。

A. 好友反攻　　B. 黄昏之星　　C. 倾盆大雨　　D. 黑三兵

3. （　　）K 线组合代表股市进入下跌趋势。

A. 好友反攻　　B. 红三兵　　C. 黄昏之星　　D. 上升三部曲

4. 在上升趋势中，将两个（　　）连成一条直线就得到了上升趋势线。

A. 相邻高点　　B. 相邻低点　　C. 间隔高点　　D. 间隔低点

5. 下列能够改变原有价格趋势方向的技术形态是（　　）。

A. 三角形态　　B. 矩形形态　　C. 楔形形态　　D. 圆弧形态

6. 如图所示，ABCD 分别表示 K 线的（　　）。

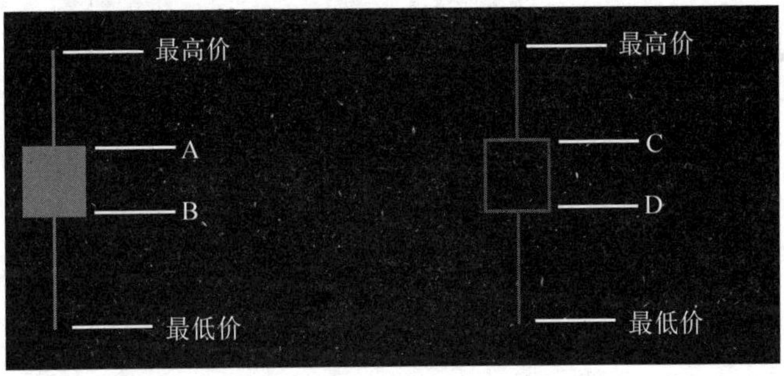

A. 开盘价、收盘价、收盘价、开盘价　　B. 开盘价、收盘价、开盘价、收盘价

C. 收盘价、开盘价、开盘价、收盘价　　D. 收盘价、开盘价、收盘价、开盘价

7. 在下列技术形态中，下跌的技术形态是（　　）。

A. 头肩顶形态　　B. 头肩底形态　　C. 矩形形态　　D. 楔形形态

8. K 线理论起源于（　　）。

A. 美国　　B. 日本　　C. 印度　　D. 英国

9. 指数平滑异同移动平均线，简称为（　　）。

A. MA　　B. MACD　　C. RSI　　D. KDJ

10. 如果均线从下降轨迹变为平坦转而呈上升趋势，而股价此时从均线下方突破并交叉向上，此信号为（　　）。

A. 卖出信号　　B. 买入信号　　C. 买入或卖出信号　　D. 盘整信号

二、多项选择题

1. 技术分析所基于的假设前提是（　　）。

A. 价格对价值的偏离终究会被市场所纠正

B. 市场反映一切信息　　C. 价格变动是有趋势的

D. 历史会重演　　E. 市场中不存在摩擦

2. （　　）是技术分析理论。

A. K 线理论　　B. 趋势线理论　　C. 指标分析理论

D. 财务报表分析理论　　E. 行业分析理论

3. 在下列技术指标中，（　　）在股价盘整徘徊阶段几乎丧失测市功能。

A. KDJ 指标　　B. 威廉指标　　C. MACD

D. 移动平均线　　E. RSI 指标

4. 技术分析的四要素是（　　）。

A. 价格　　B. 成交量　　C. 时间　　D. 空间

E. 发行量

5. 属于整理形态有（　　）。

A. 头肩顶　　B. 圆弧顶　　C. 三角形态　　D. 矩形

E. 旗形

三、判断题

1. MACD 指标的特点是超前性。（　　）

2. 某股票的 KD 超过 80，一般可初步判断后市的操作为伺机卖出。（　　）

3. 股价的移动是由多空双方力量大小决定的。（　　）

4. 正如趋势线的确认要求第三点验证一样，对称三角形一般应有六个转折点，才能确认。（　　）

5. 每一条支撑线和压力线都是证券波动所必然产生的内在规律，而非人为控制和确认的。（　　）

四、简答题

1. 简述移动平均线的测市法则。

2. 简述趋势线的确认与突破。

3. 简述支撑线和压力线的确认与突破。

4. 试回答技术分析基于哪些假设？

5. 简述技术分析与基本分析的区别。

实训项目

实训一　切线理论实训

【目的】领会切线理论。

【要求】

1. 对近三年来的上证日 K 线进行趋势分析并完成以下操作。

（1）找出其上升趋势，下降趋势和水平趋势，用画线工具画出上升趋势线和下降趋势线。

（2）找出其水平趋势，用画线工具画出压力线和支撑线。

（3）研判其近期走势，提出中长期操作策略建议。

2. 选择一只典型的股票，对其近年来的日 K 线进行趋势分析，完成以下操作。

（1）找出其上升趋势，下降趋势，用画线工具画出上升趋势线和下降趋势线。

（2）找出其水平趋势，用画线工具画出压力线和支撑线。

（3）研判其近期走势，提出中长期操作策略建议。

3. 选择五只股票，找出支撑线转变为压力线的部分，并记录其转换后的走势。

4. 选择五只典型股票，找出七日 K 线图的一次真突破和假突破。

5. 选择一只股票，找出近期的低点和高点，然后分别画出黄金分割线和百分比线，并据此分析本次调整的支撑价位。

实训二　形态理论实训

【目的】领会形态理论。

【要求】

1. 寻找并分析双顶和双底

在行情软件上寻找存在 W 底和 M 头的股票（每种类型至少 5 个），并标注出来，记录其以后的走势。

2. 寻找并分析头肩形

在行情软件上寻找存在头肩顶和头肩底的股票（每种类型至少 5 个），并标注出来，记录其以后的走势。

3. 寻找并分析圆形顶和圆形底

在行情软件上寻找存在圆形顶和圆形底的股票（每种类型至少 5 个），并标注出来，记录其以后的走势。

4. 寻找并分析三角形态

在行情软件上寻找存在对称三角形，上升三角形和下降三角形的股票（每种类型至少 5 个），并标注出来，记录其以后的走势。

5. 寻找并分析矩形

在行情软件上寻找存在上升矩形和下降矩形的股票（每种类型至少 5 个），并标注出来，记录其以后的走势。

6. 对近期上证指数日 K 线图进行形态分析，提出操作策略建议。

7. 选择一只个股，将其近期日 K 线进行形态分析，提出操作策略建议。

8. 研判上证指数日 K 线图，找出其中的缺口，并分析此缺口属于哪一种。

实训三　技术指标理论实训

【目的】领会技术指标理论。

【要求】

1. 分别就上证指数和个股在行情软件上找出葛兰威尔法则的八个买卖信号，并标注出来。

2. 在行情软件上找出以下均线组合形态（每种形态至少 5 个）

（1）多头排列

（2）空头排列

（3）黄金交叉

（4）死亡交叉

（5）银山谷

（6）死亡谷

3. 研判上证指数的日 K 线，完成以下操作。

(1) 找出 MACD 指标发出的买入，卖出信号。

(2) 找出 MACD 指标发出的背离信号。

(3) 找出 BIAS 指标发出的买入，卖出信号。

(4) 找出 KD 指标发出的买入，卖出信号。

(5) 找出 KD 指标发出的背离信号。

(6) 找出 RSI 指标发出的超买，超卖信号。

(7) 找出 RSI 指标发出的背离信号。

(8) 找出 DMI 指标发出的买入，卖出信号。

4. 选择一只个股，完成如下操作。

(1) 找出 MACD 指标发出的买入，卖出信号。

(2) 找出 MACD 指标发出的背离信号。

(3) 找出 BIAS 指标发出的买入，卖出信号。

(4) 找出 KDJ 指标发出的买入，卖出信号。

(5) 找出 KDJ 指标发出的背离信号。

(6) 找出 RSI 指标发出的超买，超卖信号。

(7) 找出 RSI 指标发出的背离信号。

(8) 找出 DMI 指标发出的买入，卖出信号。

6 项目六 理解收益与风险

项目六 PPT

学习目标

知识目标

1. 了解证券的收益的构成
2. 了解证券风险的分类
3. 掌握证券收益和风险的关系
4. 掌握股票除权除息的计算

技能目标

1. 能够运用各种分析方法判断证券投资中的风险
2. 能够合理地对证券风险进行规避
3. 能够对股票的分红派息进行解读

案例导入

派发史上“最厚”现金红包40家A股上市银行分红派息5 400多亿元

8月1日，长沙银行进行2021年度分红股权登记，并于8月2日派发现金红利，合计派发现金红利总额为14.08亿元。至此，今年的上市银行“分红季”正式落下帷幕。记者统计发现，在本次“分红季”中，40家A股上市银行2021年度合计送出5 491.49亿元（税前，下同）的现金“红包”，较2020年度的分红金额增长11.62%，创下上市银行年度分红的历史新高。

A股上市银行分红派息逾5 400亿元

一直以来，银行都是A股市场中拿出“真金白银”回馈投资者的主力军。此次上市银行2021年度分红不仅历史“力度最大”，且历时近三个月之久。5月5日，张家港银行率先打响“第一枪”，正式开启了上市银行2021年度分红的大幕。此后，6月和7月都是上市银行进行年度分红的高峰期，这期间，共有34家银行实施完成2021年度分红，占比逾八成。

其中，分红最为“豪气”的仍属六大国有银行，共计分红3 821.93亿元，占上市银行分红金额近七成。具体来看，工商银行以分红金额1 045.34亿元，继续保持行业首位。建设银行紧随其后，分红规模达到910.04亿元。农业银行、中国银行、交通银行和邮储银行分红金额分别为723.76亿元、650.6亿元、263.63亿元和228.56亿元。

值得一提的是，长期以来，国有六大行不但年度现金分红金额遥遥领先，现金分红比例也多年维持在30%及以上，利润分配保持良好的连续性和稳定性。

股份制银行中，招商银行、兴业银行、中信银行、浦发银行、光大银行5家银行的分红金额也均达到百亿元门槛，分别为383.85亿元、215.01亿元、147.78亿元、120.34亿元、108.6亿元。民生银行、华夏银行、平安银行现金分红分别为93.26亿元、52.01亿元、44.25亿元。

城农商行中，北京银行、江苏银行、上海银行位居分红金额前三，分别达64.49亿元、59.08亿元及56.83亿元。

买银行理财不如买银行股?

银行板块股息高估值低，是“老生常谈”的话题。随着近年银行理财市场收益不断下行，银行板块保持较高的股息率便显得难能可贵。记者注意到，以截至2021年12月31日股价计算，不包括今年上市的兰州银行在内，上述上市银行平均股息率达到4.73%，跑赢2021年各月度银行理财产品加权平均年化收益率最高值3.97%。其中，上海农商行以8.3%的股息率位列第一。与此同时，六大国有行平均股息率高达6.56%，8家股份制银行平均股息率为4.86%。

今年以来，在银行理财屡屡“破净”的情况下，买银行理财是否不如买银行股?“从价值投资角度来看，银行最适合考量其估值的方式就是看股息率。目前，许多上市银行的股息率都高于银行理财产品的收益，显示出良好的投资价值。尤其经过市场的波动以后，目前银行的股价都偏低，相当于打了三四折，与此同时，银行的净资产在不断提升，每年的营收也在稳步增长。若未来银行股价走低，其股息率将更高，银行股的投资价值将进一步提升，具有的长期投资价值会更为凸显。可以说，现在部分上市银行是A股上最好的投资标的之一。”深圳前海国丰优合资本管理公司总经理金少华表示。

但也有业内人士指出:“如果所选银行出现风险事件导致无法继续分红，有可能遭遇股价下跌和股息停发的双重打击。单纯用股息率对比银行股和理财产品并不合理，银行股的买入时点以及股价波动都会影响投资收益，是一个动态的概念。”该人士表示，选择股票和理财产品是完全不同的两种投资方式，其背后的风险因素和投资体验也大相径庭。低风险偏好的投资者更适合保险、定期存款以及固收型理财产品，有养老需求的投资者也可以配置专属养老理财产品；风险偏好较高且追求超额收益的投资者，可以选择股票、公募基金以及权益类理财产品。

请思考：分红派息对公司和股东有什么好处?

任务一 理解公司价值估值方法

至今，企业价值评估方法已发展得相当丰富，大体可以分为四类：第一类称为资产价值法，是按企业的资产进行评估。这类方法认为企业的价值等于企业所拥有的资产的价值，据此进行价值评估，如账面价值法，重置成本法等。第二类称为相对估值法，是按同类企业的市场价格进行评估，如市场比较法、市盈率法。第三类称为绝对估值法，认为企业的价值等于企业未来收益流的折现值。这种方法需要对企业未来收益流，或者未来超额收益流进行预测，根据预测结果进行评估，如内在价值法、经济增加值法（EVA 法）、EBO 模型等。第四类就是期权估价理论，它是将定价理论应用于企业价值评估。其他各式各样的价值评估方法都是由这四种基本方法组合变换而来的。

一、资产价值法

资产价值法就是对目标企业的资产进行估价从而确定目标企业价值的方法。因此这种方法的关键是选择合适的资产价值标准。

账面价值往往与市场价值存在较大的偏离：一是通货膨胀的存在使一项资产的价值和不等于它的历史价值减折旧；二是技术进步使某些资产在寿命终结前已经过时贬值；三是由于组织资本的存在使得多种资产的组合会超过相应各单项资产价值之和。因此，在实际应用中，我们要对账面价值法进行适当的调整。具体的调整方法有：一是通过价格指数调整的重置成本取代资产的账面净值，即重置成本法；二是假定将资产直接变卖所获的资产价值代替资产的账面净值，即清算价值法。

（一）账面价值法

账面价值法是根据传统会计核算中账面记载的净资产确定并购价格的方法。它是一种静态估价方法，因其既不考虑资产的市价，也不考虑资产的收益，但其取值方便。账面价值法又可分为投资人要求权法或资产负债法，该类方法对价值判断的准确程度取决于资产的账面价值与市场实际价值的差异程度。主要适于简单的并购中，主要针对账面价值与市场价值偏离不大的非上市企业。一般而言，存在政府制的公共设施经营企业比较适合采用账面价值法。

（二）重置成本法

在《国有资产评估管理办法施行细则》中将重置成本法定义为：重置成本法是现时条件下被评估资产全新状态的重置成本减去该项资产的实体性贬值、功能性贬值和经济性贬值，估算资产价值的方法。运用重置成本法评估整体企业评估的重置成本法，分别求出企业各项资产的评估值并累加求和，再扣减负债评估值，得出整体企业净资产评估值的一种方法。因重置成本法是基于企业重置各生产要素为假设前提的，因此，当被评估企业明显存在生产能力闲置、资源浪费时，评估时要认真慎重计算经济性贬值，并详细说明评估依据和计算过程。

在我国企业评估实践中，广泛采用重置成本法，有如下原因：①重置成本法中的人为因素比较少，资产容易清查，将会计账簿和实地盘查结合，可以较快、较准确地确定资产的数量；②重置成本法中的成新率较易判断，可以参考折旧年限，而且稍有经验的人通过直觉就可以较为准确地判断。对各种类别的资产进行简单相加，不同的评估之间的评估结果差距较小。但是，重置成本法评估存在许多不足之处：①重置成本法评估的是企业各资产的价值，其前提是企业利润全部由企业现有规模的非人力资产所贡献。没有考虑人力资本价值，造成评估值偏离了公司客观价值。②重置成本法假设公司的各资产处于相互协调状态，正好满足公司的设计生产能力。实际上企业各资产能长久协调的假设不符合实际。③重置成本法较少考虑企业整体资产的最佳组合。这里所说的最佳组合是整体资产内部各资产的有效组合和整体资产与人力资产的有效组合。④重置成本法仅从历史投入的角度考虑企业价值，而没有从资产的实际效能和企业运行效率角度考虑。无论企业效益好坏，只要企业原始投资额相同，则评估价值一致。而且，有时效益差的企业还会高于效益好的企业的评估值。同时也没有重视无形资产在企业中的作用，不符合高新技术企业的价值评估。

（三）清算价格法

清算价格是指企业被迫停业或破产后，在企业解体清算之日拍卖资产可得到的快速变现价值，评估时则应根据企业清算时其资产可变现的价值评定重估价值。清算价值等于公司清算时所有财产的变现价值减去负债及清算费用后的净值。清算财产的价值主要取决于财产的变现速度。清算价值反映了一个公司的最低价值。

清算价格的应用前提是企业资产经整体或零拆可以在市场上快速变现。它适用于目标企业无存续价值的情况，通常用于利润率较低或亏损企业的评估，适用于企业破产、抵押或停业清理等经济行为的资产评估。一般来讲，影响资产价格的因素同样也会影响清算资产的价格。除此之外，清算资产有无使用价值以及使用价值的大小，是否丧失资产处置权、债权人处置资产的方式、清理费用的高低以及清算期限的长短等，也都影响清算价格的最终确定。

清算价值法的优点是：如果存在活跃的二手资产市场，清算价值法较好；如果不存在，变卖价值无法得到，同时是在假定企业作为一个整体已经丧失增值能力情况下的资产评估方法，忽略了组织资本。如果目的在于获得某项特殊的资产，如不存在组织成本的自然资源，那么清算价值可能更为恰当。

（四）市场价值法

市场价值法是利用证券市场上证券的市场价格为基础来确定目标企业价值的方法。因为市场价值是依据公平竞争原则，在市场均衡条件下形成的，该方法相对科学合理。使用此法时，要注意这一特点对目标企业评估价值的影响。

公开交易的直接市场法的一个重要假设前提是：市场是有效的，市场价格是最好的价值衡量指标。实际情况是，市场的失效是很普遍的情况，特别是在新兴市场。例如，有股价波动的季节性特点、公司规模大小对股价的影响不同等，他们造成市场的价格不能很好反映公司的价值。此外，该方法没有考虑控股权溢价的存在。

虽然存在这些问题，但在实际的应用中，特别是市场较为成熟和规范的情况下，由于评估师个人信息的局限和评估结果会促进市场的有效两个方面的原因，我们仍然假定按照证券当天的价格确定资产的价值的直接市场法是一个较好的价值评估方法。

在目前我国的市场中，该方法的适用性较差，市场价值法主要适用于完善的市场体系中上市公司的并购。

二、相对估值法

相对估值法的基本思想是，在运行良好的股票市场上，投资者对未来获利预期相同的资产应该支付相同的价格，或者说，投资者对相同质量的资产不会支付更高的价格。

相对估值法就是利用同行业公司的相似性，通过研究行业内可比公司的比例指标并将其作为乘数，乘以某一公司的价值驱动因素，从而计算出公司价值。用公式可表示为：

公司价值 = 价值驱动因素 × 乘数

因此，相对估值法又称乘数估值法。

（一）市场比较法

以收益和资产为基础的类比估值方法包括市盈率法、价格和销售额比率类比法及价格和净资产比率类比法。

利用该方法对公司估价的步骤如下：①检查公司的历史绩效，预测在现有管理层下公司下一年的业绩；②确定影响公司未来收益的成本增加或减少的因素；③采集在企业规模、商业模式、技术及产品具有相同或相似特点的上市公司的相关财务指标；④从采集的资料中选取有代表性的市盈率、价格/销售比率、价格/净资产比率做类比分析；⑤最后对可能影响这些比率可比性的因素进行调节，包括非上市公司因素和国家价格差异。

市场比较法估算目标企业的价值，最大的优点是克服了现金流贴现法存在的对输入参数的过度依赖；从投资的角度看，它提供了整个市场目前对公司价值的评估信息，包括整体市场、行业和行业内单个公司的估值信息；此外，该方法和理论都相对简单，特别适用于对新兴不成熟市场的价值评估。

市场比较法的最大缺点是：虽然提供了目前市场对价值的评估信息，但并没有提供目前价值评估的合理程度。如果市场本身高估，我们得出的价值是否合理无法准确判断。因此，对于该方法的应用而言，关键在于满足两个前提条件：一是可以找到比较好的可对比公司，其在行业、规模、风险等方面具有类似的特点；二是整个市场的状况不是处于极端状况，或者明显高估，或者明显低估。

就我国的市场而言，市场的特殊性决定了相对价值法仍然是目前应用较多，适用性较强的方法。这是由我国市场的特点决定的。一是新兴市场，总体不规范，财务信息披露不完全或虚假，因此进行现金流贴现的财务模型很难建立，现金流的贴现法需要的参数很难得到；其次，我国经济处于大调整和大变动阶段，企业的变化很大，其未来现金流和增长率的变化也很大，很难准确地估计；最后，我国的企业大多处于成长期，派发股利较少，股利现金流贴现法根本不适用。

（二）市盈率法

市场比较法中应用最普遍的是市盈率法。市盈率模型是根据目标企业的收益和市盈率确定其价值的方法。因为市盈率的含义非常丰富，它可能暗示企业股票收益的未来水平、投资者投资于企业希望从股票中得到的收益、企业投资的预期回报、获得收益超过投资者要求收益时间的长短。市盈率（简称 P/E）是指股票市场价格与每股收益的比率。市盈率计算公式：

市盈率 = 股票市场价格/每股收益

市盈率的含义是在每股盈利不变的情况下，投资者取回本金要多少年。市盈率高，说明回报期长、投资收益率低、投资价值小；市盈率低，说明回报期短、投资收益率高、投资价值大。市盈率包括静态市盈率、动态市盈率和TTM市盈率三种。静态市盈率是市场价格除以上一年度每股盈利计市盈率；动态市盈率是市场价格除以未来一年预测的每股盈利计算的市盈率；TTM市盈率又称为滚动市盈率，是价格除以最近四个季度每股盈利计算的市盈率。

市盈率会因上市公司所处市场、行业和经营状况的不同而有较大差异：①未来增长速度越高、高增长阶段持续时间越长，则市盈率越高。一般来说新兴市场国家比成熟经济体的市盈率偏高。②高成长行业的企业市盈率较高，一般来说高科技行业比成熟行业的市盈率偏高。③同一行业内上市公司的地位差异也导致市盈率水平不同。一般龙头企业比一般企业的使用率偏高。

应用市盈率模型评估的步骤如下：

1. 建立财务模型，对公司的业绩进行调整和预测

常用的收益预测方法是回归分析法，主要有收益对销售额的回归分析法和收益的时间序列回归分析法。

收益对销售额的回归分析是假定股票收益与销售额之间有一定的线性关系，通过探讨这种关系来预测股票的未来收益；收益的时间序列回归分析是假定每股收益随时间的推进有一定的趋势，并且这种趋势能延续到将来，通过对这个时间序列的分析找出这种趋势，以此来估计未来收益。

在用收益的历史数据对未来收益的预测中，按对过去各年收益在未来收益预测中所起作用的看法不同，有两种不同的模式。第一种模式可以称为正常收益模式。这一种模式对收益变化的描述是：假设当期的收益偏离正常收益比较远，那么相信下一期的收益将会向着正常收益回归。如果真实情况是这样的话，那么，在历史数据中真正起作用的将是正常收益，而这常常是用平均收益来代替的。第二种模式可以称为最近期收益模式。这个模式认为不存在什么正常收益，更没有什么向正常收益回归的趋势。按该模式，对于预测未来收益，真正起作用的将是最近一期的收益，而不是正常收益或平均收益。

2. 确定价值评估使用的收益指标

如使用静态市盈率，则一般为近期的税后利润。但考虑到经营的波动性，尤其是经营活动具有明显周期性的企业，采用最近三年税后利润的平均值作为估价收益指标更为适当。如使用动态市盈率，则应使用预测的经营业绩。

3. 选择标准市盈率

通常有如下几种可选：市场的市盈率、与目标企业具有可比性的企业市盈率或目标企业所处行业平均市盈率。

4. 计算目标企业的价值

$$企业的价值 = 收益指标 \times 标准市盈率$$

市盈率法需要做两个基础工作，即市盈率和目标企业收益的确定。

市盈率法的方法体系科学完整，结论有一定可靠性，简单易懂，易学易用，因其着眼于未来收益，因此也被广泛应用。

运用市盈率法需要以高度发达的证券市场为前提，要有足够多的上市公司作为备选参照。目前我国股市尚未完善，收益指标和市盈率的确定具有很大主观性，以市盈率估价具有

较高风险。此方法较适于股票市场较完善的市场环境中的经营较稳定的企业。

（三）其他比较法

价值和销售比率类比法是通过将上市公司的发行市值除以类比公司距当前四个季度的销售额之和，推算投资者在面对同类型公司时愿意支付的价值/销售额倍数，利用这种方法，要选择销售规模相似的企业、增长性相似的企业进行比较，否则就会使价值被低估或高估。价值和净资产比率类比法是通过将上市公司的发行市值除以类比公司距前一个季度的公司资产，推算投资者在面对同类型公司时愿意支付的价值/净资产倍数，价值和净资产比率类比法具有上述相同的问题。

可类比收购分析法主要是将同类公司以往并购交易中的关键数据与拟并购目标公司的数据加以分析比较。比较的目的是衡量目标公司在某一时点的价值，并获得对行业和资本市场价值评估标准的了解。这种方法中的价值是建立在特定的交易中支付给可类比公司的并购价格乘数上的。这个乘数可以是并购价格除以销售额，息税前收益（EBIT），利息、税金、折旧及摊销前收益（EBITDA），税后现金流量，账面价值等数据的商。用可类比公司的乘数与目标公司的相关数据相乘，在此基础上获得目标公司的一个价值，然后再加上一个可以控制的溢价或折价便是目标公司的交易价格。所有的非经常性项目必须被剔除，如果需要，还必须对损益表的数据做出调整。为了数据的准确性，必须使用最新的财务数据。评估结果在很大程度上取决于行业类型、产品、分销渠道、客户和季节性。与其他的评估方法一样，企业的规模、历史和未来的前景对评估也至关重要。可类比收购分析法的优点是以市场为导向且计算简便，然而要找到可类比的并购交易却十分困难，尤其当可类比公司是非上市公司或交易的信息不向公众披露的时候。

托宾的Q模型：它是以企业资产和其市场价值之间的关系为基础，对企业市场价值进行评估。其模型为：

$$Q = 企业市值/资产重置成本 \tag{6-1}$$

$$企业市值 = 资产重置成本 + 增长机会的价值 = Q \times 资产重置成本 \tag{6-2}$$

在该模型中，企业的成长机会没有量化和定量计算，而在实际中，Q值常以其近似值—“价值比率”，即企业股票市场价值与企业净资产值的比率替代。

三、绝对估值法

（一）DCF模型

以现金流量折现为特点的企业价值评估方法是费雪资本预算理论基础上的现金流量折现公式的种种变形，该类方法隐含的哲理是任何资产的价值都是其未来收益依照一定折现率折现的现值，未来的现金及现金流量是价值的最终源泉。其原理见图6-1。

由图6-1可以看出，DCF方法中确定的企业价值的基本表达式如下：

$$V = \sum_{i=1}^{n} \frac{P_i}{\prod (1 + r_i)} \tag{6-3}$$

其中：n 为资产的使用；r_i 为第t期反映当期所估计现金流量风险的折线率；P 为第t期的现金流量。

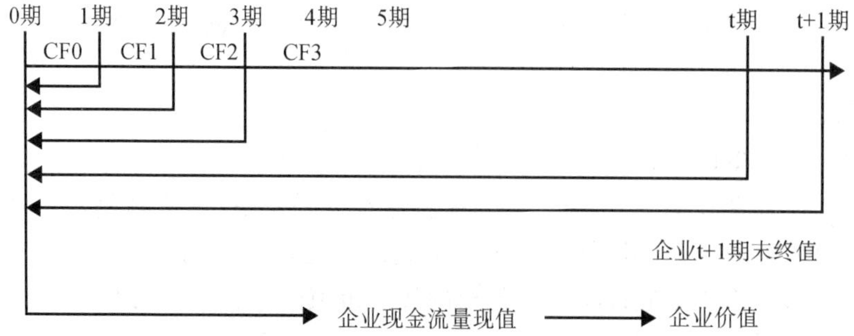

图 6-1 DCF 原理图

现金流因所估价资产的不同而各异。对股票而言，现金流是红利；对于债券而言，现金流是利息和本金；对于一个实际项目而言，现金流是税后现金流。贴现率将取决于所预测现金流的风险程度，资产风险越高，贴现率就越高；反之，资产风险越低，贴现率就越低。

用于企业股价的折现模型分为股权现金流量模型和实体现金流量模型，这里主要介绍实体现金流量模型。

实体价值评估的基本思想是，先评估企业的实体价值，然后评估企业的债务价值，用实体价值减去债务价值得出股权价值。

实体现金流量折现法的基本形式是：

$$企业实体价值 = \sum_{i=1}^{\infty} \frac{实体现金流量}{(1 + 加权平均资本成本)^{i}} \quad (6-4)$$

$$股权价值 = 实体价值 - 债务价值$$

$$债务价值 = \sum_{i=1}^{\infty} \frac{偿还债务现金流量}{(1 + 等风险债务利率)^{i}} \quad (6-5)$$

其中，企业的实体价值是预期企业实体现金流量的现值，计算现值的折现率是企业的加权平均资本成本。

企业实体现金流量是企业全部现金流入扣除付现费用和必要的投资支出后的剩余部分，它是企业可以提供给所有投资人（包括股权投资人和债权投资人）的现金流量。

企业的债务价值等于预期债权人现金流量的现值。计算现值的折现率要能反映其现金流量风险。通常，债务使用其市场价值计算。如果违约风险不大，也可以使用其账面价值。

1. 现金流量预测

现金流量主要分实体自由现金流量和股权自由现金流量。

实体自由现金流量是指企业全部投资人拥有的现金流量总和，包括股东和债权人。“自由”的意思是强调它们已经扣除了必须的、受约束的支出，企业可以自由支配的资金。这种自由不是随意支配，而是相对于已经扣除的受约束支出而言有了更大的自由度。其实，所谓自由实际上是一种剩余概念，是作了必要扣除后的剩余，所以也称“实体剩余现金流量”。

实体自由现金流量 = 股权自由现金流 + 债权人现金流量 + 优先股现金流量

或者：实体现金流量 = 经营现金净流量 - 资本支出

= （息前税后利润 + 折旧与摊销 - 营运资本增加）- 资本支出

其中：息前税后利润 = 息税前利润 - 息税前利润所得税

折旧与摊销 = 长期资产减值准备 + 固定资产摊销 + 无形资产和长期待摊费用摊销

营运资本 = 流动资产 - 无息流动负债

资本支出 = 购置各种长期资产的支出 - 无息长期负债　　(6-6)

如果按照固定的债务率为投资筹集资本，企业保持稳定的财务结构，“净投资”和“债务增加”存在固定比例关系，则股权现金流量的公式可以简化为：

股权现金流量 = 税后利润 -（1 - 负债率）× 净投资

= 税后利润 -（1 - 负债率）×（资本支出 - 折旧与摊销）

-（1 - 负债率）× 营运资本增加　　(6-7)

2. 折现率分析

折现率取决于企业未来现金流量所隐含的风险程度大小，风险越大，折现率越高；反之则相反。从企业投资者的角度讲，折现率是投资者的要求报酬率；从企业角度讲，它是企业各类投资者要求报酬率的加权平均数，即所谓的加权平均资本（WACC）。

（1）风险累加法

企业在其持续经营过程中可能要面临许多风险，比如行业风险、经营风险、财务风险、通货膨胀率等，将企业可能面临的风险对回报率的要求予以量化并累加，便可得到企业评估折现率中的风险报酬率。公式为：

折现率 = 安全利率 + 风险报酬率 + 通货膨胀率

其中，安全利率一般指国债利率，也可指银行利率。

（2）β 系数法

资产的风险来源可分为两类：一类是由企业特定行为产生的非系统风险，这种风险可通过分散投资来消除；另一类是由市场行为产生的系统风险，它影响所有资产的价格。日系数法基本思路是行业风险报酬率与被评估企业所在行业平均风险的比率系数的乘积。公式为：

$$R_r = (R_m - R_g) \times \beta \qquad (6-8)$$

其中，R_r 代表评估企业所在行业的风险报酬率；R_m 代表社会平均收益率；R_g 代表无风险报酬率；β 代表被评估企业所在行业的 β 系数。

（3）加权平均成本法所谓加权平均成本法是指以某种筹资方式所筹措的资本占资本总额的比重为权重，对各种筹资方式获得的个别资本的成本进行加权平均所得到的资本成本，也称全部资本或综合资本成本。以加权平均成本作为折现率估计值的方法即加权平均成本法。公式为：

企业评估折现率 = 长期负债占投资成本比重 × 长期负债成本 + 所有者权益占投资比重 × 净资产投资要求回报率

（二）DCF 估价模型优缺点

DCF 法的估价模型使用起来虽然比较复杂，但它具有明显优点：①明确了资产评估价值与资产的效用或有用程度密切相关，重点考虑了企业资产未来的收益能力。②能适用于具有很高财务杠杆比率或财务杠杆比率发生变化的公司。

尽管 DCF 法在评估企业价值时，具有成本法和市场法不可比拟的优越性，但是，我们在应用这一方法时，不能忽视这一方法应用的假设前提，即企业经营持续稳定，未来现金流序列可预期且为正值。使用 WACC 法确定折现率必须具备经营风险相同、资本结构不变及股利分配制度稳定在内的严格假设。这样的假设使得 DCF 法在评估实践中往往会因一些特殊情况而受到限制。首先，对于当前存在经营困难的企业而言，这些企业的当前现金流或收益往往为负，而且可能在将来的很长一段时间内还会为负。其次，DCF 法只能估算已经公开的投资机会和现有业务未来的增长所能产生的现金流的价值，没有考虑在不确定性环境下的各种投资机会，而这种投资机会会在很大程度上决定和影响企业的价值。最后，对于拥有某种无形资产，但目前尚未利用，这样预期现金流量难以估计，就会低估企业价值。

（三）两类特殊的股票估值模型

1. 股息不变模型

股票的价值就是未来股息收入的现值和。假设：①将来的股息收入为 $D_1, D_2, \cdots, D_n$；②折现率为 r，且在未来 n 年内保持不变；③n 为投资者持有股票的期限；④P_n 为第 n 期的股票价格。股票价值是未来股息收入的现值之和。

$$P = \sum_{i=1}^{n} \frac{D_2}{(1+r)^2} + \frac{P_n}{(1+r)^n}$$

假定投资者无限期持有股票，即 $n \to \infty$，有 $\frac{P_n}{(1+r)^n} \to 0$，则股票价值为：

$$P = \sum_{i=1}^{n \to \infty} \frac{D_i}{(1+r)^i}$$

再假定将来的股息收入不变，恒为常数 D，$\sum_{i=1}^{n} \frac{1}{(1+r)^2}$，当 $n \to \infty$ 时收敛于 $1/r$，所以：

$$P = \frac{D}{r}$$

2. 不变增长率模型，假定公司每年的股利为：

$$D_1, D_2, D_3, \cdots, D_n$$

并按固定增长率 g 增长，则：$D_2 = D_1(1+g), D_3 = D_1(1+g)^2, \cdots, D_n = D_1(1+g)^{n-1}$

把等式代入股利贴现模型，得：

$$\begin{aligned} P_0 &= \frac{D_1}{(1+r)} + \frac{D_1(1+g)}{(1+r)^2} + \cdots + \frac{D_1(1+g)^{n-1}}{(1+r)^n} + \frac{P_n}{(1+r)^n} \\ &= \sum_{i=1}^{n} \frac{D_1(1+g)^{i-1}}{(1+r)^i} + \frac{P_n}{(1+r)^n} \end{aligned}$$

仍然假定持有期无限，即 $n \to \infty$，则：

$$P_0 = \sum_{i=1}^{n \to \infty} \frac{D_1(1+g)^{i-1}}{(1+r)^i} = D_1 \sum_{i=1}^{n \to \infty} \frac{(1+g)^{i-1}}{(1+r)^i}$$

在 $n \to \infty$ 时，假定 $r > g$，级数为 $\sum_{i=1}^{n} \frac{(1+g)^{i-1}}{(1+r)^i}$

收敛于 $1/r - g$。所以：$P_0 = \frac{D_1}{r - g}$

表明，在假设条件成立的前提下，股价等于预期股息与贴现率和股息增长率差的商。可以改写成：$r = \frac{D_1}{P_0} + g$

上式的含义是，等式右端第一部分是投资者的股票的股息收益率，第二部分是股息增长率，这两者之和构成了投资者购买股票的内在收益率。

[例 6-1] 某公司股票市场价格为 15 元，其每股收益元，股息支付比率为 70%。预期该股股息增长率在以后年度将保持为 10%，金融市场的一般收益率为 12%，试用不变增长率模型估计该公司股票的价格。

$$P = \frac{0.6 \times 70\%}{12\% - 10\%} = 21\text{（元）}$$

（四）EVA 模型

1. 经济增加值的计算

经济附加值是指去除企业投入经营的资本原值之后的市场剩余额。根据这一价值概念，使用的经济增值（Economic Value Added，EVA）作为度量企业创值的测算方法。

20 世纪 80 年代初，美国思腾思特咨询公司将经济增加值 EVA 标准引入价值评估与公司管理领域，使之在全球范围内得到广泛应用。经济增加值表示扣除资本机会成本后的资本收益，这里资本的机会成本既包括债务资本成本又包括股权资本成本，即投入企业的所有资本。企业经济增值额便可直接用下式计算：

EVA = 税后营业净利润 - 资本成本
　　= 税后营业净利润 - 投资额 × 加权平均资本成本
　　= 投入资本额 ×（投资资本回报率 - 加权平均资本成本）

$$\text{企业价值} = \text{投资资本} + \text{预期 EVA 的现值} \tag{6-9}$$

与 EVA 相关的概念还有 MVA、COV、FGV 等。MVA（Market Value Added，市场增加值）是公司市值与累计资本投入之间的差额，表明了一家企业通过股市累计为其投资者创造的财富。在理论上，MVA 是市场对公司未来获取 EVA 能力的预期的反映，即 MVA = 未来 EVA 的折现值。很明显，在越具备动态效率的股票市场，企业的内在价值与市场价值就越吻合，即 MVA 与 EVA 相关性越高。

2. 经济增加值的优缺点

应用 EVA 符合企业的长期发展利益。EVA 指标的设计着眼于企业的长期发展，鼓励企业的经营者进行能给企业带来长远利益的投资决策，如新产品的研究和开发、人力资源的培养等。EVA 指标有助于管理者将财务的两个基本原则融入经营决策中：一是企业的主要财务目标是股东财富最大化；二是企业的价值依赖于投资者预期的未来利润能否超过资本成本。根据 EVA 的定义可知，企业 EVA 业绩持续地增长意味着公司市场价值的不断增加和股东财富的持续增长。

EVA 是基于会计系统的公司业绩评估体系。计算 EVA 时，要在损益表和资产负债表等传统会计体系基础之上，对会计中的某些项目加以调整。思腾思特公司列出了 160 多项可能需要调整的会计项目，包括存货成本、货币贬值、坏账准备金、重组费用以及商誉摊销等。一般来说，一个企业同时涉及的调整科目不超过 15 项。EVA 公式的运用以一定的会计制度、一定的核算方式为基础。各国会计制度的不同，核算方式的不同决定了 EVA 对某一国家或地区的特殊性，从而也决定了各国对 EVA 研究，特别是应用研究不同的特色。EVA 绝不是照搬挪用即可，必须在研究、分析、修正的基础上运用。估值模型的畅通运作是有条件的：一是信息充分、及时、真实地得到公开；二是信息能被投资者获得，并且投资者可以对信息做出合理的判断；三是投资者根据判断能够根据其判断，做出准确、及时的行动。也就是说，估值模型要求一个有效的市场。显然我国的这些条件尚有欠缺，尤其是上市公司会计信息的质量问题让人担忧，由于数据的错误而造成的分析偏差，会动摇估值模型存在的基础。EVA 对于信息披露的真实性和广泛性要求更高，不具备真实信息基础的 EVA 会出现较大的失真。

四、期权估值法

（一）期权定价模型

期权是一种证券化契约，该契约赋予其持有者或买方具有在期权到期日或到期日之前任一时间向其卖方按预先约定的价格（执行价格）购买或出售契约所规定的一定数量标的资产的权利。期权只包含权利而不包含义务，其持有者可自由行使权利，故又称为选择权。为取得该权利，期权购买者需在购买期权时向其卖方支付一定金额的保险金，称其为期权价格。期权定价的理论可以很好地应用于企业价值评估之中。它重点考虑了选择权或不同的投资机会所创造的价值。在传统的贴现现金流量法不太适用或很难使用时，它可以达到理想的结果。即使是在上述传统评估方法适用的情况下，期权定价估价法也为我们提供了一个很有价值的独特视角。

对于期权价值估算的较为成熟的方法有两种：一是以考克斯、罗斯、鲁宾斯坦等为代表的两项树估价模型；二是费雪·布莱克和梅隆·舒尔斯创立的布莱克舒尔斯模型。在期权定价模型中，最著名的是 Black - Scholes 模型。Black - Scholes 模型中买入期权的价值形式如下：

$$C = SN(d_1) - Xe^{-r(T-t)}N(d_2) \tag{6-10}$$

$$d_1 = \frac{\ln\left(\frac{S}{X}\right) + \left(r_F + \frac{1}{2}\sigma^2\right)(T-t)}{\sigma\sqrt{T-t}}, \tag{6-11}$$

$$d_2 = \frac{\ln\left(\frac{S}{X}\right) + \left(r_F - \frac{1}{2}\sigma^2\right)(T-t)}{\sigma\sqrt{T-t}} = d_1 - \sigma\sqrt{T-t} \tag{6-12}$$

模型中：$N(d_1)$、$N(d_2)$ 分别为 d_1、d_2 的累积正态分布函数值；C 为买入期权的价值；S 为指定资产的当前价；K 为期权的执行价格或履行价格；r 为与期权寿命相当的无风险利率；σ 为指定资产的标准差；t 为期权到期的时间。公式（6 - 10）右边第一项为期望的资产价值，第二项为资产的期望成本。即企业价值为期望价值与期望成本之差。

（二）实物期权原理

哈佛大学的罗伯特·默顿（Robert C. Merton）和斯坦福大学的迈伦·舒尔斯（Myron S. Scholes），成功地解决了期权定价问题。其中最引人瞩目并为人们所逐渐付诸实践的是，期权理论在企业资源分配和投资决策领域中的应用。所谓实物期权是以期权概念定义的实物资产的选择权，由金融期权演变而来，指公司进行长期投资决策时拥有的、能根据在决策时尚不确定的因素改变行为的权利，属于广义期权的范畴。所谓经营灵活性，是指企业管理者可以根据外界经营环境的变化以及投资项目不确定性的进一步明确，适时更改初始的经营战略，运用灵活的管理手段以利用良好的投资机会，避免损失，在投资决策中采用包括延期投资、放弃投资、转换投资、扩展投资、紧缩投资以及更改项目生命期内的阶段投资等手段提高项目的投资收益。基于经营灵活性，人们提出了“实物期权”的概念，即指企业持有的在未来一段时间内进行某项经济活动的权利（而不是义务），如前面所述的延迟、放弃、转换、扩展等。

利用实物期权方法来评价企业的价值，可以有以下几种思路：①将企业的价值划分为资产价值（包括有形资产和无形资产）和期权价值两部分，分别进行价值评估。前者可以运用一般的资产评估方法进行评估，后者则利用期权思想对企业拥有的投资机会和期权进行识别，再用期权方法进行评估，两者之和即为企业价值。②公司的价值等于公司已拥有的各种业务价值（项目价值）的总和再加上放弃旧业务、转换和拓展新业务机会的价值，运用期权方法可以对这几种价值进行估计，进而得到企业的价值。③将公司的价值分为股票价值和债券价值两部分，因为公司的股票可以视为股东的买权（付出一定购买款之后可以享受公司价值上涨的收益），公司的债券价值则等于一个无风险贷款价值（债券账面价值）加上一个期权空头，因此可以运用期权方法分别估价，两者之和为企业价值。如果企业还有优先股、可转换证券等，也可以运用期权方法进行定价，再相加得到企业价值。此外还可能有其他思路。针对不同类型实物期权的具体特征，理论界分别提出了相应的定价模型。目前常用的实物期权定价方法基本上是通过和金融期权的映衬关系，在金融市场上找到相应的标的金融资产，通过 B－S 模型或二项式公式予以解决。需要指出的是，由于不同的期权对应的基础资产不同，其价值变化遵循的随机规律也不同，现有的期权定价方法是假设股票等基础资产的价格服从连续的马尔科夫过程，对于其他资产如项目资产价值来说未必满足这一假设，因此尚需要加以改进或者发现新的方法，才能对企业价值进行适当的估价。

任务二 理解证券投资收益

一、证券投资收益

证券投资收益是指投资者在购买、持有和出售某种有价证券的全过程中获得的投资收益超过本金的部分，即证券投资者在从事证券投资活动中所获得的报酬。各类证券的投资收益各不相同，但是都包括固定的收益和变动的收益两部分，固定的收益包括债券的利息和股票的股息等，变动的收益主要是指资本利得，这里主要以股票为例进行重点讲解。股票投资收益是投资者从购入股票开始到出售股票为止整个持有期间的收入。它由股利收入、资本利得和资本增值收益组成。

（一）股利收入

股息（Dividend），是指股份公司从提取了公积金、公益金的税后利润中按照股息率派发给股东的收益。股息不同于红利（Bonus 或 Extra Dividend）。股息与红利合起来称为股利。

股息就是股票的利息，是指公司按照票面金额的一个固定比率向股东支付利息。

红利则是在上市公司分派股息之后按持股比例向股东分配的剩余利润。获取股息和红利，是股民投资于上市公司的基本目的，也是股民的基本经济权利。红利虽然也是公司分配给股东的回报，但它与股息的区别在于股息的利率是固定的（特别是对优先股而言），而红利数额通常是不确定的，它随着公司每年可分配盈余的多少而上下浮动。因此，有人把普通股的收益称为红利，而股息则专指优先股的收益。

股利有股票股利和现金股利两种支付方式，前者是指股份公司向股东赠送新的股份，后者是指股份公司向股东支付现金。现金股利是最普通、最基本的股息形式。有人认为，只有现金股利才能算真正的股利，股票股利只是增加了流通总股本，对公司和股东都没有实质性影响。股利的具体表现形式有现金股利、股票股利、财产股利、负债股利、建业股利等多种。

1. 现金股利

现金股利是以货币形式支付的股息和红利，是最普通、最基本的股利形式。现金股利亦称派现，与股票股利相对，是股份公司以货币形式发放给股东的股利。

企业向股东支付的现金，一般来自企业的当期盈利或累计利润。所有股利都必须由董事会公布，收取股息者需要缴付税项。发放现金股利的多少主要取决于公司的股利政策和经营业绩。当公司宣布分红时，一般表述为每 10 股派 × ×元（含税，税后为 × ×元）。

上市公司发放现金股利主要出于三个原因：①投资者偏好；②减少代理成本；③传递公司的未来信息。公司采用现金股利形式时，必须具备两个基本条件：一是公司要有足够的未指明用途的留存收益（未分配利润）；二是公司要有足够的现金。

2. 股票股利

股票股利是以股票的方式派发的股利，通常是由公司用新增发的股票或一部分库存股票作为股利，代替现金分派给股东。股票股利是股东权益账户中不同项目之间的转移，对公司的资产、负债、股东权益总额毫无影响。

股票股利也称为送红股，是指股份公司以增发本公司股票的方式来代替现金向股东派息，通常是按股票的比例分发给股东。股东得到的股票股利，实际上是向公司增加投资。新建或正在扩展中的公司，往往会借助于分派股票股利而少发现金股利。

3. 财产股利

财产股利亦称实物股利、财产股利。股份公司以本公司持有的有价证券或实物向股东支付的股息。这里的有价证券是指公司持有的股票、债券、应付票据等。在国外，一些大量持有其他公司股票的控股公司，为回避有垄断行为，多采用内部转移的方式，将公司持有的其他公司的股票作为股息派发给股东，同样可以继续保持对其他公司的控制，且又不引人注目。另外，有的公司在规定的派息期间，适逢公司现金不足，遂将持有的有价证券代替现金支付给股东，以解燃眉之急。因这些有价证券的变现能力较强，且价格较为优惠，故股东也乐于接受。这里的实物是指公司自己生产的产品。某些公司为了扩大其产品的销路，有时亦用本公司生产的产品作为股息派发给股东。以实物派息时，公司往往在价格上给予优惠。

4. 负债股利

负债股利是公司通过建立负债的方式所发放的股利。通常负债股利都是以应付票据作为股利发给股东，此时亦称“票据股利”。票据股利的票据，有的带息，有的不带息；有的规定到期日，有的无到期日；有的还用临时借条的方式分派股利。这与签发期票一样，多因公司已经宣布发放股利，但又面临现金不足、处于难以支付的窘境时，为顾及公司信誉而采取的权宜之计。公司如以长期债券支付股利，必须事先经股东大会讨论通过。

5. 建业股利

建业股利又称建设股利，是指经营铁路、港口、水电、机场等业务的股份公司，由于其建设周期长，不可能在短期内开展业务并获得盈利，为了筹集到所需资金，在公司章程中明确规定并获得批准后，公司可以将一部分股本还给股东作为股息。建业股利不同于其他股利，它不是来自公司的盈利，而是对公司未来盈利的预分，实质上是一种负债分配，也是无盈利、无股利原则的一个例外。

建业股份公司是以公司筹集到的资金作为投资盈利分发给股东的股利。这种情况多发生在那些建设周期长、资金周转缓慢、风险大的公司。因为建设时间长，一时不能盈利，但又要保证股利的发放吸引投资者。股利的发放一般是在期末结算后，在股东大会通过结算方案和利润分配方案之后进行。有些公司的股利一年派发两次，但是中期派息与年终派息有的不同，中期派息是以上半年的盈利为基础，而且要考虑到下半年不至于出现亏损的情况。公司董事会必须决定是将可动用作为判断标准。从根本上讲，看股东们考虑的是眼前利益还是将来公司的发展，从而所带来的更大利益。

股利的派发权是属于股东大会，但派发股利的具体方案则由董事会提出，一经股东大会认可，即可确定进行。公司股票是可以转让的。为了确定哪些人可以领到股利，必须在发放股利前确定一些日期界限。

这里有4个重要日期需要注意，因为它们无论对于那些注重当前收入的人，或是对注重资本利得的人都十分重要。它们分别是：①宣布股利日，即董事会宣布决定在某日发放股利的日期。②股权登记日，凡此日在公司股东名册上有名字的人都可分享到最近一次股利。由于股票交易与股东是不断变化的，公司很难确定某期股息派发中股东有哪些人。因此，董事会必须决定某一天为股权登记日，让股东进行股权登记，以便公司确认股东并派发股息。③除权除息日。股权登记日后的下一个交易日就是除权日或除息日，这一天或以后购入该公司股票的股东，不再享有该公司此次分红配股。除权是指除去股票中领取股票股息和取得配股权的权利，除息是指除去股票中领取现金股息的权利。除权日与除息日是同一概念，两者的差别只在于前者涉及非现金形式的权益，后者则涉及现金股息（包括可选择收取新股代替现金的股息）。④股利发放日。将股利正式发放给股东的日期。

上述日期对股票交易是十分重要的。如果持股人在除息日前一天卖出股票，那么他将失去所享股利的权利；如果持股人在除息日当天或以后买进股票，那么他也无权享受即将分配的一次股利，这次股利仍将归原股东领取。很显然，股利的宣布日、发放日对股票交易价格有一定的影响。

（二）资本利得

资本利得是指股票持有者持股票到市场上进行交易，当股票的市场价格高于买入价格时，卖出股票就可以赚取差价收益，这种差价收益称为资本利得。

（三）资本增值收益

资本增值收益又称为公积金转增股本，主要采取送股的形式，但送股的资金不是来自当年可分配盈利，而是公司提取的公积金。公司的公积金来源有以下几项：一是股票溢价发行时，超过股票面值的溢价部分，列入公司的资本公积金；二是依据我国《公司法》的规定，每年从税后利润中按比例提存部分法定公积金；三是股东大会决议后提取的任意公积金；四是公司经过若干年经营以后资产重估增值部分；五是公司从外部取得的赠与资产。我国《公司法》规定，公司分配当年税后利润时，应当提取利润的10%列入公司法定公积金。公司法定公积金累计额为公司注册资本50%以上的，可以不再提取。公司的法定公积金不足以弥补以前年度亏损的，在提取法定公积金之前，应当先用当年利润弥补亏损。公司从税后利润中提取法定公积金之后，经股东大会决议，可以从税后利润中提取任意公积金。股份有限公司以超过股票票面金额的发行价格发行股份所得的溢价款以及国务院财政部门规定列入资本公积金的其他收入，应当列入资本公积金。公司的公积金用于弥补公司亏损、扩大公司生产经营或者转为公司资本。但是资本公积金不得用于弥补公司亏损。法定公积金转为资本时，所留存的该项公积金不得少于转增前公司注册资本的25%。

二、股票除权除息价的计算

上市公司以股票股利分配给股东，也就是公司的盈余转为增资时，或进行配股时，就要对股价进行除权（Exclude Right，XR）。上市公司将盈余以现金分配给股东，股价就要除息（Exclude Dividend，XD）。除权日、除息日购入该公司股票的股东则不可以享有本次分红派息或配股。

（一）除权除息的定义

当一家上市公司宣布送股或配股时，在红股尚未分配，配股尚未配股之前，该股票被称为含权股票。要办理除权手续的股份公司先要报主管机关核定，在准予除权后，该公司即可确定股权登记基准日和除权基准日。凡在股权登记日拥有该股票的股东，就享有领取或认购股权的权利，即可参加分红或配股。当公司宣布分红时，一般表述为每10股派××元（含税，税后××元）；当公司宣布配股时，一般表述为每10股转增××股。

除权除息日（一般为股权登记日的次交易日）确定后，在除权当天，交易所会依据分红的不同在股票简称上进行提示，如果是分红利现金，称作除息，大盘显示XD××；如果是送红股或者配股，称为除权，大盘显示XR××；如果是既分红利又配股，称为除权除息，大盘则显示DR××。这时，大盘显示的前收盘价不是前一天的实际收盘价，而是根据股权登记日收盘价与分红现金的数量、送配股的数量和配股价的高低等结合起来算出来的价格。

（二）除权除息的计算

1. 计算除息价

$$除息价 = 股息登记日的收盘价 - 每股所分红利现金额$$

［例6-2］某股票股息登记日的收盘价是4.17元，每股送红利现金0.03元，则其次日股价为：

4.17－0.03＝4.14（元）

2. 计算除权价

送红股后的除权价＝股权登记日的收盘价÷（1＋每股送红股数）

[例6－3] 某股票股权登记日的收盘价是24.75元，每10股送3股，即每股送红股数为0.3，则次日股价为：

24.75÷（1＋0.3）＝19.04（元）

配股后的除权价＝（股权登记日的收盘价＋配股价×每股配股数）÷（1＋每股配股数）

[例6－4] 某股票股权登记日的收盘价为18元，10股配3股，即每股配股数为0.3，配股价为每股6元，则次日股价为：（18.00＋6.00×0.3）÷（1＋0.3）＝15.23（元）

3. 计算除权除息价

除权除息价＝（股权登记日的收盘价－每股所分红利现金额＋配股价×每股配股数）÷（1＋每股送红股数＋每股配股数）

[例6－5] 某股票股权登记日的收盘价为20.35元，每10股派发现金红利4元，送1股，配2股，配股价为5.50元/股，即每股分红0.4元，送0.1股，配0.2股，则次日除权除息价为：

（20.35－0.4＋5.50×0.2）÷（1＋0.1＋0.2）＝16.19（元）

知识拓展

复权是什么意思？复权的几个相关概念解释？

一、复权

复权，就是对股价和成交量进行权息修复，按照股票的实际涨跌情况绘制的股价走势图，当然，成交量也调整为相同的股本对应的数量比例。复权分为向前复权和向后复权，也就是前复权和后复权。

二、前复权

前复权是保持现有价位不变，将之前的历史价格进行缩减（之所以是缩减是因为除权之前股价一定是高于除权之后）。

这样一来就会将除权前的K线逐段向下平移与当前K线无缝对接，以保持股价走势的连续性。所有股票软件K线默认展示的都是前复权信息。

举例，某股票股价原来为100元，后发生送股行为，每10股送10股，股价被稀释为50元，在前复权的K线上，股票这个时间点之前的股价都会被改成50元。

前复权是以当前股票现价为基准，来推定股票之前的虚拟价格，可以说明之前某一天持股人的成本相当于目前股价，是什么价格。所以前复权K线展示时我们经常看到很久之前上市公司的股价是零点几元甚至是负数。可以反映当初持股人的成本下降到相当于现在股价的什么成本。

这里顺便说一下为何有时看到有的上市公司的股票价格是负数。

如果以10元买入股票A 1 000股，成本为10 000元，在15元的时候卖掉其中900股，则成本为（10×1 000－15×900）/1 000＝－3.5（元），表明目前所持的100股实际上投入

了 -350 元（-3.5×100）的成本，原因是卖掉的900股盈利了3 500元，盈利的3 500元计入了这100股上。

三、后复权

后复权，是以当时的实际价格（可以理解为从股票上市首日的股价）不变，来推定后来直到现在的股票价格。可以理解为后复权是将除权后的K线逐段向上平移与当前K线无缝对接。

正常情况下，只有当上市公司股价上涨幅度较大股价相对较高后才会进行除权，除权后高股价变成低股价，流通股票数量（即股本）增加，但流通市值不变。投资者的持股数量增加，但持股股价下降，持股成本不变。除权可提高股票的流动性。股票流通性好的上市公司，如果业绩优良，很容易获得投资者的青睐。

后复权可以明确看出股票从上市之日起实际上涨了多少倍。

四、不复权

前复权和后复权都是推定计算出来的价格，并不是真正的成交价，只有不复权才可以反映这只股票历史上每天成交的真实价格。

不复权就是完全按照股票的真实价格展示，可以更清晰知道股票历史上的重大送股事件。有的证券软件（比如平安证券）K线选项“除权”指的就是不复权的K线图。

不复权K线显示的是股票最真实的成交价格，在股票除权日会看到巨大的下降缺口。

前复权是以当前股价为基准，将之前的股价折算成当前的股价，用来推算当时某一天的持股成本相对于现在当前的成本是多少元。前复权以最连续的K线最真实地反映股票的历史走势和涨跌。

后复权是以股票上市第一天的股价为基准，将上市之后的股价折算成第一天的价格，可以明显计算出现在的股价比当时上市第一天涨了多少元多少倍。

资料来源：全球经济导报网 www.ceeh.com.cn。

任务三
理解证券投资风险

一、证券投资风险

证券投资是一种直接投资的方式，主要就是投资者（法人或自然人）对股票、债券、基金以及相关衍生品等进行购买和出售，从中获取利息、差价的一种投资方式和行为。风险就是一种不确定性，证券投资过程中出现的风险可以划分为系统风险和非系统风险。如果投资，风险是一定存在的，在我国这个正在发展却不太成熟的新兴市场，证券投资者更需掌握投资经验，学会规避风险。

二、证券投资风险的种类划分

根据证券投资风险的性质，可以划分为系统风险和非系统风险。

（一）系统风险

系统风险指的是由于一些全局性的因素，使投资的收益出现变化，这种因素会通过相同的方式影响全部的证券收益。这些影响因素不是公司内部的，因此是不能有效控制和回避的，这种系统风险也被称作不可回避风险。由于共同的因素对公司产生的影响是存在差异的，多样化的投资也无法将风险分散开来，所以也将这种风险称为不可分散风险。结合当前证券市场发展实际，系统风险可以划分为市场风险、利率风险和购买力风险等。

1. 市场风险

市场风险是由于证券市场长期趋势变动而带来的风险。证券市场行情变动会受到诸多因素的影响，经济周期的变动在其中起到决定性的作用。社会经济出现阶段性的波动以及循环，一般分为萧条—复苏—繁荣—衰退等阶段。看涨行情中，基本上所有的股票都是价格上涨的，在看跌行情中，股票的价格就呈现下跌趋势。投资者应对市场风险最好的办法，就是顺势操作，投资于绩优股票。

2. 利率风险

利率风险是指因利率变动，导致附息资产（如贷款或债券）承担价值波动的风险。证券价格会受到利率的影响，这种影响主要是从两个方面体现的：首先是资金流向的转变，市场利率变高，一些资金会被吸引到银行票据以及储蓄等金融资产中，债券的需求量减少，价格下降。其次是公司成本的影响，利率增多，公司的融资成本就会增多，若其他条件不变，利润会减少，股息也会减少，使得股价降低。

文本：疫情会对中国经济造成什么样的影响

3. 购买力风险

购买力风险又称通货膨胀风险，通货膨胀造成物价上涨，货币的实际购买力降低，同时可能造成投资者的实际收益水平有下降的风险。通货膨胀使投资的名义收益率不变，而实际收益和价值却在下降。通货膨胀初期由于货币幻觉的存在，会有利于股票市场的上涨，但是恶性通货膨胀的产生将损害消费者和投资者的积极性，造成货币资金大量离开股票市场进入商品市场，使股票市场大幅下跌。

4. 政策风险

政策风险是指政府有关证券市场的政策发生重大变化或是有重要的举措、法规出台，引起证券市场的波动，从而给投资者带来的风险。例如，税收政策、财政补贴政策和相关的产业政策等。

（二）非系统风险

非系统性风险是指由非全局性事件引起的对市场中部分股票产生不利影响，从而导致该部分或个别股票呈现出的风险。这些因素有很多种，如股份公司经营不善；市场供求关系发生变化；产业结构调整等。由于非系统性风险是个别性的风险，而不会对市场整体发生作用，投资者可以通过分散化投资或转换投资品种来消除这种风险。因此，非系统性风险也被称为可分散风险或可回避风险。非系统性风险的特点包括：①由特殊因素引起；②只影响某种股票的收益；③可通过多样化投资来清除或回避。

1. 信用风险

信用风险是指企业或公司违背信用而不能按照约定让投资者进行还本付息，进而受到的风险，证券发行人无法按期对本金以及利息进行支付，这将会使投资者失去再投资和获利的机会。信用风险是债券的主要风险，投资公司债券首先要考虑的就是信用方面的风险，要对这种风险进行有效的回避，就需要评级信用，对证券评级的结果进行参考。

2. 经营风险

经营风险是指公司经营管理失误而因其盈利水平的变化给投资者带来的风险，它来自企业内部。大致有几种情况：一是融资不当引起财务风险；二是公司缺乏创新性，只满足于当前的经济以及利润水平；三是销售决策上产生问题不科学、不合理，没有注重开辟新的市场。

3. 财务风险

财务风险是指公司因筹措资金而产生的风险，即公司可能丧失偿债能力的风险。公司财务结构的不合理，往往会给公司造成财务风险。公司的财务风险主要表现为：无力偿还到期的债务，利率变动风险，再筹资风险。形成财务风险的主要因素有资本负债比率、资产与负债的期限、债务结构等因素。一般来说，公司的资本负债比率越高、债务结构越不合理，其财务风险越大。

4. 操作风险

操作风险是指证券投资者因其错误的投资决策和行为而使其蒙受损失的风险。在同一个证券市场上，对待同一家公司的证券，不同投资者投资的结果可能会出现截然不同的情况，有的盈利，有的亏损，这种差异很大程度上是因投资者不同的心理素质与心理状态、不同的判断标准、不同的操作技巧造成的。引起股票投资风险的心理因素包括市场主导心理倾向变化和投资者个人心理倾向变化。

所谓市场主导心理倾向，是指一段时期内证券市场上大多数人对行情的看法。单个投资者往往会被卷入其中。个人投资者的心理因素内容比较复杂，比较典型的有“博傻”心理、从众心理、贪婪心理、侥幸心理和赌徒心理。

案例

A 股最大财务造假案一审宣判，康美药业被判赔偿投资者 24.59 亿元

投资有风险，入市需谨慎。这是投资者经常听到的一句话，所以潜意识里股民对于自己投资决策失误造成的亏损可能有后悔，但同时也能理性接受。而投资者不能接受的是，内幕交易和恶意操纵市场，除此之外，最让投资者深恶痛绝的要数上市公司财务造假。追逐利润或是资本的天性，但作为上市公司，通过财务造假谋求短期利润，而不将心思放在公司经营上，不仅是对公司的不负责，更是对股东的不负责，而欺骗也终将付出代价。

2021 年 11 月 12 日，5 万多名投资者翘首以盼，“康美案”终于迎来一审判决的结果。广州中院当庭宣告，康美药业（现*ST 康美）等相关被告承担投资者损失总金额达 24.59 亿元。

根据广州中院的判决，各被告的赔偿责任认定如下：康美药业作为上市公司，承担 24.59 亿元的赔偿责任；公司实际控制人马兴田夫妇及邱锡伟等 4 名原高管人员组织策划实

施财务造假，属故意行为，承担100%的连带赔偿责任；另有13名高管人员按过错程度分别承担20%、10%、5%的连带赔偿责任。

同时，审计机构正中珠江会计师事务所未实施基本的审计程序，承担100%的连带赔偿责任，正中珠江合伙人和签字会计师杨文蔚在正中珠江承责范围内承担连带赔偿责任。

对于原被告双方争议最大的“案涉虚假陈述行为的揭露日”，广州中院判决认定为2018年10月16日，该日期是计算投资者获赔金额的“关键”。

证监会有关部门负责人就宣判结果表示，康美药业证券纠纷案是我国首单特别代表人诉讼案件。康美药业公司连续3年财务造假，涉案金额巨大，持续时间长，性质特别严重，社会影响恶劣，严重损害了投资者的合法权益。作为投资者保护机构中证中小投资者服务中心响应市场呼声，依法接受投资者委托，作为代表人参加康美药业代表人诉讼，为投资者争取最大权益。证监会对此表示支持，并将依法监督投资者保护机构，配合人民法院做好后续相关工作。

据2019年8月，证监会对*ST康美下发《行政处罚及市场禁入事先告知书》显示，2016年至2018年，*ST康美涉嫌累计虚增营业收入291.28亿元，累计虚增营业利润41.01亿元；累计虚增货币资金886亿元。

此后，2020年5月，证监会对*ST康美董事长马兴田等22人进行行政处罚，并对6人采取证券市场禁入措施；2020年7月，马兴田等被公安机关采取强制措施。

而在2020年的最后一天，11名投资者就*ST康美虚假陈述案向广州中院提起普通代表人诉讼；2021年4月16日，广州中院发布案件转为特别代表人诉讼的公告，*ST康美案成为中国证券集体诉讼首案，本案涉案投资者人数超过5万人，且绝大多数为中小投资者。

2021年6月4日，揭阳市中级人民法院裁定受理*ST康美破产重整；截至2021年10月31日，广州医药集团有限公司代表广东神农氏企业管理合伙企业（有限合伙）向*ST康美重整管理人提交了《重整投资方案》。

此前，*ST康美还披露了2021年三季报。今年前三季度，*ST康美实现营业收入30.86亿元，同比下滑22.3%；净利润为－10.27亿元；扣非归母净利润为－12.66亿元。二级市场上，截至11月12日收盘，*ST康美报4.49元/股，跌幅1.32%，总市值223亿元。

最后到了今日，案件迎来了一审宣判，康美药业等相关被告承担投资者损失总金额达24.59亿元。

资料来源：证券之星。

三、证券投资风险的规避措施

（一）投资组合分散风险

通过分散组合来规避非系统风险，从而在面临非系统风险时不至于“满盘皆输”。分散不仅体现在资金分配上，还体现在资本选择上，在投资时，应尽量了解不同行业不同领域的投资。

（二）“二分法”和“定式法”防范风险

二分法是将证券投资分成两大组：一组是有确定收益（如债券等）的投资，另一组是非确定收益证券（如股票等）的投资。前组叫“守势部分”，后组叫“攻势部分”。按经验，其中某一部分的最高额一般不要超过投资总额的75%，最低额要占25%。二分法目的在于分散风险，避免因某一组投资蒙受风险损失，而使投资者遭受巨大打击。

定式法是将投资分成“攻势部分”和“守势部分”两组，并根据投资者的经济实力、投资经验与技巧，以及心理承受能力，设置一定的基准水平。如果股价上涨，逐渐减少攻势部分，增加守势部分；若股价下跌，则逐渐减少守势部分，增加攻势部分。

（三）采用灵活的投资策略

在投资前，通过多种途径和方式，充分了解投资信息，分析宏观经济环境，在心中权衡比较并且进行相应的风险论证。熟悉债券市场的交易规则、市场规模、投资者的组成。在这样的基础上，再制定好能够规避风险的投资策略，运用各种有效的投资方法和技巧，例如将证券投资的期限阶梯化、短期化，种类分散化。

（四）注意控制资金投入比例

股市行情的运行过程中，始终存在着不确定性因素，投资者可以根据行情发展的阶段来不断调整资金投入比例。从有效控制风险的角度出发，投资者不宜采用重仓操作的方式，至于全进全出的满仓操作更加不合时宜。投资者需要将资金投入比例控制在可承受风险的范围内。仓位较重的投资者可以有选择地抛出一些股票，减轻仓位，或者将部分投资资金用于相对较安全的投资中，如申购新股等。

（五）做好止赢或止损的准备

投资者无法预测什么时候会出现系统性风险，尤其在行情快速上升的时期。如果提前卖出手中的股票，往往意味着投资者无法享受“疯狂”行情的拉升机会。这时，投资者可以在控制仓位的前提下继续持股，但随时做好止赢或止损的准备，一旦市场出现系统性风险的时候，投资者可以果断斩仓卖出，从而防止损失的进一步扩大。

（六）加强自身学习，培养良好心态

投资者入市前学习掌握必备的股票交易知识，培养良好的知识素质和遵守股票买卖规则的良好品质；投资者要经常关注行情，分析股价变动原因，学会股票分析与预测技术，以培养良好的技术分析方面的素质；投资者要认清投资环境，正确选择投资方式、对象和时机，新手最好在低潮时入市；投资者要培养良好的心理素质，头脑要冷静，遇到紧急情况能迅速形成自己的正确判断，以保持决策和行为的正确，并取得投资的成功。

总而言之，证券投资风险具有一定的客观性和不确定性，我们能做的更多的是在承认风险客观存在的前提下有效的防范风险。虽然投资的不确定性比较强，但是依旧可以通过多样化的技术方法，总结以往经验，科学地测度风险，扎实利用统计学的相关知识，对收集的历史数据进行分析和计算，寻找规律为投资作借鉴，组合投资分散风险，尽可能避免或减小风险带来的损失和危害。人们应该具有风险意识，认清自己的实力和风险承受能力，审时度势，做出谨慎的最优选择。

项目小结

1. 企业价值评估方法可以分为四类：第一类称为资产价值法；第二类称为比较法；第三类称为收益现值法；第四类就是期权估价理论，它是将定价理论应用于企业价值评估。其他各式各样的价值评估方法都是由这四种基本方法组合变换而来。

2. 证券投资收益是指投资者在购买、持有和出售某种有价证券的全过程中获得的投资收益超过本金的部分，即证券投资者在从事证券投资活动中所获得的报酬。

3. 证券投资是一种直接投资的方式，主要就是投资者（法人或自然人）对股票、债券、基金以及相关衍生品等进行购买和出售，从中获取利息、差价的一种投资方式和行为。风险就是一种不确定性，证券投资过程中出现的风险可以划分为系统风险和非系统风险。

项目检测

一、单项选择题

1. 相对估值法中应用最普遍的是（　　）。

A. 市盈率法　　B. 市净率法　　C. 市销率法　　D. 净现金流量法

2. 某股票发行价是 12 元，现在的市场价格是 24 元，每股净利润 2 元，市盈率是（　　）元。

A. 6　　B. 12　　C. 24　　D. 14

3. 以下属于变动收益的是（　　）。

A. 利息　　B. 股息　　C. 资本利得　　D. 以上均不是

4. （　　）在公司股东名册上有名字的人都可分享到最近一次股利。

A. 宣布股利日　　B. 股权登记日　　C. 除息日　　D. 股利发放日

5. 某上市公司分红派息方式为每 10 股派 20 元，请问是发放的（　　）。

A. 现金股利　　B. 股票股利　　C. 财产股利　　D. 负债股利

6. 当股票的市场价格高于买入价格时，卖出股票就可以赚取差价收益，这种差价收益是（　　）。

A. 利息　　B. 股息　　C. 资本利得　　D. 红利

7. 如果是分红利现金，称作除息，大盘显示（　　）。

A. XD × ×　　B. XR × ×　　C. DR × ×　　D. RD × ×

8. 某股票股息登记日的收盘价是 4.17 元，每股送红利现金 0.03 元，则其次日股价为（　　）元。

A. 4.13　　B. 4.14　　C. 4.15　　D. 4.16

9. （　　）指的是由于一些全局性的因素，使得投资的收益出现变化，这种因素会通过相同的方式影响全部的证券收益。

A. 非系统性风险　　B. 系统性风险　　C. 财务风险　　D. 经营风险

10. （　　）是指公司因筹措资金而产生的风险，即公司可能丧失偿债能力的风险。

A. 市场风险　　B. 财务风险　　C. 经营风险　　D. 系统风险

二、多项选择题

1. 证券估值的方法有（　　）。

A. 资产价值法　B. 相对估值法　C. 绝对估值法　D. 期权估值理论

E. 市场法

2. 股利的具体表现形式（　　）。

A. 现金股利　B. 股票股利　C. 财产股利　D. 负债股利

E. 建业股利

3. 证券投资风险的规避措施（　　）。

A. 投资组合分散风险

B. “二分法”和“定式法”防范风险

C. 采用灵活的投资策略

D. 注意控制资金投入比例

E. 加强自身学习，培养良好心态

4.（　　）属于系统性风险。

A. 财务风险　B. 经营风险　C. 利率风险　D. 市场风险

E. 购买力风险

5.（　　）属于非系统性风险。

A. 财务风险　B. 经营风险　C. 利率风险　D. 市场风险

E. 购买力风险

三、判断题

1. 现金股利是最普通、最基本的股息形式。（　　）

2. 当股票的市场价格高于买入价格时，卖出股票就可以赚取差价收益，这种差价收益称为资本利得。（　　）

3. 如果是送红股或者配股，称为除权，大盘显示 DR××。（　　）

4. 利息风险是非系统性风险。（　　）

5. 经营风险是系统性风险。（　　）

四、简答题

1. 证券投资收益有哪些？

2. 证券投资风险有哪些？

3. 证券估值方法有哪些？

实训项目

【目的】理解证券投资收益。

【资料】

证券代码：002736　证券简称：国信证券　编号：2022－034

国信证券股份有限公司2021年度分红派息实施公告

本公司及董事会全体成员保证信息披露的内容真实、准确、完整，没有虚假记载、误导性陈述或重大遗漏。

国信证券股份有限公司（以下简称“公司”）2021年度利润分配方案已经2022年6月1日召开的2021年度股东大会审议通过，现将分红派息事宜公告如下：

股东大会审议通过的利润分配方案情况经股东大会审议通过的2021年度利润分配方案为：以2021年末总股本9 612 429 377股为基数，向全体股东每10股派送现金红利5.00元（含税），共派送现金红利4 806 214 688.50元，尚未分配的利润为20 179 449 668.99元转入下一年度。

自公司2021年度利润分配方案披露至实施期间，公司股本总额未发生变化；若公司股本总额在本次权益分派实施前发生变化，将按照现金分红总额固定不变原则，按最新股本总额相应调整每股分配比例。本次实施的利润分配方案与股东大会审议通过的分配方案一致。本次实施的利润分配方案距离股东大会审议通过的时间未超过两个月。

一、本次实施的利润分配方案

本次实施的2021年度利润分配方案为：以公司现有总股本9 612 429 377股为基数，向全体股东每10股派5.00元现金（含税；扣税后，通过深股通持有股份的香港市场投资者、QFII、RQFII以及持有首发前限售股的个人和证券投资基金每10股派4.50元；持有首发后限售股、股权激励限售股及无限售流通股的个人股息红利税实行差别化税率征收，公司暂不扣缴个人所得税，待个人转让股票时，根据其持股期限计算应纳税额；持有首发后限售股、股权激励限售股及无限售流通股的证券投资基金所涉红利税，对香港投资者持有基金份额部分按10%征收，对内地投资者持有基金份额部分实行差别化税率征收）。

注意：根据先进先出的原则，以投资者证券账户为单位计算持股期限，持股1个月（含1个月）以内，每10股补缴税款1.00元；持股1个月以上至1年（含1年）的，每10股补缴税款0.50元；持股超过1年的，不需补缴税款。

二、分红派息日期

本次分红派息的股权登记日为：2022年6月21日，除权除息日为：2022年6月22日。

三、分红派息对象

本次分红派息对象为：截至2022年6月21日下午深圳证券交易所收市后，在中国证券登记结算有限责任公司深圳分公司（以下简称中国结算深圳分公司）登记在册的公司全体股东。

国信证券股份有限公司董事会

2022年6月15日

【要求】阅读以上材料，回答以下问题。

1. 本次国信证券股份有限公司发放的是现金股利还是股票股利？

2. 本次国信证券股份有限公司发放股利的股权登记日和除权除息日是哪一天？

3. 假设除权除息日前一天的收盘价是6.85元，请问除权除息日当天的参考开盘价是多少？

7 项目七 认识自律与监管

项目七 PPT

学习目标

知识目标

1. 掌握证券市场监管的定义和原则
2. 了解中国证监局的职责
3. 熟悉证券交易禁止性规定
4. 掌握证券自律管理的概念
5. 了解自律管理机构和自律管理的内容

技能目标

1. 能区分合法与非法、合规与违规证券交易行为
2. 能自觉抵制非法和违规的证券交易行为

案例导入

证监会会同公安机关查获多起操纵市场重大案件

近年来，证监会认真贯彻落实中办、国办联合发布的《关于依法从严打击证券违法活动的意见》，按照“零容忍”工作方针，依法启动对一批恶性操纵市场案件的联合调查工作。目前，相关人员涉嫌操纵“南岭民爆”“今创集团”“昊志机电”股票价格案取得重大进展。

经查，2020年8月至2020年12月，刘某烨团伙以股票配资、委托理财等方式控制数十个证券账户，涉嫌通过集中资金优势、持股优势连续买卖等手段操纵“南岭民爆”股票，非法获利数千万元；叶某在明知刘某烨等人操纵“南岭民爆”股票价格的情况下，积极提供相关帮助及建议，为操纵市场创造有利条件，并谋取非法利益。2019年以来，刘某龙团伙、颜某团伙涉嫌通过连续交易、对倒等方式，分别操纵“今创集团”“昊志机电”股票价格，涉案金额巨大。调查还发现，个别机构从业人员存在利用职务便利与操纵团伙进行利益输送的嫌疑。

资料来源：中国证券监督管理委员会官网（http：//www. csrc. gov. cn/）。

请思考：证券交易中的操纵市场行为会给普通投资者带来哪些伤害？

任务一
认识证券市场的监管

有人曾经把上市公司比作项链上的珍珠，珍珠是美好的象征。应当说，我们的上市公司大多数是好的。遗憾的是，鱼目混珠的也有之，有的成了市场乱象的制造者。有的上市公司财务造假，有的用高送转来助长股价投机，一些“忽悠式”“跟风式”重组已成市场顽疾。还有的上市公司根本没有市场竞争力和主营业务，但其大股东和董监高拉抬股价高位套现，超比例减持甚至清仓式减持，市场人士讲叫“吃相”很难看，被套的广大中小投资者有苦难言。再加上证券市场的内幕交易、操纵市场给散户造成巨大损失。这需要国家相关执法部门对证券市场进行监管，规范股票交易的相关条款，鼓励上市公司从培育诚信文化、完善内部治理、多举措回报股东、强化培训学习等方面进行诚信建设。中国证券监督管理委员会（简称中国证监会）依法担负国家对证券市场实施集中统一管理的职责。

一、证券市场监管的定义及其特征

证券市场监管是指以保护投资者合法权益为宗旨，以矫正和改善证券市场的内在问题（市场失灵）为目的，政府及其监管部门通过法律、经济、行政等手段对参与证券市场各类活动的各类主体的行为所进行的引导，干预和管制。证券市场监管的明确目标在于严厉打击证券市场上的违法违规交易，以求保护投资者的合法权益不受侵害，从而维护投资者对证券市场的长期信心。

1. 监管内容具有全面性

证券市场监管的内容不仅涉及各类证券机构的设立、变更和终止、证券机构从业人员的资格和行为，证券机构的活动规则，而且还涉及证券市场其他诸多方面的监管，监管内容具有全面性。

2. 监管对象具有广泛性

证券市场行政部门监管机构对所有的证券机构及其从业人员乃至上市公司的信息披露、证券行业自律组织均有权监管。

3. 监管时间具有连续性

证券市场监管活动贯穿证券机构从设立直至终止的全过程，包括市场进入、市场活动和市场退出的各个方面，体现为事前监管、事中监管和事后监管的连续活动。

4. 监管主体及其权限具有法定性

与证券行业相关的法律法规明确规定证券市场行政监管机构及其权限和职责，行政监管机构依法行使其职责。

5. 监管活动具有强制性

有关证券监管的法律规定，具有强制性规范的性质。证券市场行政监管机构依法行使审批权、检查权、禁止权、撤销权、行政处罚权等监管权，均具有法律效力，具有强制性，这是政府对证券行业有效监管的保证。

二、证券市场监管的原则

1. 公开、公平、公正原则

公开原则，要求证券市场上的各种信息向市场参与者公开披露，任何市场参与者不得利用内幕信息从事市场活动。这里的信息包含各种财务信息、交易信息、行为信息、政策信息监管信息等与市场参与者利益相关的所有信息。公开原则是实现市场公平和公正的必要条件，也是证券法律的精髓所在。而且，公开性与信息的透明度是证券市场监管与证券市场效率之间的微观结合点。信息的公开程度直接关系到市场效率的高低。

公平原则，要求证券市场上的参与者拥有均等的市场机会、交易机会和竞争机会，不存在任何歧视或特殊待遇。市场经济条件下的市场公平，在本质上反映了商品交换的等价有偿性。证券市场上，统一的市场规则、均等的市场机会、平等的主体地位与待遇、以价值规律为基础的证券交易形式。公平原则的首要要求是信息的完全性和对称性，即所有投资者拥有同质的及时信息。公平原则的内容也涉及地位公平、税负公平、权利公平、利益公平。公平的对象主要是社会公众，也包括其他市场参与主体。

公正原则，要求证券监管者公正无私地进行市场管理和对待市场参与者。公正原则的内容包括立法公正、执法公正、仲裁公正。公正原则是有效监管的生命，是监管者以法律框架实现市场所有参与者之间的平衡与秩序的关键，并构成对管理者、立法者、司法者权利的赋予与制约。

可以说，“三公”原则是市场经济的三大原则，是证券监管活动必须奉行的基本原则，也是各国证券市场管理的核心和灵魂所在。

2. 保护投资者利益原则

证券市场发展的关键在于投资者对市场的信心。要确保投资者信心，必须切实保护投资者的利益。由于普通投资者一般处于信息和资金劣势，为消除市场竞争中的不对称性，要求监管者尽力消除证券市场上的欺诈、操纵、内幕消息等问题，保证投资者利益免受侵害。

3. 诚实信用原则

证券监管者在制定和实施各项法律、法规、制度的时候，必须以要求市场参与者诚实信用为原则；作为证券市场筹资者，必须真实、准确、完善地公开财务信息；作为证券市场的中介机构，在提供市场信息与服务时不得存在欺诈或严重误导行为；作为证券市场投资者，不得散布虚假信息、垄断或操纵市场价格、扰乱市场正常秩序。

4. 依法管理原则

依法管理并非否定经济调控方式和行政管理方式在一定客观条件下的必要性，而是强调依法治市的管理原则。依法管理有两层含义：一是要求证券法律、法规、制度的完善与具体；二是要求执法的严格和有力。一个无法可依、执法不严或以人治代替法治的证券市场必然出现动荡甚至危机。

5. 政府监管与自律管理相结合的原则

政府证券监管机构必须注重政府监管与自律管理的有机结合，由此出发建立完整的证券市场监督管理体系。政府监管是整个证券监管框架中不可或缺的主旋律，应强调政府集中、统一的监管地位，在此基础上构建自律组织的权责和职能。

三、证券市场监管手段

1. 法律手段

国家通过立法和执法，以法律规范形式将证券市场运行中的各种行为纳入法治轨道，证券发行与交易过程中的各参与主体按法律要求规范其行为。运用法律手段管理证券市场，主要是通过立法和执法抑制和消除欺诈、垄断、操纵、内幕交易和恶性投机现象等，维护证券市场的良好运行秩序。涉及证券市场管理的法律、法规范围很广，大致可分两类：一类是证券监管直接有关的法规，除证券管理法、证券交易法等基本法律外，还包括各国在上市审查、会计准则、证券投资信托、证券金融事业、证券保管和代理买卖、证券清算与交割、证券贴现、证券交易所管理、证券税收、证券管理机构、证券自律组织、外国人投资证券等方面的专门法规，几乎遍及证券市场的所有领域。另一类是涉及证券管理、与证券市场密切相关的其他法律，如公司法、银行法、票据法、破产法、财政法、反垄断法等。这样，形成一个以证券基本法为核心，专门证券管理法规或规则相补充，其他相关法律相配套的证券法律体系。

2. 经济手段

政府以管理和调控证券市场（而不是其他经济目标）为主要目的，采用间接调控方式影响证券市场运行和参与主体的行为。在证券监管实践中，常见的有以下两种经济调控手段。

（1）金融信贷手段。运用金融货币政策对证券市场的影响颇为显著。在股市低迷之际放松银根、降低贴现率和存款准备金率，可增加市场货币供应量从而刺激股市回升；反之则可抑制股市暴涨。运用平准基金开展证券市场上的公开操作可直接调节证券供求与价格。金融货币手段可以有效地平抑股市的非理性波动和过度投机，有助于实现稳定证券市场的预期管理目标。

（2）税收政策。由于以证券所得税和证券交易税（即印花税）为主的证券市场税收直接计入交易成本、税率和税收结构的调整直接造成交易成本的增减，从而可产生抑制或刺激市场的效应并为监管者所利用。

3. 行政手段

政府监管部门采用计划、政策、制度、办法等对证券市场进行直接的行政干预和管理。与经济手段相比较，运用行政手段对证券市场的监管具有强制性和直接性的特点。例如，在证券发行方面采取上市审核制度，用行政手段控制上市种类和市场规模；对证券交易所、证券经营机构、证券咨询机构、证券清算和存管机构等实行严格的市场准入和许可证制度；交易过程中的紧急闭市等。

行政手段存在于任何国家证券市场的监管历史之中，其区别是在市场发展早期使用行政方式管理多些，到成熟阶段时行政方式用得少些。早期证券市场受社会经济诸方面条件制约，往往是法律手段不健全而经济手段低效率，进而造成监管不足的局面，需要行政手段的积极补充。然而，证券市场是市场经济高度发达的伴生物，其充分的市场经济特性必然要求伴随市场的成熟与完善，要逐步减少行政干预，因为过多的不

文本：蚂蚁集团上市被叫停，人民日报等官媒集体力挺

恰当的行政干预容易形成监管过度，扭曲市场机制。

四、政府证券市场监管机构：中国证监会

1. 中国证监会对证券市场监管的职责

1992 年 10 月，中国证监会成立。经国务院授权，中国证监会依法对全国证券期货市场进行集中统一监管。依据有关法律法规，中国证监会在对证券市场实施监督管理中履行下列职责：

（1）研究和拟订证券期货市场的方针政策、发展规划；起草证券期货市场的有关法律、法规，提出制定和修改的建议；制定有关证券期货市场监管的规章、规则和办法。

（2）垂直领导全国证券期货监管机构，对证券期货市场实行集中统一监管；管理有关证券公司的领导班子和领导成员。

（3）监管股票、可转换债券、证券公司债券和国务院确定由证监会负责的债券及其他证券的发行、上市、交易、托管和结算；监管证券投资基金活动；批准企业债券的上市；监管上市国债和企业债券的交易活动。

（4）监管上市公司及其按法律法规必须履行有关义务的股东的证券市场行为。

（5）监管境内期货合约的上市、交易和结算；按规定监管境内机构从事境外期货业务。

（6）管理证券期货交易所；按规定管理证券期货交易所的高级管理人员；归口管理证券业、期货业协会。

（7）监管证券期货经营机构、证券投资基金管理公司、证券登记结算公司、期货结算机构、证券期货投资咨询机构、证券资信评级机构；审批基金托管机构的资格并监管其基金托管业务；制定有关机构高级管理人员任职资格的管理办法并组织实施；指导中国证券业、期货业协会开展证券期货从业人员资格管理工作。

（8）监管境内企业直接或间接到境外发行股票、上市以及在境外上市的公司到境外发行可转换债券；监管境内证券、期货经营机构到境外设立证券、期货机构；监管境外机构到境内设立证券、期货机构、从事证券、期货业务。

（9）监管证券期货信息传播活动，负责证券期货市场的统计与信息资源管理。

（10）会同有关部门审批会计师事务所、资产评估机构及其成员从事证券期货中介业务的资格，并监管律师事务所、律师及有资格的会计师事务所、资产评估机构及其成员从事证券期货相关业务的活动。

（11）依法对证券期货违法违规行为进行调查、处罚。

（12）归口管理证券期货行业的对外交往和国际合作事务。

（13）承办国务院交办的其他事项。

2. 中国证监会派出机构的职责

（1）根据法律、行政法规规定及中国证监会的授权开展行政许可相关工作，对辖区内上市公司、证券期货经营机构、证券期货投资咨询机构和从事证券业务的律师事务所、会计师事务所、资产评估机构等中介机构的证券期货业务活动进行监督管理。

（2）负责辖区内风险防范与处置。

（3）查处辖区内的违法违规案件。

（4）开展辖区内投资者教育与保护工作。

五、对证券公司的监管

证券公司在业务经营过程中，必须遵守法律、法规、部门规章及其他规范性法律文件的规定，接受国务院证券监督管理机构的监督管理。根据我国《证券法》和《证券公司监督管理条例》的规定，国务院证券监督管理机构依法对证券公司采取的监督管理措施。

（一）信息、材料的报送

证券公司的信息报送分为两类：一类为定期报送，即证券公司依照法律、法规规定的时间及要求主动向国务院证券监督管理机构报送有关信息、资料；另一类为不定期报送，是指证券公司及其股东、实际控制人根据国务院证券监督管理机构的要求报送有关信息、资料。

1. 定期报送

证券公司应当按照规定向国务院证券监督管理机构报送业务、财务等经营管理信息和资料。报送的内容包括年度，月度报告以及临时报告。

（1）年度、月度报告的内容。证券公司应当自每一会计年度结束之日起 4 个月内，向国务院证券监督管理机构报送年度报告；自每月结束之日起 7 个工作日内，报送月度报告。

年度报告中包括财务会计报告、风险控制指标报告以及国务院证券监督管理机构规定的其他专项报告，并应当附有该会计师事务所出具的内部控制评审报告。

（2）临时报告的内容。发生影响或者可能影响证券公司经营管理、财务状况、风险控制指标或客户资产安全的重大事件的，证券公司应当立即向国务院证券监督管理机构报送临时报告。临时报告中，应当说明事件的起因、目前的状态、可能产生的后果和拟采取的相应措施。

（3）报告的处理。对证券公司报送的年度报告、月度报告，国务院证券监督管理机构应当指定专人进行审核，并制作审核报告。审核人员应当在审核报告上签字。审核中发现问题的，国务院证券监督管理机构应当及时采取相应措施。

2. 不定期报送

国务院证券监督管理机构有权要求证券公司及其股东、实际控制人在指定的期限内提供与证券公司经营管理和财务状况有关的信息、资料。证券公司及其股东、实际控制人向国务院证券监督管理机构报送或者提供的信息、资料，必须真实、准确、完整。

此外，国务院证券监督管理机构可以要求下列单位或者个人，在指定的期限内提供与证券公司经营管理和财务状况有关的资料、信息：①证券公司的董事、监事、工作人员。②证券公司控股或者实际控制的企业。③证券公司的开户银行、指定商业银行、资产托管机构、证券交易所、证券登记结算机构。④为证券公司提供服务的证券服务机构。

3. 报送要求

证券公司以及有关单位和个人披露、报送或者提供的资料、信息应当真实、准确、完整，不得有虚假记载、误导性陈述或者重大遗漏。

（二）信息披露

证券公司应当依法向社会公开披露其基本情况、参股及控股情况、负债及或有负债情况、经营管理状况、财务收支状况、高级管理人员报酬和其他有关信息。信息披露的具体办法由国务院证券监督管理机构制定。

（三）检查

国务院证券监督管理机构有权采取下列措施，对证券公司的业务活动、财务状况、经营管理情况进行检查：①询问证券公司的董事、监事、工作人员，要求其对有关检查事项作出说明。②进入证券公司的办公场所或者营业场所进行检查。③查阅、复制与检查事项有关的文件、资料，对可能被转移、隐匿或者毁损的文件、资料、电子设备予以封存。④检查证券公司的计算机信息管理系统，复制有关数据资料。

国务院证券监督管理机构为查清证券公司的业务情况、财务状况，经国务院证券监督管理机构负责人批准，可以查询证券公司及与证券公司有控股或者实际控制关系企业的银行账户。

（四）行政监管措施

1. 对经营混乱情形的监督管理措施

国务院证券监督管理机构对治理结构不健全，内部控制不完善、经营管理混乱、设立账外账或者进行账外经营，拒不执行监督管理决定，违法违规的证券公司，应当责令其限期改正，并可以采取下列措施。

（1）责令增加内部合规检查的次数并提交合规检查报告。

（2）对证券公司及其有关董事，监事，高级管理人员、境内分支机构负责人给予谴责。

（3）责令处分有关责任人员，并报告结果。

（4）责令更换董事、监事、高级管理人员或者限制其权利。

（5）对证券公司进行临时接管，并进行全面核查。

（6）责令暂停证券公司或者其境内分支机构的部分或者全部业务、限期撤销境内分支机构。证券公司被暂停业务、限期撤销境内分支机构的，应当按照有关规定安置客户、处理未了结的业务。

此外，证券公司的董事、监事、高级管理人员未能勤勉尽责，致使证券公司存在重大违法、违规行为或者重大风险的，国务院证券监督管理机构可以撤销其任职资格并责令公司予以更换。证券公司违法经营或者出现重大风险，严重危害证券市场秩序、损害投资者利益的，国务院证券监督管理机构可以对该证券公司采取责令停业整顿、指定其他机构托管、接管或者撤销等监管措施。

在证券公司被责令停业整顿、被依法指定托管、接管或者清算期间，或者出现重大风险时，经国务院证券监督管理机构批准，可以对该证券公司直接负责的董事、监事、高级管理人员和其他直接责任人员采取以下措施：①通知出境管理机关依法阻止其出境。②申请司法机关禁止其转移、转让或者以其他方式处分财产，或者在财产上设定其他权利。

2. 对违法控制证券公司5%以上股权情形的监督管理措施

证券公司变更持有5%以上股权的股东、实际控制人必须经国务院证券监督管理机构批准。任何单位或者个人未经批准，持有或者实际控制证券公司5%以上股权的，国务院证券监督管理机构应当责令其限期改正；改正前，相应股权不具有表决权。

3. 对违反任职资格情形的监督管理措施

证券公司的董事、监事、高级管理人员，应当正直诚实，品行良好，熟悉证券法律、行政法规，具有履行职责所需的经营管理能力，并在任职前取得国务院证券监督管理机构核准的任职资格。根据《证券公司监督管理条例》第七十二条的规定，任何人未取得任职资格，实际行使证券公司董事、监事、高级管理人员或者境内分支机构负责人职权的，国务院证券监督管理机构应当责令其停止行使职权，予以公告，并可以按照规定对其采取证券市场禁入的措施。

4. 对未及时解除不具备任职资格条件人员情形的监督管理措施

证券公司董事、监事、高级管理人员或者境内分支机构负责人不再具备任职资格条件的，证券公司应当解除其职务并向国务院证券监督管理机构报告；证券公司未解除其职务的，国务院证券监督管理机构应当责令其解除。

六、对证券交易的监管

我国证券法明确规定，证券交易中禁止内幕交易、操纵市场、虚假陈述、欺诈客户等交易行为。

1. 禁止内幕交易

禁止证券交易内幕信息的知情人和非法获取内幕信息的人利用内幕信息从事证券活动。

证券交易内幕信息的知情人包括：①发行人及其董事、监事、高级管理人员。②持有公司5%以上股份的股东及其董事、监事、高级管理人员，公司的实际控制人及其董事、监事、高级管理人员。③发行人控股或者实际控制的公司及其董事、监事、高级管理人员。④由于所任公司职务或者因与公司业务往来可以获取公司有关内幕信息的人员。⑤上市公司收购人或者重大资产交易方及其控股股东、实际控制人、董事、监事和高级管理人员。⑥因职务、工作可以获取内幕信息的证券交易场所、证券公司、证券登记结算机构、证券服务机构的有关人员。⑦因职责、工作可以获取内幕信息的证券监督管理机构工作人员。⑧因法定职责对证券的发行、交易或者对上市公司及其收购、重大资产交易进行管理可以获取内幕信息的有关主管部门、监管机构的工作人员。⑨国务院证券监督管理机构规定的可以获取内幕信息的其他人员。

内幕信息是指证券交易活动中，涉及发行人的经营、财务或者对该发行人证券的市场价格有重大影响的尚未公开的信息。

下列信息皆属于内幕信息：

（1）可能对上市公司股票交易价格产生较大影响的重大事件，包括：公司的经营方针和经营范围的重大变化；公司的重大投资行为和重大的购置财产的决定；公司订立重要合同，可能对公司的资产、负债、权益和经营成果产生重要影响；公司发生重大债务和未能清偿到期重大债务的违约情况；公司发生重大亏损或者重大损失；公司生产经营的外部条件发生的重大变化；公司的董事、1/3以上监事或者经理发生变动；持有公司5%以上股份的股东或者实际控制人，其持有股份或者控制公司的情况发生较大变化；公司减资、合并、分立、解散及申请破产的决定；涉及公司的重大诉讼、股东大会、董事会决议被依法撤销或者宣告无效；公司涉嫌犯罪被司法机关立案调查，公司董事、监事、高级管理人员涉嫌犯罪被司法机关采取强制措施；国务院证券监督管理机构规定的其他事项。

（2）公司分配股利或者增资的计划。

（3）公司股权结构的重大变化。

（4）公司债务担保的重大变更。

（5）公司营业用主要资产的抵押、出售或者报废一次超过公司资产的30%。

（6）公司的董事、监事、高级管理人员的行为可能依法承担重大损害赔偿责任。

（7）上市公司收购的有关方案。

（8）国务院证券监督管理机构认定的对证券交易价格有显著影响的其他重要信息。

我国证券法明确规定，证券交易内幕信息的知情人和非法获取内幕信息的人，在内幕信息公开前，不得买卖该公司的证券，或者泄露该信息，或者建议他人买卖该证券。内幕交易行为给投资者造成损失的，应当依法承担赔偿责任。

2. 禁止操纵市场

我国证券法明确规定，禁止任何人以下列手段操纵证券市场，影响或者意图影响证券交易价格或者证券交易量。

（1）单独或者通过合谋，集中资金优势、持股优势或者利用信息优势联合或者连续买卖。

（2）与他人串通，以事先约定的时间、价格和方式相互进行证券交易。

（3）在自己实际控制的账户之间进行证券交易。

（4）不以成交为目的，频繁或者大量申报并撤销申报。

（5）利用虚假或者不确定的重大信息，诱导投资者进行证券交易。

（6）对证券、发行人公开作出评价、预测或者投资建议，并进行反向证券交易。

（7）利用在其他相关市场的活动操纵证券市场。

（8）操纵证券市场的其他手段。

操纵证券市场行为给投资者造成损失的，应当依法承担赔偿责任。

3. 禁止虚假陈述

我国证券法明确规定，禁止任何单位和个人编造、传播虚假信息或者误导性信息，扰乱证券市场。禁止证券交易场所、证券公司、证券登记结算机构、证券服务机构及其从业人员、证券业协会、证券监督管理机构及其工作人员，在证券交易活动中作出虚假陈述或者信息误导。各种传播媒介传播证券市场信息必须真实、客观，禁止误导。传播媒介及其从事证券市场信息报道的工作人员不得从事与其工作职责发生利益冲突的证券买卖。

编造、传播虚假信息或者误导性信息，扰乱证券市场，给投资者造成损失的，应当依法承担赔偿责任。

4. 禁止损害客户利益

证券法明列以下禁止证券公司及其从业人员从事下列损害客户利益的行为：①违背客户的委托为其买卖证券。②不在规定时间内向客户提供交易的确认文件。③未经客户的委托，擅自为客户买卖证券，或者假借客户的名义买卖证券。④为牟取佣金收入，诱使客户进行不必要的证券买卖。⑤其他违背客户真实意思表示，损害客户利益的行为。

违反以上规定给客户造成损失的，应当依法承担赔偿责任。

案例

中国金融监管体系再迎重磅变革

2023年3月7日，受国务院委托，中央委员会委员、全国人大常委会副委员长肖捷作关于国务院机构改革方案的说明。根据方案，关于金融机构改革的内容大体有以下6项。

1. 组建国家金融监督管理总局，作为国务院直属机构，统一负责除证券业之外的金融业监管。国家金融监督管理总局在中国银保监会基础上组建，将央行对金融控股公司等金融集团的日常监管职责、有关金融消费者保护职责，证监会的投资者保护职责划入国家金融监督管理总局，不再保留银保监会。

2. 证监会调整为国务院直属机构，划入国家发展和改革委员会的企业债券发行审核职责，由证监会统一负责公司（企业）债券发行审核工作。

3. 统筹推进央行分支机构改革，撤销央行大区分行及分行营业管理部、总行直属营业管理部和省会城市中心支行，在31个省（自治区、直辖市）设立省级分行，在深圳、大连、宁波、青岛、厦门设立计划单列市分行。不再保留中国人民银行县（市）支行，相关职能上收至中国人民银行地（市）中心支行。

4. 完善国有金融资本管理体制。按照国有金融资本出资人相关管理规定，将中央金融管理部门管理的市场经营类机构剥离，相关国有金融资产划入国有金融资本受托管理机构，由其根据国务院授权统一履行出资人职责。

5. 加强金融管理部门工作人员统一规范管理。央行、国家金融监督管理总局、证监会、国家外汇局及其分支机构、派出机构均使用行政编制，工作人员纳入国家公务员统一规范管理，执行国家公务员工资待遇标准。

6. 深化地方金融监管体制改革。建立以中央金融管理部门地方派出机构为主的地方金融监管体制，统筹优化中央金融管理部门地方派出机构设置和力量配备。地方政府设立的金融监管机构专司监管职责，不再加挂金融工作局、金融办公室等牌子。

组建国家金融监管总局，统一监管银行、保险、金控公司此次金融机构改革是中国金融监管体制迈向更加完善的重要一步。这也意味着，成立近5年的银保监会将完成其历史使命，“一行两会”时代落幕。防范和化解金融风险是金融业永恒的话题，也是金融监管部门面对的主要任务。2022年的《政府工作报告》提出，深化金融体制改革，完善金融监管，压实各方责任，防止形成区域性、系统性金融风险。从金融业发展历程看，金融创新与金融风险并存，金融业态的不断创新发展会给金融监管带来诸多挑战。监管空白或监管不协调而造成的监管真空问题也曾发生，统一监管必要性增强。

至此，“一行两会”的监管体系转变为“一委一行两会”的综合金融监管体系。

资料来源：中国青年网

任务二
认识证券市场的自律

证券市场的自律是指证券市场参与者组成自律组织，在国家有关证券市场的法律、法规和政策的指导下，依据证券行业的自律规范和职业道德，实行自我管理、自我改革的行为。我国证券市场的自律组织包括证券交易所、中国证券业协会、证券登记结算公司。

一、证券市场的自律组织：中国证券业协会

（一）中国证券业协会的发展

1991 年 8 月 28 日，中国证券业协会成立，初期主要普及证券市场基础知识、加强会员间的沟通等工作，缺乏明确的法律地位和应有的管理权利。1998 年底颁布《中华人民共和国证券法》，在法律上明确了中国证券业协会的组织架构、职能、职责等，为协会的定位和权利义务关系的确定奠定了法律基础。2002 年 7 月 2 日，中国证券业协会第三次会员大会后，中国证监会行政管理的部分工作向协会转移，履行“自律、服务、传导”三大职能，调动和聚集全行业的力量。2022 年，中国证券业协会为证券行业探索“新业态、新模式”数字化转型发展，促进了我国证券行业的高质量发展。

（二）中国证券业协会的性质和组成

中国证券业协会是依据《中华人民共和国证券法》和《社会团体登记管理条例》的有关规定设立的证券业自律性组织，属于非营利性社会团体法人，接受中国证监会和中华人民共和国民政部的业务指导和监督管理。

中国证券业协会的最高权力机构是由全体会员组成的会员大会，理事会为其执行机构。中国证券业协会实行会长负责制。截至 2022 年年底，协会共有会员 475 家，其中，法定会员 140 家，普通会员 255 家，特别会员 80 家，共有观察员 350 家。

（三）中国证券业协会的职责

中国证券业协会的宗旨是在国家对证券业实行集中统一监督管理的前提下，进行证券业自律管理；发挥政府与证券行业间的桥梁和纽带作用；为会员服务，维护会员的合法权益；维持证券业的正当竞争秩序，促进证券市场的公开、公平、公正，推动证券市场的健康稳定发展。证券业协会履行下列职责：①教育和组织会员遵守证券法律、行政法规。②依法维护会员的合法权益，向证券监督管理机构反映会员的建议和要求。③收集整理证券信息，为会员提供服务。④制定会员应遵守的规则，组织会员单位从业人员的业务培训，开展会员间的业务交流。⑤对会员之间、会员与客户之间发生的证券业务纠纷进行调解。⑥组织会员就证券业的发展、运作及有关内容进行研究。⑦监督、检查会员行为，对违反法律、行政法规或者协会章程的，按照规定给予纪律处分。⑧证券业协会章程规定的其他职责。

二、证券市场的自律管理者：证券交易所

（一）证券交易所的职能

证券交易所是为证券集中交易提供场所和设施，组织和监督证券交易，实行自律管理的法人。证券交易所的设立和解散，由国务院决定。

证券交易所的职能包括：①提供证券交易的场所和设施。②制定证券交易所的业务规则。③接受上市申请、安排证券上市。④组织、监督证券交易。⑤对会员进行监管。⑥对上市公司进行监管。⑦设立证券登记结算机构。⑧管理和公布市场信息。⑨证监会许可的其他职能。

（二）证券交易所对证券上市交易的监管

（1）制定具体的交易规则。

（2）公布即时行情，就其市场内的成交情况编制日报表、周报表、月报表和年报表，并及时向社会公布。

（3）有权依照有关规定，暂停或者恢复上市证券的交易。

（4）建立市场准入制度，并根据证券法规的规定或者证监会的要求，限制或者禁止特定证券投资者的证券交易行为。

（5）建立符合证券市场监督管理和实时监控要求的计算机系统，并设立负责证券市场监管工作的专门机构。

（三）证券交易所对会员的监管

（1）制定具体的会员管理规则。

（2）对会员取得的交易席位实施严格管理。会员转让席位必须按照证券交易所的有关管理规定由交易所审批。严禁会员将席位全部或者部分以出租或者承包等形式交由其他机构和个人使用。

（3）根据国家关于证券经营机构证券自营业务管理的规定和证券交易所业务规则，对会员的证券自营业务实施监管。

（4）在业务规则中对会员代理客户买卖证券业务做出详细规定，并实施监管。

（5）对会员的财务状况、内部风险控制制度以及遵守国家有关法规和证券交易所业务规则等情况进行抽样或者全面检查，并将检查结果上报证监会。

（6）要求会员提供有关业务的报表、账册、交易记录及其他文件、资料。

（7）根据证券交易所章程和业务规则对会员的违规行为进行制裁。

（四）证券交易所对上市公司的监管

（1）根据有关法律、行政法规的规定制定具体的上市规则。

（2）与上市公司订立上市协议，确定相互间的权利义务关系。

（3）建立上市推荐人制度，保证上市公司符合上市要求，并在上市后由上市推荐人指导上市公司履行相关义务。监督上市推荐人切实履行业务规则中规定的相关职责。上市推荐人不按规定履行职责的，证券交易所有权根据业务规则的规定对上市推荐人予以处分。

（4）根据证监会统一制定的格式和证券交易所的有关业务规则，复核上市公司的配股说明书、上市公告书等与募集资金及证券上市直接相关的公开说明文件，并监督上市公司按时公布。证券交易所可以要求上市公司或者上市推荐人就上述文件做出补充说明并予以公布。

（5）督促上市公司按照规定的报告期限和证监会统一制定的格式，编制并公布年度报告、中期报告，并在其公布后进行检查，发现问题应当根据有关规定及时处理。证券交易所应当在报告期结束后20个工作日内，将检查情况报告证监会。

（6）审核上市公司编制的临时报告。

（7）设立上市公司股东持股情况的档案资料，并根据国家有关法律、法规、规章政策对股东持股数量及其买卖行为的限制规定，对上市公司股东在交易过程中的持股情况进行即时统计和监督。采取必要的技术措施，将上市公司尚未上市流通股份与已上市流通股份区别开来。未经证监会批准，不得准许尚未上市流通股份进入交系统。

（8）采取必要的措施，保证上市公司董事、监事、经理不得卖出本人持有的本公司股票。

（9）对上市公司未按规定履行信息披露义务的行为，可以按照上市协议的规定予以处理，并可以就其违反证券法规的行为提出处罚意见，报证监会予以处罚。

三、证券市场的自律管理者：证券登记结算公司

中国证券市场实行中央登记制度，即证券登记结算业务全部由中国证券登记结算有限责任公司承接，中国证券登记结算有限责任公司提供上海、深圳证券证券交易所上市证券的存管、清算和登记服务。中国证券登记结算有限责任公司是为证券交易所提供集中登记、存管与结算服务，不以营利为目的的法人。

在 2001 年 10 月 1 日之前，我国的证券登记结算是由上海证券交易所成立的上海证券中央登记结算公司和深圳证券登记有限公司，以及各自的地方证券等级结算公司完成的。2001 年 3 月 30 日，中国证券登记结算有限责任公司成立，原上海证券交易所和深证证券交易所所属的证券登记结算公司重组为中国证券登记结束有限责任公司的上海分公司和深圳分公司，这标志着全国集中、统一的证券登记结算体制的组织构架已经基本形成。

项目小结

1. 了解了证券市场上中国证监会的职能和监管内容。
2. 了解了证券市场上中国证券业协会、证券交易所等自律组织的职能和监管内容。
3. 学会遵守相关部门的监管内容。

项目检测

一、单项选择题

1.（　　）原则，要求证券市场上的各种信息向市场参与者公开披露，任何市场参与者不得利用内幕信息从事市场活动。

A. 公开　　B. 公共　　C. 公平　　D. 公正

2.（　　）原则是证券监管活动必须奉行的基本原则，也是各国证券市场管理的核心和灵魂所在。

A. 保护投资者合法权益　　B. 依法监管

C. 诚实守信　　D. 公开、公平、公正

3. 在我国，证券监管机构是指（　　）。

A. 上海、深圳证券交易所

B. 中国人民银行

C. 中国证券监督管理委员会及其派出机构

D. 中国证券业协会

4.（　　）是为证券集中交易提供场所和设施，组织和监督证券交易，实行自律管理的法人。

A. 证券公司　　B. 证券市场　　C. 证券交易所　　D. 证券业协会

5. 中国证券业协会的权力机构是（　　）。

A. 理事会　　B. 会员大会　　C. 监事会　　D. 董事会

6. 以下不属于证券市场监管特征的是（　　）。

A. 监管内容具有全面性　　B. 监管对象具有广泛性

C. 监管活动具有强制性　　D. 监管主体具有自主性

7. 以下属于中国证监会派出机构职责的是（　　）。

A. 负责全国风险防范与处置　　B. 查处全国违法违规案件

C. 开展全国投资者教育工作　　D. 开展辖区内投资者保护工作

8. 证券公司应该按照规定向国务院证券监督管理机构定期报送材料，以下错误的是（　　）。

A. 年报　　B. 月报　　C. 周报　　D. 临时报告

9. 国务院证券监督管理机构依法对证券公司采取的监督管理措施不包括（　　）。

A. 工资、考勤的报送　　B. 信息披露

C. 检查　　D. 信息材料的报送

10. 公开原则，要求证券市场上的各种信息向（　　）公开披露，任何市场参与者不得利用内幕信息从事市场活动。

A. 市场参与者　　B. 学校　　C. 机关单位　　D. 社会公众

二、多项选择题

1. "三公"原则具体是指（　　）。

A. 公开　　B. 公正　　C. 公共　　D. 公平

E. 公允

2. 证券监管的手段主要有（　　）。

A. 法律手段　　B. 经济手段　　C. 自律手段　　D. 行政手段

E. 财政手段

3. 我国证券法明确规定，禁止（　　）等交易行为。

A. 内幕交易　　B. 操纵市场　　C. 虚假陈述　　D. 欺诈客户

E. 大宗交易

4. 证券交易所的职能有（　　）。

A. 提供证券交易的场所和设施　　B. 制定证券交易所的业务规则

C. 接受上市申请，安排证券上市　　D. 组织、监督证券交易

E. 对金融市场进行监管

5. 中国证券业协会履行的职责有（　　）。

A. 教育和组织会员遵守证券法律、行政法规

B. 依法维护会员的合法权益，向证券监督管理机构反映会员的建议和要求
C. 收集整理证券信息，为会员提供服务
D. 制定会员应遵守的规则，组织会员单位从业人员的业务培训，开展会员间的业务交流
E. 对金融市场进行监管

三、判断题

1. “公开、公平、公正”原则是证券监管活动必须奉行的基本原则。 （ ）
2. 证券市场发展的关键在于投资者对市场的信心。 （ ）
3. 内幕信息知情人包括发行人及其董事、监事、普通工作人员。 （ ）
4. 证券法禁止证券公司及其从业人员违背客户委托为其买卖证券。 （ ）
5. 证券法明确规定禁止任何人操纵市场。 （ ）

四、简答题

1. 简述证券监管的原则。
2. 简述证券监管的手段。
3. 简述证券自律监管机构。

实训项目

训练一

【目的】了解证券从业人员的行为准则。

【资料】证券公司对新入职员工都要进行证券法律法规知识培训，在职业过程中要取得证券从业资格并达到一名正式员工的要求。

【要求】请分组讨论，梳理中国证监会对证券从业人员的监管要求。

参考文献

1. 吴晓求．证券投资学［M］．北京：中国人民大学出版社，2021.

2. 叶永刚．固定收入证券概论［M］．武汉：武汉大学出版社，2001.

3. 傅依，张平．公司价值评估与证券投资分析［M］．北京：中国财政经济出版社，2001.

4. 卢克群．金融证券热点问题探索［J］．北京：中国经济出版社，2001.

5. 吴林祥．证券交易制度分析［M］．上海：上海财经大学出版社，2002.

6. 吴晓求．股指期货：中国金融市场新品种［J］．北京：中国时代经济出版社，2002.

7. 罗美娟．证券市场与产业成长［M］．北京：商务印书馆出版，2001.

8. 李曜．证券投资基金学［M］．北京：清华大学出版社，2013.

9. 吴晓求．金融资金运行分析：机制、效率、信息［M］．北京：中国金融出版社，2002.

10. （美）博迪，（美）凯恩，（美）马库斯．投资学（第 9 版）［M］．北京：机械工业出版社，2012.

11. 姜波克．国际金融新编（第 6 版）［M］．上海：复旦大学大学出版社，2018.

12. 陈雨露．国际金融（第 5 版）［M］．北京：中国人民大学大学出版社，2015.

13. 李玫．国际金融［M］．北京：中国人民大学大学出版社，2016.

14. 易纲，吴有昌．货币银行学［M］．上海：格致出版社，2014.

15. 姚长辉，吕随启．货币银行学（第 5 版）［M］．北京：北京大学出版社，2018.

16. 李剑．股权投资实务［M］．北京：中国财政经济出版社，2021.

17. 王云云，李剑，洪燕．金融基础知识（第 3 版）［M］．北京：中国财政经济出版社，2021.

18. 杨忠英．证券投资［M］．北京：中国财政经济出版社，2023.

19. 张亦春，郑振龙．金融市场学［M］．北京：高等教育出版社，2020.

20. 康建军，黄海沧．证券投资实务［M］．北京：高等教育出版社，2014.